成本与管理会计

理论·实务·课程思政案例

徐 锐 王 霞 主编
吴 晶 程欣悦 蒋 琦 副主编

上海财经大学出版社

本书由上海财经大学浙江学院发展基金资助出版

图书在版编目(CIP)数据

成本与管理会计:理论·实务·课程思政案例/徐锐,王霞主编. --上海:上海财经大学出版社,2025.
1. --ISBN 978-7-5642-4540-5

Ⅰ. F234;G641

中国国家版本馆CIP数据核字第20240M5B17号

□ 责任编辑　肖　蕾
□ 封面设计　张克瑶

成本与管理会计:理论·实务·课程思政案例

徐　锐　王　霞　　　主　编
吴　晶　程欣悦　蒋　琦　副主编

上海财经大学出版社出版发行
(上海市中山北一路369号　邮编200083)
网　　址:http://www.sufep.com
电子邮箱:webmaster@sufep.com
全国新华书店经销
上海景条印刷有限公司印刷装订
2025年1月第1版　2025年1月第1次印刷

787mm×1092mm　1/16　19.75印张　386千字
定价:56.00元

前 言

随着市场竞争的加剧和经济全球化的推进,企业需要不断提高自身的管理水平和成本控制能力,以适应市场的需求和变化。本书围绕管理会计基本理论与核心方法展开,以成本与管理会计的理论和实践为主线,通过系统介绍相关理论,并结合实务和案例,帮助学生掌握成本与管理会计的基本理论和实践技能,提高他们的实践能力,为未来的职业发展奠定坚实的基础。

《成本与管理会计:理论·实务·课程思政案例》是高校财会专业"成本与管理会计专题"课程的配套用书,根据财政部颁布的规范性文件、指引和学术界最新研究成果编写。本书既适用于高等院校财会专业的学生学习,也可作为会计执业者、企业管理者、会计专业教师和自学者的参考用书。

全书分为以下九章:第一章介绍管理会计的产生与发展;第二章重点讨论成本性态分析和变动成本法;第三章详细讲解"本—量—利"分析的相关概念与方法;第四章侧重全面预算的编制过程;第五章分析短期经营决策中的关键问题;第六章介绍项目投资决策评价指标的计算和应用;第七章讲解标准成本控制和差异分析;第八章概述经济增加值等主要绩效评价方法;第九章建立大数据与管理会计的联系。

本书以"新发展理念"为指导思想,以"成本与管理会计"学科理论和实践的新发展和未来趋势为背景,注重实践与理论并重、传统与现代结合,既体现传统理论和方法,又反映现实中的最新发展。

本书的编写突出案例教学与思政元素融合的特色,每章节均设置明确的思政目标和涵盖主流价值观的育人元素,通过典型案例的分析和延伸阅读,达到知识传授与价值引领相结合的效果。本书具有如下三个特点:

第一,案例教学与思政融合。本书注重将案例教学与思想政治教育有机融合,每章都设置了典型案例,案例内容贴近生活,容易激发学生的学习兴趣,实现对应思政元素的融入与培养。同时，案例呈现的典型问题也容易引发学生的思考，帮助学生在分析问题的过程中，提高道德修养和社会责任感。

第二，设置明确的思政目标。每章都根据主要知识点，设置相应的思政目标，如培养管理会计职业道德、树立网络安全意识、坚持实事求是等。思政目标的明确化，有助于编写人员有针对性地选择案例、设计思考题，也让学习者树立明确的价值取向。

第三，融入主流价值观元素。本书案例和延伸阅读内容融入了当今社会主流价值观中的诚信、法治、公平、可持续发展等要义，帮助学生在分析问题的过程中，对这些主流价值观有更加直观的了解与认识。这有助于学生树立正确的世界观、人生观和价值观，成长为担当民族复兴大任的时代新人。

本书由上海财经大学浙江学院会计系徐锐老师担任主编，负责全书定稿前的修改和补充工作；上海财经大学浙江学院会计系王霞老师担任主编，负责全书提纲的拟定和部分章节的编撰工作；上海财经大学浙江学院会计系吴晶老师担任副主编，协助主编的有关工作；上海财经大学浙江学院实践教学基地程欣悦老师担任副主编，主要承担案例初选和整理工作；浙江中健会计师事务所副所长蒋琦女士担任副主编，为本书提供了实务界的前沿观点。本书的具体分工如下：第一章由王霞老师编写；第二章和第三章由吴晶老师编写；第四章和第五章由俞剪风老师编写；第六章由全佳瑛老师编写；第七章由范理老师编写；第八章和第九章由徐锐老师编写。

本书的出版得到了上海财经大学浙江学院发展基金的支持。在编写过程中，我们得到了学校领导的大力支持，以及专家学者们的指导帮助，对此我们表示衷心的感谢！上海财经大学浙江学院会计系财务管理教研室举办了系列教学研讨课、观摩课，对本书的编写体例与内容提出了一些意见与建议，我们对全体编写人员表示衷心的感谢。

编写过程中如果有任何疏漏之处，恳请读者予以指正。编写组将继续秉持"育人为先、德育为重"的教学理念，不断改进与提高，以回报读者和社会各界的厚爱与支持。

编　者

2024 年 9 月

目　录

第一章　绪论 / 1

　　第一节　管理会计的产生与发展 / 1

　　第二节　管理会计的内容和目标 / 4

　　第三节　本章课程思政案例及延伸阅读 / 7

　　　　　　复习思考题与练习题 / 13

第二章　成本性态分析与变动成本法 / 14

　　第一节　成本性态分析 / 14

　　第二节　变动成本法及其比较 / 22

　　第三节　本章课程思政案例及延伸阅读 / 31

　　　　　　复习思考题与练习题 / 49

第三章　本—量—利分析 / 52

　　第一节　本—量—利的基本假设 / 52

　　第二节　本—量—利分析的基本原理 / 54

　　第三节　本章课程思政案例及延伸阅读 / 74

　　　　　　复习思考题与练习题 / 89

第四章　全面预算 / 92

　　第一节　全面预算概述 / 92

第二节 全面预算的编制 / 98
第三节 本章课程思政案例及延伸阅读 / 109
复习思考题与练习题 / 132

第五章 短期经营决策 / 135

第一节 短期经营决策概述 / 135
第二节 短期经验决策应用 / 140
第三节 本章课程思政案例及延伸阅读 / 178
复习思考题与练习题 / 186

第六章 项目投资决策 / 188

第一节 现金流量 / 188
第二节 项目投资决策的分析方法及其应用 / 192
第三节 本章课程思政案例及延伸阅读 / 202
复习思考题与练习题 / 216

第七章 成本管理与控制 / 218

第一节 标准成本控制系统 / 218
第二节 作业成本管理 / 223
第三节 本章课程思政案例及延伸阅读 / 226
复习思考题与练习题 / 234

第八章 绩效评价 / 236

第一节 绩效评价概述 / 236
第二节 绩效评价方法 / 238
第三节 本章课程思政案例及延伸阅读 / 256
复习思考题与练习题 / 272

第九章 大数据与管理会计 / 275

第一节 大数据的基本理论 / 275

第二节 大数据在管理会计中的应用 / 282

第三节 本章课程思政案例及延伸阅读 / 284

复习思考题与练习题 / 304

参考文献 / 305

第一章 绪 论

▶ **本章概述**

本章主要介绍管理会计的产生与发展,梳理了管理会计在中国的引入、发展与实践过程,介绍了管理会计的基本内容和理论构架,分析了管理会计与财务会计的异同点。

▶ **思政目标**

了解管理会计职业道德准则,树立正确的管理会计职业观,将社会主义核心价值观中的敬业、诚信、法制等元素融入管理会计职业道德教育,培养有道德、有理想、有作为的新时代管理会计人才。

▶ **育人元素**

培养敬业、诚信、法制的社会主义核心价值观。

第一节 管理会计的产生与发展

管理会计是会计的重要分支。现代管理会计经过多年的发展和实践,已经成为一门与财务会计并列的重要的新兴学科。管理会计的萌芽可以追溯到19世纪末20世纪初,经历了三个发展阶段。

一、管理会计的萌芽期

19世纪末,随着工业革命的兴起,企业生产力的发展和提高,企业管理者对企业成本管理的要求进一步提高。为了满足多层次企业管理的需要,最初的管理会计萌发。20世纪初,被西方誉为"科学管理之父"的泰罗的科学管理理论被用于提高企业的生产效率与工作效率。1912年6月,美国国会公布了《预算和会计法》,该法对企业推行预算控制起了决定性的影响,将预算控制引入管理会计理论体系。1922年,奎因坦斯在《管理会计:财务管理入门》一书中首次提出"管理会计"。

知识链接

泰罗的科学管理理论主要分为四部分。(1)差别计价工资制,即对同一种工作设有两种不同的工资率计付工薪,对用时少、质量高的工人按高工资率支付工资,而对用时长、质量差的工人按低工资率支付工资,以此激励工人努力工作。(2)工时研究与标准化,即将一项工作分解为多个基本组成部分,对其做测试,然后根据其合理性重新安排,以确定最佳的标准工作方法。同时,对工具、机器、原料和作业环境等进行改进,并使与任务有关的所有要素都最终实行标准化。(3)职能工长制,即将责任分为执行职责和计划职责,在不同岗位配备不同的责任人,以解决综合管理人才短缺的矛盾。(4)例外管理,即为企业经理提供内容简洁明了、具有对比性的报告,报告内容只包括以往正常情况下未出现过的各种情况,节约经理的宝贵时间,使其有更多时间对重大问题进行决策分析。

二、管理会计的形成期

20世纪40年代至60年代,随着科学技术的日新月异,企业生产经营产生巨大变化。同时,随着社会生产力的迅速提高,跨国公司不断涌现,市场竞争日益激烈,外部经济环境恶劣。企业广泛实行职能管理与行为科学管理,以提高产品质量,降低产品成本,增加企业利润。在这一阶段,行为科学、信息经济学、交易成本理论和不确定性理论被广泛引入管理会计领域,管理会计向着数量化技术方法方向发展。

管理会计的发展和企业管理理念的演进是密不可分的。随着企业管理理念的发展,实施控制中最常用的成本概念确立。1955年,美国会计学会明确地指出了管理会计基本方法,即标准成本计算、预算管理、盈亏临界点分析、差量分析法、变动预算、边际分析等,从而奠定了管理会计方法体系的基础。

为了适应企业的庞大规模,绝大多数集团公司实行了分权管理模式,所以业绩考核非常重要。如何恰当、合理地评价被考核者的业绩,充分调动企业各部门及其员工的工作积极性、提高工作效率,也就是如何评价人的行为活动,成为管理会计研究的重点。行为科学被应用于管理会计,使管理会计理论不断地丰富,并成为管理会计的理论支柱之一。管理会计完成了从"为产品定价提供信息"到"为企业经营管理决策提供信息"的转变,由成本计算、标准成本制度、预算控制发展到管理控制与决策阶段。

三、管理会计的发展期

管理会计的发展时期是从 20 世纪 60 年代末至今。随着全球经济和知识经济的发展,世界各国的经济联系日益增强,企业之间分工合作日趋频繁,因此,准确把握市场定位、客户需求等尤为重要。在此背景下,管理会计在决策过程中受到外部信息以及非财务信息的冲击越来越大。同时,企业内部组织结构的变化也要求管理会计在管理控制方面要有新的突破,需要从战略、经营决策、商业运营等各个层面掌握并有效利用所需的管理信息。因此,管理会计以强调价值创造为核心,发展了一系列新的决策工具和管理工具。由美国管理会计师协会发布的《管理会计公告》,将管理会计的内容归纳为价值观与道德规范、跨职能团队建设、竞争情报管理、会计信息化建设、作业成本管理、目标成本管理、精益成本管理、资源环境会计、供应链成本、价值链分析、绩效管理、标杆管理、质量成本管理、风险管理等多个方面。同时,一些国家也尝试将管理会计引入公共部门管理,并随着新公共管理运动的兴起在全世界范围推广。

四、中国管理会计的引入与发展

在引入西方管理会计相关理论之前,中国管理会计已进行探索和实践。新中国成立初期,一些企业在实践中摸索出以成本为核心的内部责任会计,包括班组核算、经济活动分析和资金成本归口分级管理等。20 世纪 70 年代末到 80 年代末,以企业内部经济责任制为基础的责任会计体系逐步建立。20 世纪 90 年代后的成本性态分析、盈亏临界点与本量利依存关系、经营决策经济效益的分析评价等理念得到应用。河北邯郸钢铁总厂实行的"模拟市场核算,实行成本否决"可谓成本管理在我国企业和管理应用的典范。宝钢集团于 1993 年起推行标准成本制度,历经多年探索,不断完善,在增强员工成本意识、控制成本、支持决策等方面发挥了重要作用。

2014 年 10 月,中华人民共和国财政部颁布了《关于全民推进管理会计体系建设的指导意见》(财会〔2014〕27 号);2016 年 6 月,颁布了《管理会计基本指引》(财会〔2016〕10 号);2017 年 9 月,颁布了 22 项管理会计应用指引(财会〔2017〕24 号)。自 2016 年开始,财政部通过管理会计应用试点工作的推进,征集、评选、整理出版了一系列管理会计案例,为管理会计的实践提供了理论参考和经验借鉴。2021 年 11 月,《会计改革与发展"十四五"规划纲要》正式发布,它指明了未来五年会计行业的工作重点和发展方向。会计职能正在从传统的确认、计量、记录、报告向价值管理、决策支持等转型,人工智能、电子会计凭证等新技术、新事物的出现,给会计行业带来了深刻变革,管理会计在中国的发展迎来了新的契机。

第二节　管理会计的内容和目标

一、管理会计的基本内容

现代管理会计是从传统的会计系统中分离出来，与财务会计并列的，着重改善企业经营管理，提升经济资产服务的信息系统，是企业管理信息系统中"决策支持系统"的重要组成部分。

现代管理会计可进一步划分为决策与计划会计、执行会计两大领域。

（一）决策与计划会计

它以"决策会计"为核心，利用所掌握的丰富信息资源，对为实现决策目标可供选用的各种方案进行深入的可行性分析，从中权衡利弊、比较得失，帮助企业决策者客观地掌握情况，据以作正确的判断和选择，以促进企业决策的最优化。这是全面提高企业经济效益的关键所在。计划（预算）是以决策为基础，把通过决策程序选用的有关方案所要达到的目标，用货币形式进行计量，形成企业的生产经营预算，并把它们加工、汇总成一个相互协调的预算体系，作为企业开展生产经营活动的准绳。

（二）执行会计

它以"决策与计划会计"为基础，着重于对企业经营活动的进程和效果进行评价征收控制。一方面，它将企业年度预算所定的各项指标结合主要对象的特点进行分解、落实和具体化，分别建立专业性的计量、控制系统（如按照成本形成和积累的特点，建立标准成本系统；按照存货形成和使用的特点，建立存货控制系统）。另一方面，按照企业内部各个责任中心进行分解、落实和具体化，形成各个"责任中心"的责任预算，并以此为基础，建立企业内部的责任会计体系。

二、管理会计的目标

管理会计的目标是运用管理会计工具方法，参与组织的规划、决策、控制、评价活动并为之提供有用信息，推动组织实现其战略目标。

管理会计的具体目标主要包括以下四个方面：

第一，强化企业内部经营管理，提高经济效益。为实现这一目标，管理会计需运用一系列专门的方式方法，收集、汇总、分析和报告各种经济信息。这些信息有助于进行预测和决策，制订计划，对经营业务进行控制，并对业绩进行评价，以确保企业改善经营管理，进而提高经济效益。

第二，在掌握会计核算能力的基础上，提升扩展能力。这包括掌握管理会计学的基本理论、方法和技术，并具备利用经济信息进行预测、决策的能力，以及对经营业务进行控制、分析评价的能力。

第三，长期、持续地提高整体经济效益。在战略管理会计网络体系中，这一目标起主导作用，它不仅是引导战略管理会计行为的航标，而且是战略管理会计系统运行的动力和行为标准。

第四，为企业提供内外部综合信息。这包括通过统计和会计的方法，搜集、整理、分析涉及企业经营的内外部环境数据、资料；提供尽可能多的有效的内外部信息，帮助企业更好地作出战略决策。

三、管理会计与财务会计的联系和区别

（一）管理会计与财务会计的联系

1. 最终目标一致

管理会计和财务会计都是服务于企业管理，其最终目标都是改善企业经营管理，提高企业的经济效益。财务会计具有反映和控制的职能，管理会计直接为企业的管理服务。

2. 资料来源基本相同

管理会计所需的许多资料来源于财务会计系统，它主要对财务会计信息进行深加工与再利用，因而受到财务会计工作质量的影响。而财务会计在发展与改革过程中，也需要充分考虑管理会计的要求，以提高信息交换处理能力和兼容性，避免资源的重复和浪费。

3. 主要指标相互渗透

财务会计提供的历史性资金、成本、利润等有关指标，是管理会计进行长、短期决策分析的重要依据；而管理会计所确定的计划，又是财务会计进行日常核算的目标。它们的主要指标体系和内容具有一致性，尤其是企业内部的会计指标体系需要同步实施，以实现有效的控制和管理。

4. 方法上相互补充

管理会计的方法主要包括预测、决策、预算、控制和考核；而财务会计的方法主要

是核算、分析和检查。

（二）管理会计与财务会计的区别

1. 会计主体不同

管理会计的工作主体具有多层次性，它既可以是整个企业，也可以是企业内部的某个局部区域或个别部门，甚至是某一特定的生产或经营环节。而财务会计的工作主体往往只有一个层次，即整个企业，以完整反映和监督整个经济过程，并确保不会遗漏会计主体的任何会计要素。

2. 会计职能定位不同

管理会计的职能重于"创造价值"。它贯穿于单位管理的全过程，一是有助于解析过去，通过对财务会计信息的进一步加工，更好地控制现在、筹划未来；二是通过及时修正执行过程中的偏差，确保经济活动严格按照决策预定的目标进行；三是充分利用所掌握的资料进行定量分析，帮助管理部门客观地掌握情况，从而提高预测与决策的科学性，因此属于"经营管理型会计"。而财务会计则是"记录价值"，通过确认、计量、记录和报告等会计程序记录、加工已经发生的交易或事项，提供并解释历史信息，属于"报账型会计"。

3. 会计工作的程序不同

管理会计工作一般没有固定的工作程序可循，企业可根据自己的实际情况设计相应的工作流程。而财务会计工作必须执行固定的会计循环程序，从编制凭证到登记账簿，再到编制财务报告，都必须按规定的程序处理，并受到会计法规、制度的约束，不得随意变更其工作内容或颠倒工作顺序。

4. 会计服务的对象不同

管理会计主要为内部管理服务，为单位内部管理人员提供有助于有效经营和最优化决策的各种财务与管理信息，以强化内部经营管理、提高经济效益，因此属于"内部会计"或"对内报告会计"。而财务会计虽然也对内提供基本的会计信息，但主要侧重于为外部相关单位和人员提供财务信息。

5. 会计报告的期间不同

管理会计面向未来进行预测、决策，因此其报告的编制不受固定会计期间的限制。管理会计报告根据需要编制，其时间跨度长、弹性大，可以是三年、五年、十年甚至几十年。而财务会计面向过去进行核算和监督，反映一定期间的财务状况、经营成果和资金变动情况，应按照规定的会计期间编制报告。财务会计报告时间跨度相对较短且固定，一般是一个月、一个季度或一年。

第三节 本章课程思政案例及延伸阅读

为进一步加深对本章内容的理解,本章课程思政案例将重点关注管理会计师的职业道德准则的延伸。同时,结合目前实务中管理会计师在职业道德准则应用过程中遇到的一些问题,我们将进行分析和阐述。

一、本章课程思政案例

(一)案例主题与思政意义

【案例主题】

分析管理会计师在执业过程中面临的道德困境,有助于我们更好地理解管理会计师的职业道德准则和社会主义核心价值观的内涵。一方面,管理会计师需要忠诚地履行对企业的职责,保护企业利益;另一方面,他们也必须严格遵守法律法规,恪守职业道德,如确保信息披露和诚信方面不出现违规行为。管理会计师需要扮演服务企业与服务社会的双重角色,在职业判断和决策中秉持独立、客观、审慎的职业态度,坚守职业道德底线。

【思政意义】

管理会计师的基本道德原则包括诚实、正直、客观和责任四项,其具体准则包含胜任能力、保密、正直、诚信。在管理会计实务中,管理会计师可能会面临辨别不道德行为或道德冲突的挑战。通过案例的分析和讨论,我们可以增强学生对不道德行为的辨别能力,帮助他们树立正确的管理会计职业道德观。使学生意识到,作为一名未来的管理会计师,他们需要不断提高道德修养和职业素质,培育和践行社会主义核心价值观,将道德标准融入日常工作,这样才能在复杂的经营环境中稳健前行。同时,管理会计师在职业发展中应促进社会进步,服务国家战略,以高尚的职业道德推动企业、社会、国家更好更快地发展。

(二)案例描述与分析

【案例描述】

张某是某公司的资深经理,在某一投资决策中,他与其他两位经理同时提交了项目方案和资本预算。但是,这三个提案中只有一个项目能胜出,中标项目的经理将被提拔为副总裁,并获得大幅加薪的奖励。为此,张某要求部门的每一位成员收集有关项目的信息,预计成本和收入,并将这些部分整合到最终的项目预算中。在分析过程中,张某盯着电脑屏幕,感到难以置信。该项目的预计内部收益率(IRR)为7.5%,但过去几年批准的项目内部收益率都在8%或更高。经过长时间的研究,他发现如果将一个项目支出重新分类为正常运营费用而非项目费用,预计内部收益率就能提高到8.15%。张某深知,较高的内部收益率将提高他的提案中标的可能性,同时他重新划分支出类型的行为几乎不会被发现。

如果你是张某,你会怎么做?

【案例分析】

针对上述情形,张某显然有以下两种选择:

选择一:通过改变成本的分类,将该项成本计入正常运营费用,从而降低项目的成本,进而将内部收益率提高到8.15%。

如果张某这样选择,可能发生以下三种结果:

结果一:张某中标,项目顺利完成,并实现8%的收益率。没有人发现张某的不当行为。张某顺利晋升为副总裁,获得了加薪。

结果二:张某中标,项目顺利完成,并实现8%的收益率。但是,内部审计部门发现了张某的不当行为,将收益率重新调整为7.5%。他未获得晋升。

结果三:张某中标,项目顺利完成,获得的收益远高于预期。张某将调整过的成本性质调回项目成本,内部收益率仍然高于8%。张某顺利晋升为副总裁,并获得了加薪。

选择二:没有改变该项成本的性质,项目未中标,张某未获得升职加薪。

从职业发展的角度来看,张某希望通过调整项目成本数据,达到中标和获得升职加薪的目的。但从职业道德角度看,张某此举不仅违背了会计职业道德,而且损害了会计职业形象。

作为一名管理会计师,张某的首要职责是忠实反映经济业务,提供真实可靠的会计信息。但是张某为了个人利益,选择通过不正当手段美化数据。这种做法违反了诚信、客观、独立的道德准则,不仅损害了整个会计的公信力和职业形象,而且损害了公司的利益。

因此,从长远利益出发,张某应该坚守职业道德和准则,公正地反映项目数据,即使这可能导致项目未能中标或个人失去晋升机会。只有保持数据的真实可靠,才能让会计信息发挥决策支持作用。保持公众对会计工作的信任,这是每一位管理会计师应尽的职责。

(三)案例讨论与升华

【案例讨论】

通过以上案例,请大家讨论以下问题:

1. 如果你是张某,你会如何选择?依据是什么?
2. 作为管理会计师,最重要的职责是什么?
3. 管理会计师的职业道德准则和社会主义核心价值观的契合点在哪里?

【案例升华】

管理会计师作为企业的内部信息提供者,其工作与管理层的决策紧密相连,因此更容易面临复杂的道德困境和判断。然而,管理会计师首先应坚持社会主义核心价值观中的敬业精神,以高度的责任心和奉献精神投入工作,勤勉尽责,忠实履行信息披露义务。其次,要坚守诚信原则,恪守职业道德,确保会计报告的真实性和客观性,在不损害企业合法权益的前提下,提供真实、准确、完整的会计信息。最后,管理会计师应增强法治意识,严格遵守国家法律法规,坚持会计准则,杜绝违规操作。只要管理会计师将这些核心价值观内化于心,以职业道德准则为行为底线,就能以正确的职业态度和操守行事,化解复杂的利益关系,在各种环境下保持判断的独立性。这不仅有利于个人职业生涯的长远发展,而且是推动管理会计行业不断进步的重要前提。

二、本章延伸阅读

延伸阅读1 管理会计之父余绪缨:前沿求索几度秋 由技入道勇探求[①]

1922年8月,余绪缨先生出生于江西靖安。1945年,余绪缨以优异的成绩毕业并受聘于母校厦门大学,从此开始了其一生从事的教学与科研相结合的漫长学术生涯。

2007年9月23日,著名经济学家、会计学家和教育家,中国管理会计学科的开拓者和奠基人,厦门大学资深教授余绪缨先生永远告别其毕生挚爱的会计学教育与科研事业。缅怀先生的最好方式就是理解其学术思想,并加以继承和发扬光大。余绪缨先生的学术思想非常丰富,此文仅撷取几个"片段"展现他的风采。

20世纪80年代,中国开始踏上改革与开放的征程。在这个"承上启下,承前启后"的特殊时期,受传统思维定势的严重影响,许多人思想上还存在浓厚的"阶级斗争"潜意识。这种"阶级斗争"潜意识表现在会计研究领域就是会计学科属性(是否具有阶级性)的论争。基于这种特殊情境,余绪缨突破会计阶级性的思维桎梏,以超常的胆识和洞察力在其富有创建性的研究文献《要从发展的观点,看会计学的科学属性》(《中国经济问题》1980年第5期)中提出"怎样认识会计学的科学属性,是以怎样认识会计的性质为其基本前提",从而在中国首次提出"根据当前的现实及其今后的发展,应把会计看作一个信息系统,它主要是通过客观而科学的信息,为管理提供咨询服务"。"会

---
① 厦门大学新闻网.师者/余绪缨:前沿求索几度秋 由技入道勇探求[EB/OL].(2022-01-28)[2024-02-15]. http:news.xmu.edu.cn/info/1002/44317.htm.

计作为一个信息系统,实质上是一种特定的语言,一种特定的方法;而语言或方法,是无所谓阶级性的。"余绪缨进而认为"明确了会计的基本性质,对于会计学究竟是一门什么样的科学,也就易于理解了",从而进一步提出"会计学是一个专门的知识领域……着重研究如何科学地组织和完善会计信息系统,使之更好地发挥其管理咨询作用的一门方法论的科学"。

之后,余绪缨又在《关于建立能适应我国社会主义现代化建设需要的会计学科体系问题——兼论与此有关的几个会计理论问题》(《会计研究》1982年第2期)再次提出"会计作为一个信息系统,它所提供的信息的数量和质量,仍在不断发展中"。余绪缨这个观点随后发展成为中国会计理论界有关会计本质的主流观点,余绪缨也因此成为"会计信息系统论"学派的主要代表性人物。即便在今天的数字化时代,余绪缨先生的观点也具有相当强的前瞻性。

沿着这样的思路,针对当时"争论不休"的"财务与会计关系"问题,余绪缨旗帜鲜明地指出"会计是一个信息系统,它为管理(包括财务管理)提供有用的信息。会计为管理服务,但不是管理本身",从而进一步认为"财务(管理)"与"会计"是两个独立的学科。之后,余绪缨先生又专门撰文阐述这种观点。尽管这种观点在今天早已成为一种共识并成为一种常识,但是,在当时那个特殊时期,余绪缨的观点无疑对厘清会计学科与财务(管理)学科之间的关系,促使会计学与财务(管理)学成为两个独立的学科,具有重要的理论与现实意义。

随着中国的改革与开放,西方许多会计学术思想开始传入中国。这时,余绪缨深感"现代管理会计是一门新兴的、将现代化管理与会计融为一体的综合性交叉学科,在中国原属空白,但在现代化经济管理中却极为重要"。为此,余绪缨从20世纪70年代末开始,披荆斩棘,竭尽全力,不断面对并回应各种质疑或误解,从无到有,在中国率先致力于管理会计学科的引进与创建、发展,取得了一系列重要的富有开拓性的研究成果,为具有中国特色的管理会计学科的创建与发展做出了不可磨灭的贡献。余绪缨也因此成为中国管理会计学科的开拓者和奠基人。

不过,余绪缨认为,"一门新兴学科的学习和引进,教材是一种重要的媒介"。管理会计教材也是培养管理会计人才的重要载体。管理会计毕竟发展于西方市场经济发达国家。本着"以我为主,博采众长,融合提炼,自成一家"的原则,余绪缨认为不把"众长"学透,就不能"博采",要想自成一家,就得先学透百家。尽管国外管理会计教材众多,但其结构体系并没有统一的规范,往往根据各教材作者自己的认识和修养,各展其长,形成不同的重点和特点。有鉴于此,余绪缨在广泛阅读国外各种版本管理会计教材的基础上,结合其对管理会计的对象与方法、管理会计的基本框架与学科属性以及具有中国特色的管理会计特点等问题的独特见解,博采众长,融合提炼,确定了"以管理会计的对象即现金流动为经,以管理会计的职能为纬"的具有中国特色的管理会计教材结构体系。

确定了具有中国特色的管理会计教材结构体系之后,余绪缨以"发白未懈青云志"自励,夜以继日,尽心竭力编写出了管理会计教材初稿,并作为教育部委托厦门大学举办的高等财经院校管理会计师资培训班(1981年1月至7月)的试用教材。以这次教学实践为基础,余绪缨对初稿做了较大的增删、修订,形成第二稿。1981年11月,财政部人事教育司在厦门大学召开教材审稿会。当时审稿专家在充分肯定"这本教材内容丰富,自成体系,论述深入,结构严谨。迄今为止,这是国内有关管理会计教材中,质量较高、学术造诣较深的一本"的同时,也就如何进一步修改、提高教材的质量提出了建议。余绪缨根据审稿专家的建议,经过认真分析、研究,又做了较大的修改、补充,形成第三稿,作为正式出版的基础。

余绪缨编写的《管理会计》是一部具有开拓性的高等财经院校试用教材。该教材所创建的"以管理会计的对象即现金流动为经,以管理会计的职能为纬"的管理会计教材结构体系成为中国当时同类教材编写的蓝本,堪称中国管理会计教材的奠基之作。

20世纪90年代之前,余绪缨的《管理会计》教材具有非常广泛的影响,获得当时国家教育委员会高等学校优秀教材一等奖和相应的荣誉证书。该教材启蒙并深深地影响了自中国1977年恢复高考以后入学的整整一代管理会计学人。许多人是通过该教材才了解、理解和掌握管理会计知识,从而对管理会计感兴趣。可以说,该教材不仅对管理会计在中国的传播、普及与应用起着非常重要的作用,而且标志着余绪缨已经完成了对西方管理会计的引进工作,开始进入创建具有中国特色的管理会计学科阶段。

20世纪90年代,余绪缨以其深厚的中国传统文化功底,将中国会计研究与中国传统文化相结合,提出经济、法律、政治诸因素固然对会计模式的形成和发展具有重要影响,但是,这只是停留在物质与制度层面,尚未分析到层次更深、境界更高的文化层面。就中国会计研究而言,超越时空的文化因素对会计的影响,最能彰显根植于中国文化沃土、闪耀着"东方智慧"灿烂光芒的中国会计文化层面的重大特色。中国管理会计研究应该与历史潮流相适应,从传统技术观向社会文化观转变,中国古代"孙子兵法"所隐含的管理思想与西方市场经济国家流行的战略管理会计存在相通之处。

20世纪90年代末至21世纪初,面对扑面而来的知识经济,余绪缨倍感社会文化观对管理与管理会计的深刻影响,从更广阔的视野,展望21世纪会计学科的发展趋势。余绪缨认为,管理会计问题绝不是单纯的技术性问题,管理会计的研究不能局限于其技术层面,必须同社会文化观相结合,以"系统观"取代"机械观",由"物本管理"转向体现"人文观"的"智本管理"。由此,余绪缨强调管理会计必须"由技入道"。

余绪缨认为，会计的功能是行为功能（behavioral function），要使会计的行为功能得到充分发挥，就必须深入研究其社会文化层面，实现会计研究的技术观和社会文化观相结合。余绪缨断言"会计的社会文化层面远比它的技术层面重要得多"。作为一个会计战线老兵的"从容论道"，余绪缨对管理会计发展的人文化趋向的独到见解对中国未来管理会计研究具有启发作用。

余绪缨的学术成就不仅在国内有较为广泛的影响，而且在国际学术界也十分引人注目。1982年至1983年，中美联合举办的中国工业科技管理大连培训中心聘请余绪缨担任兼职教授，为企业高层领导干部和高层管理人员讲授"管理会计"这门课程。自1985年以来，余绪缨应美国国家科学院"美中学术交流委员会"、美国明尼苏达大学、伊利诺伊大学、纽约州立大学、美国会计学会和加拿大国际开发署等单位的邀请，先后十余次出访美国、加拿大、日本、法国、英国、澳大利亚等国家，在国际学术会议上宣读论文或开展合作研究，取得了丰硕的成果，在专业领域扩大了中国的国际影响，为中国会计走向世界做出了自己应有的贡献。

也许，"前沿求索几度秋，由技入道勇探求；攀登莫负平生愿，巍巍砥柱立中流"就是余绪缨先生一生最真实的写照。

延伸阅读2　美国管理会计师协会《职业道德守则公告》[①]

IMA成员的行为应该符合职业道德。对职业道德规范的承诺包括遵循我们指导成员行为的价值观和标准的总体原则。

原则

IMA职业道德原则包括诚实、公平、客观和负责。成员行为应该符合这些原则，并且鼓励组织内部的其他员工遵守这些原则。

标准

IMA成员有责任遵守并坚持胜任力、保密性、正直性和可信性标准。如不遵守以上标准，IMA成员将会受到纪律处分。

Ⅰ.能力

1.通过充实知识储备和提高技术层次，保持合适的职业领导力和竞争力。

2.按照有关的法律、规定和技术标准，执行职业任务。

3.提供准确、清楚、简洁和及时的决策支持信息和建议。识别并帮助风险管理。

Ⅱ.保密性

1.除了授权或法律要求之外，禁止披露工作中的机密信息。

---

① IMA美国管理会计师协会官网。

2. 告知有关方面或人员正确使用工作过程中获得的机密信息，对其监管以确保合规性。

3. 禁止违反职业道德或者法律使用机密信息。

Ⅲ. 正直性

1. 避免潜在或者实际上的利益冲突，就任何潜在的利益冲突向各方提供建议。

2. 避免从事任何妨碍道德履行职责的行为。

3. 避免从事或支持任何可能使该职业失去信誉的活动。

4. 促进积极的道德文化，并将专业操守置于个人利益之上。

Ⅳ. 可信性

1. 公平客观地沟通并传递信息。

2. 提供可能会影响意向使用者对报告、分析和建议的理解的所有相关信息。

3. 按照组织政策和(或)适用法律，报告信息、及时性、流程或者内部控制上的延迟或者缺陷。

4. 交流沟通专业限制或其他限制，避免其对负责领域的判断或一个活动的成功执行造成阻碍。

复习思考题与练习题

一、复习思考题

1. 何为管理会计和财务会计的差异？
2. 如何成为一名合格的管理会计师？

二、练习题

1. 简述管理会计发展历史的三个时期。
2. 解释管理会计的目标。
3. 简述管理会计的主要内容。

第二章 成本性态分析与变动成本法

▶ 本章概述

本章概述了管理会计的成本性态分析，对比变动成本法和完全成本法的差异，并结合实务例题重点分析成本性态分析和变动成本法。同时，结合思政案例与延伸阅读，进一步拓展相关内容。

▶ 思政目标

在习近平新时代中国特色社会主义思想的科学指引下，深入认识成本性态分析在日常工作中对企业的影响，并推动企业加强网络安全保障体系和能力建设。企业应切实肩负起"举旗帜聚民心、防风险保安全、强治理惠民生、增动能促发展、谋合作图共赢"的使命任务。

▶ 育人元素

通过本章内容的学习，引导学生树立建设网络强国的重要思想。

第一节 成本性态分析

成本性态是指在一定条件下成本总额与业务量之间的依存关系，也称作成本习性。

"业务量"包括实物量、价值量和时间量等形式，既可以是产量、销量，也可以是直接人工工时、机器工作小时等。为简化核算，管理会计中的业务量大多是指产销量。"成本总额"包括产品成本和期间成本。"一定条件"是指相关范围，即在特定时间和特定业务量范围内，特定成本项目固有特征的时间和业务量不会改变或破坏。根据成本与产销量之间的关系,成本通常划分为固定成本、变动成本和混合成本三大类(如表 2—1 所示)。

表 2—1　　　　　　　　　　　　成本性态表

固定成本	变动成本	混合成本
房租租金	直接材料	电话费
机器设备的折旧费	直接人工	水电费
保险费	销售佣金	煤气费
管理人员工资		修理费

一、固定成本

固定成本是指在一定时期和一定业务量范围内,不随产销量变动而变动的成本。固定成本可细分为约束性固定成本和酌量性固定成本。

约束性固定成本属于经营能力成本,它和整个企业经营能力的形成及其正常维护直接相关,不会因管理层短期决策而改变。例如,房屋租金、机器设备的折旧费、保险费等都属于约束性固定成本。约束性固定成本通常被视为维持企业经营能力的最低成本,和企业管理水平无关,在短期内也很难发生改变,因此又被称作"经营能力成本"。需要注意的是,企业的经营能力一旦形成,即便经营活动暂时停止,约束性固定成本仍然维持不变。

酌量性固定成本是指企业管理层的短期决策行为可以改变其数额的那部分固定成本。酌量性固定成本通常包括研究开发费、广告宣传费、职工培训费等。这些费用的多少取决于管理层的决策。酌量性固定成本与企业的竞争力密切相关。因此,企业要重视酌量性固定成本的预算,合理确定其数额。

固定成本习性模型,如图 2—1 所示。

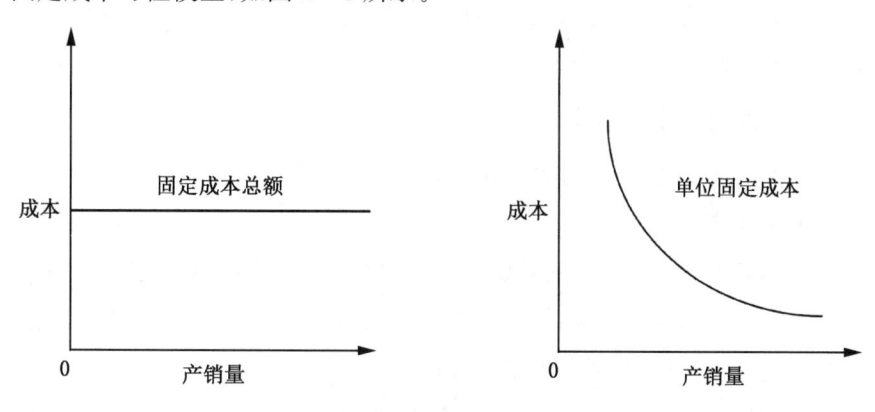

图 2—1　固定成本习性模型

二、变动成本

变动成本,是指在一定的业务量范围内,其总额随着产销量的变动而成正比例变动的成本。例如,直接材料、直接人工、销售佣金等都属于变动成本。这些成本的总额随着产销量的变动而变化,且其变动的幅度和方向都与产销量的变化保持一致。因此,变动成本具备以下两个特点:第一,其总额与产销量成正比例关系;第二,单位变动成本不因产销量变动而变动,始终维持在某一特定水平上。

变动成本习性模型,如图 2—2 所示。

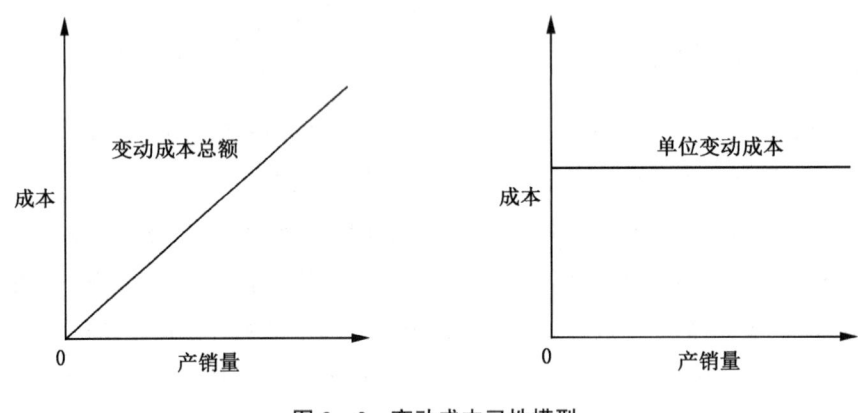

图 2—2 变动成本习性模型

三、混合成本

在现实生活中,大部分成本习性介于固定成本和变动成本之间。这类成本,其总额随着产销量而变动,但变动不成正比例,被称为混合成本。混合成本的变动受产销量变动的影响:当产销量增加,混合成本总额增加;当产销量减少,混合成本总额减少。混合成本的变动还受其他因素的影响。因此,混合成本与产销量虽然变动方向相同,但是变动的比例不同。

(一)混合成本的分类

根据混合成本的特点,可以将其细分为以下几类:

1. 半变动成本

半变动成本有一个固定的初始值,该值与产销量无关,类似于固定成本。在这个初始值之上,成本会随着产销量的增加成正比例增加,呈现变动成本的特点。混合成本中的水电费、煤气费等属于半变动成本。

例如,热处理的电炉设备,因每班预热而消耗的电费,呈现固定成本的特点。而预热后进行热处理的耗电费用,则随着业务量的增加而逐步增加,这部分费用呈现变动成本的特点。

半变动成本习性模型,如图2—3所示。

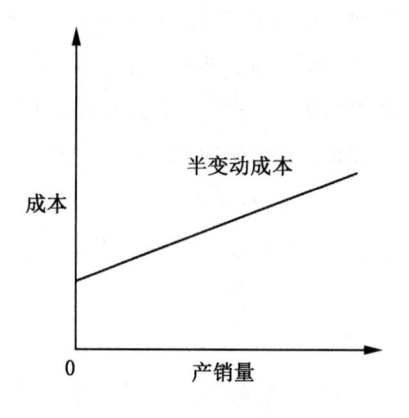

图2—3 半变动成本习性模型

2.半固定成本

半固定成本也称作阶梯式变动成本,当产销量在一定的范围内变动时,这类成本暂时不发生变动;但当产销量超出这一范围时,其成本总额会突然跃升到一个新的水平,并在此后的期间内继续保持不变,直到发生下一次跳跃。因此,其变动轨迹呈现出阶梯状的特点。企业的管理员、运货员、检验员的工资等成本都属于半固定成本的范畴。

半固定成本习性模型,如图2—4所示。

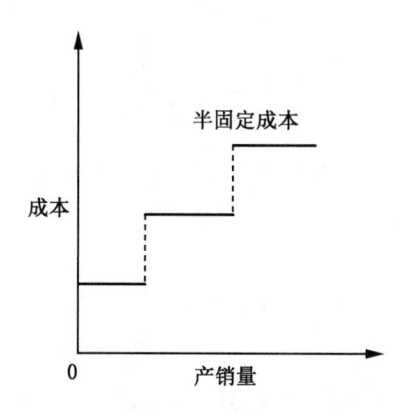

图2—4 半固定成本习性模型

> **知识链接**

半固定成本与半变动成本都是混合成本。要区分这两个概念，关键在于理解它们各自的特点。半变动成本有一个初始量，在这个初始量的基础上，它随产量的增长而增长。而半固定成本是随着产量的增加呈阶梯式增长，即在一定产量范围内，半固定成本保持不变，当产量提高到另一个范围时，成本提高到下一个更高的水平并保持不变。

区分两者最简单的方法是观察成本函数的形式。如果可以写成 $Y = a + bX$ 的形式，那么它就是半变动成本。比如，一个工人的保底工资为 2 000 元，之后每加工一个零件得到 0.6 元，一个月下来，其工资总额为 $Y = 2\,000 + 0.6X$，因此它是半变动成本。

3. 延期变动成本

延期变动成本在一定的产销量范围内保持一个固定不变的值。然而，一旦产销量超出这一范围，成本就会随之发生变化。例如，在正常工作时间下，员工的工资固定，由于需要增加工作时间，超出部分的加班工资和加班时间的长短成正比，这就是典型的延期变动成本。延期变动成本习性模型，如图 2—5 所示。

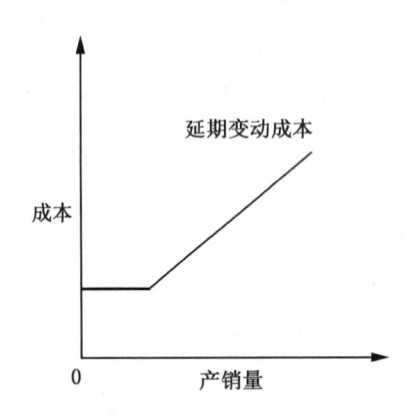

图 2—5　延期变动成本习性模型

4. 曲线变动成本

曲线变动成本通常和半变动成本相似，有一个与产销量无关的初始值，随着产销量的增加，其总额也会发生变化。区别在于，这两者的变化并不是线性关系，而是一种曲线关系。曲线变动成本可以分为递增曲线成本和递减曲线成本。递减曲线如企业的采购成本，其初始量是维持采购机构的基本运营费用。随着采购量的增加，采购成本并非呈直线上升。在价格折扣和优惠条件的影响下，采购成本在达到顶点后就会下降或持平。递增曲线如累进计件工资、违约金等，随着产销量的增加，其成本总额逐步增加，并且其上升率也会逐步升高。

曲线变动成本习性模型，如图 2—6 所示。

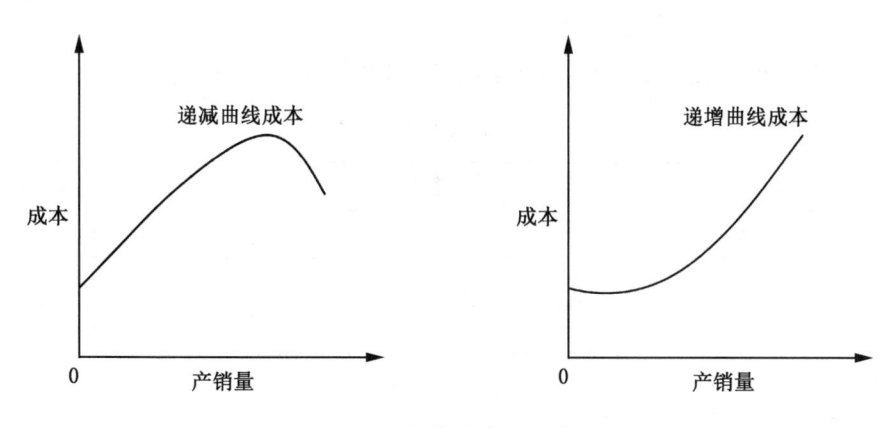

图 2—6　曲线变动成本习性模型

（二）混合成本的分解

在现实生活中，由于经营管理的需求，大量的混合成本被分解为固定成本和变动成本两部分。常用的混合成本的分解方法有以下几类：

1. 历史成本分析法

历史成本分析法是采用一定的数学方法，对过去某一会计期间的总成本与产销量的历史数据进行分解，从而确定固定成本和单位变动成本的数额。历史成本分析法中，常用的有高低点法和回归分析法。

（1）高低点法。它是通过分别观察相关范围内业务量的最高点、最低点和对应的成本之差，推算半变动成本中的固定部分和变动部分各占多少。设 y 代表一定期间某项半变动成本总额，x 代表业务量，a 代表半变动成本中的固定部分，b 代表半变动成本中依一定比率随业务量变动的部分（单位变动成本），则公式为：

$$Y = a + bX$$

$$B = \frac{高低点成本之差}{高低点产量之差} = \frac{\Delta y}{\Delta x}$$

a = 最高（或低）点的半变动成本总额 $- b \times$ 最高（或低）点的产量 $= y - bx$

【实务题 2—1】　某工厂 2024 年上半年的设备维修费数据如表 2—2 所示。

表 2—2　　　　　　　　　　　设备维修表

月　份	1月	2月	3月	4月	5月	6月
业务量（千机器小时）	6	8	4	7	9	5
维修费（元）	100	115	85	105	120	95

要求:采用高低点法将半变动成本设备维修费分解为变动成本和固定成本。

根据表 2—2,计算过程如下:

该历史成本数据在相关范围内(4~9 千机器小时)的变动情况如表 2—3 所示:

表 2—3　　　　　　　　　　　高低点法计算表

	业务量(x)	维修成本(y)
最高点	9	120
最低点	4	85
差额	$\Delta x = 5$	$\Delta y = 35$

据此,可分别确定如下:

$b = 35 \div 5 = 7$(元/千机器小时)

$a = 120 - 7 \times 9 = 57$(元)

$y = 57 + 7x$

知识链接

与高低点法基本原理相似,散布图法认为混合成本的性态可以被近似地描述为 $Y = a + bX$。不同的是,散布图法是根据若干期的业务量、成本数据,在坐标图中标出所有各期的成本点;再用目测的方法,画出一条能够反映成本变动的平均趋势直线,并在这条直线上确定直线的截距（即固定成本）;最后据以计算单位变动成本。它是一种混合成本分解方法。

(2) 回归分析法。回归分析法相对于高低点法更为精确,它根据一定时期内产销量和混合成本的数据,运用最小二乘法原理,计算出最能代表产销量和混合成本总额关系的回归直线。这种方法同样假设混合成本模型为:

$$Y = a + bX$$

式中,a 表示固定成本,b 表示单位变动成本。

a 和 b 的计算公式如下:

$$a = \frac{\sum X_i^2 \sum Y_i - \sum X_i \sum X_i Y_i}{n \sum X_i^2 - (\sum X_i)^2}$$

$$b = \frac{n \sum X_i Y_i - \sum X_i \sum Y_i}{n \sum X_i^2 - (\sum X_i)^2}$$

【实务题 2—2】　采用回归分析法分解混合成本——维修费如下:

(1)计算 X、Y、XY、X^2 的和,如表 2—4 所示。

表 2—4　　　　　　　　　　回归分析法分解混合成本

年　度	产量 X(万件)	维修费 Y(元)	XY	X^2
20×5	58	50 000	2 900 000	3 364
20×6	55	46 000	2 530 000	3 025
20×7	50	48 000	2 400 000	2 500
20×8	60	53 000	3 180 000	3 600
20×9	65	54 000	3 510 000	4 225
合　计	288	251 000	14 520 000	16 714

(2)将 $n=5$ 以及表 2—3 中的数据代入公式,求 a 和 b。

$$a=\frac{16\ 714\times 251\ 000-288\times 251\ 000}{5\times 16\ 714-288^2}\approx 21\ 492(元)$$

$$b=\frac{5\times 14\ 520\ 000-288\times 251\ 000}{5\times 16\ 714-288^2}\approx 498(元/万件)$$

最后,得出分解后的混合成本的模型为:

$Y=21\ 492+498X$

2.技术测定法

技术测定法又称作工程法,是通过对生产过程中各种材料和人工成本消耗量的技术测定来划分固定成本和变动成本。通过技术测定,将随着产量变化而变化的成本归为变动成本,而将与产量变化不相关的成本归为固定成本。随着信息技术的进步和人工智能的发展,这种方法也逐渐变得可行,且其结果相对准确,但前期投资成本较高。

账户分析法又称作会计分析法,它是根据有关成本账户及其明细账的内容,在成本发生的同时,按照其与产量的依存关系,做出判断,并直接将成本归入固定成本或者变动成本。

3.合同确认法

合同确认法是根据企业签订的供需合同中规定的支付标准和费用的性质,来确认哪些项目属于固定成本,哪些项目属于变动成本。在实际应用中,合同确认法通常配合账户分析法一起使用。

第二节　变动成本法及其比较

一、变动成本法

在制造业背景下，以成本性态分析为基础的内部成本管理报告首先需要对产品成本进行性态分解。通过分解，产品成本仅包含与销售量直接相关的变动成本，而将与产品制造有关的固定成本列示为期间费用。这种方法能呈现产品销售收入弥补变动成本后再弥补固定成本的利润创造过程，被称为变动成本法。

制造企业运用变动成本法时，首先要对产品成本做性态分解。产品生产过程中耗费的直接材料、直接人工都属于随产量消耗的变动成本。而制造费用，作为一项混合成本，需要经过分解。其中，变动制造费用归类为变动成本，固定制造费用列为期间费用。因此，根据变动成本法的核算口径，产品成本主要包括直接材料、直接人工和变动制造费用，这使得每一期的产品销售成本仅包含变动成本。

在按变动成本法提供的内部管理报告中，销售收入减去销售成本实际上是收入减去变动成本。管理会计上将这一差额定义为贡献毛益（contribution margin, CM），以此反映利润创造的中间过程，即企业要先创造贡献毛益，只有当贡献毛益能够弥补固定成本时，企业才能实现盈利。

成本性态分析不仅适用于产品制造，而且可以推广至期间费用的分析，分解出变动期间费用。因此，贡献毛益存在两个口径：一是制造贡献毛益，是指产品销售收入减去产品变动成本后的余额；二是营业贡献毛益，是指企业全部收入减去全部变动成本（包括变动成本和变动期间费用）后的余额。

应用变动成本法的内部管理报告可以按照以下顺序清晰呈现利润创造的过程：产品销售收入—产品变动成本—制造贡献毛益—变动期间费用—营业贡献毛益—全部固定成本—利润。

与财务会计中的成本核算相比，变动成本法最明显的不同是将固定制造费用从产品成本中剔除，并将其列示为期间费用。而财务会计核算的产品成本则包含了全部的制造费用。为区分这两种方法，管理会计将财务会计的成本核算方法称为完全成本法。

二、变动成本法与完全成本法的比较

变动成本法与完全成本法在处理固定制造费用上存在差异,这些差异导致两种方法在产品成本的构成内容、存货成本的构成内容以及各期损益上的不同。

(一)产品成本的构成内容不同

完全成本法将所有成本分为制造成本(或称生产成本,包括直接材料、直接人工和制造费用)和非制造成本(包括管理费用、销售费用和财务费用)两大类,将制造成本完全计入产品成本,而将非制造成本作为期间费用。

变动成本法的产品成本包括直接材料、直接人工和变动制造费用,固定制造费用与非制造成本都作为期间费用。

以上两种方法在产品成本计算上的差异如图2—7和图2—8所示。

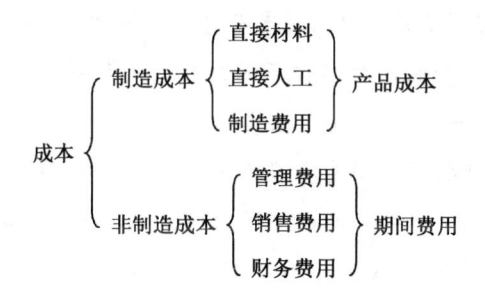

图2—7 完全成本法下成本的结构

图2—8 变动成本法下成本的结构

现举例说明两种成本法下产品成本计算的差异。

【实务题2—3】 设某企业月初没有在产品和产成品存货。当月共生产某种产品50件,销售40件,月末结存10件。该产品的制造成本资料和企业的非制造成本资料如表2—5所示。

表 2—5　　　　　　　　　　　　成本资料表　　　　　　　　　　　　单位：元

成本项目	单位产品项目成本	项目总成本
直接材料	200	10 000
直接人工	60	3 000
变动制造费用	20	1 000
固定制造费用	—	2 000
管理费用	—	3 000
销售费用	—	2 500
财务费用	—	1 500
合　计		23 000

如果采用变动成本法，则单位产品成本为 280 元（200＋60＋20）；如果采用完全成本法，则需要将固定制造费用分配至本期生产的 50 件产品上，单位产品成本不仅包含直接材料、直接人工，而且包含单位产品分担的变动制造费用和固定制造费用，合计 320 元（200＋60＋20＋2 000/50）。

由于变动成本法将固定制造费用处理为期间费用，因此单位产品成本比完全成本法下的成本低。变动成本法下的期间费用比完全成本法下的高。变动成本法下的期间费用为 9 000 元（2 000＋3 000＋2 500＋1 500），而完全成本法下的期间费用则为 7 000 元（3 000＋2 500＋1 500）。

产品成本构成内容是变动成本法与完全成本法的主要区别，这两种方法在其他方面的区别均由此而生。

（二）存货成本的构成内容不同

由于产品成本的构成内容不同，因此存货成本的构成内容也不同。采用变动成本法，不论是库存产成品、在产品还是已销产品，其成本均只包括制造成本中的变动部分，期末存货计价只是这一部分。而采用完全成本法时，不论是库存产成品、在产品还是已销产品，其成本均包括一定份额的固定制造费用，期末存货计价相应地也包括这一份额。

很显然，变动成本法下的期末存货计价小于完全成本法下的期末存货计价。实务题 2—3 中，如假设该月月末无在产品，当按变动成本法计算时，期末存货的成本为 2 800 元（280×10）；而按完全成本法计算时，期末存货的成本则为 3 200 元（320×10）。

产品成本和存货成本之间的差异又会对损益的计算产生影响。

（三）各期损益不同

从期间损益的角度来看，变动成本法将固定制造费用计入期间费用，从而抵减当期损益。而完全成本法将固定制造费用计入产品成本,只有在产品销售时,这些费用才会随产品的其他成本项目(如直接材料、直接人工)一并结转当期损益。因此,变动成本法与完全成本法对各期损益的影响主要取决于当期生产的产品是否能全部销售,即产销是否达到平衡。

在适时制(just-in-time)生产模式下,产销基本平衡,每期以销售量定产量,则企业当期没有存货。那么,在完全成本法下与产品生产有关的全部成本(变动成本加固定成本)会作为产品的销售成本结转出去。此类情形如果换成变动成本法核算,则产品的全部成本,也就是变动成本,会随着产品销售完毕结转出去,与产品相关的固定制造费用计入期间费用。因此,在产销平衡时,两种方法的期间损益相同,所不同的只是固定制造费用是列入产品销售成本还是列入期间费用。

当产销不平衡时,将出现两类情形:一是当期产量大于销售量,形成当期新增库存;二是当期产量小于销售量,需要调动期初库存来满足当期销售。以下将通过实例逐一分析这两类产品在产销不平衡情形下,变动成本法与完全成本法形成的期间损益的差异。

【实务题2-4】 承实务题2-3,假设每件产品售价为500元;销售费用中有变动费用,为20元/件。当分别采用变动成本法和完全成本法时,所计算出的当期税前利润如表2-6所示。

表2-6　　　　　　　　变动成本法和完全成本法的比较　　　　　　　　单位:元

项目	变动成本法	完全成本法
销售收入(40×500)	20 000	20 000
销售成本	11 200(40×280)	12 800(40×320)
制造贡献毛益	8 800	7 200
管理费用	—	3 000
销售费用		2 500
变动销售费用(40×20)	800	—
财务费用	—	1 500
营业贡献毛益	8 000	
固定成本		
固定制造费用	2 000	—
管理费用、财务费用、固定销售费用	6 200	
合　计	−200	200

从表2—6可以看出，不同成本计算法所计算出的税前利润不同。采用变动成本法时，税前利润为—200元(亏损)；采用完全成本法时，税前利润则为200元(盈利)，两者相差400元。这个差额正是完全成本法所确认的应由期末存货负担的固定制造费用(2 000/50×10)；而在变动成本法下，这400元全部作为期间费用计入当期损益。这400元在完全成本法下被视为"一种可以在将来换取收益的资产"，列入资产负债表；而在变动成本法下则被视为费用列入利润表。因此，在上例中假设企业期初没有存货，且产量大于销售量，此时变动成本法与完全成本法计算得到的损益差额就是当期生产但未销售出去的产品所应负担的固定制造费用。

然而，在销售旺季，企业可能在某个会计期间出现销售量大于产量的情况，即销售了以前会计期间生产而未销售的产品。这时将对变动成本法与完全成本法下的损益产生什么影响？

【实务题2—5】 甲企业从事单一产品生产，连续3年的产量均为600件，这3年的销售量分别为600件、500件和700件。单位产品售价为150元。管理费用与销售费用年度总额为20 000元，且全部为固定成本。

相关计算数据如下：单位产品变动成本(包括直接材料、直接人工和变动制造费用)为80元，固定制造费用为12 000元，完全成本法下每件产品分摊20元(12 000/600)。

根据上述资料，当分别采用变动成本法和完全成本法时，所计算的税前利润如表2—7所示。

表2—7　　　　　　　　变动成本法和完全成本法的比较　　　　　　　　单位：元

项目	第1年	第2年	第3年	小计
变动成本法下				
销售量	600	500	700	—
产量	600	600	600	—
销售收入	90 000	75 000	105 000	270 000
销售成本	48 000	40 000	56 000	144 000
制造贡献毛益	42 000	35 000	49 000	126 000
固定成本				
固定制造费用	12 000	12 000	12 000	36 000
管理费用、销售费用、财务费用	20 000	20 000	20 000	60 000
小计	32 000	32 000	32 000	96 000
税前利润	10 000	3 000	17 000	30 000

续表

项 目	第1年	第2年	第3年	小 计
完全成本法下				
销售收入	90 000	75 000	105 000	270 000
销售成本	60 000	50 000	70 000	180 000
销售毛利	30 000	25 000	35 000	90 000
管理费用、销售费用、财务费用	20 000	20 000	20 000	60 000
税前利润	10 000	5 000	15 000	30 000

注:假定第1年无期初存货。

从表2—7可以看出,产量与销售量的不平衡导致两种成本法下税前利润的变化规律。

第1年,由于产量等于销售量,因此两种成本法下的税前利润均为10 000元。这是因为固定制造费用不论是作为期间费用(变动成本法下),还是作为产品成本(完全成本法下),都计入当年损益。

第2年,由于产量大于销售量,因此按变动成本法计算的税前利润比按完全成本法计算的税前利润少了2 000元。这是因为在变动成本法下,全部固定制造费用均计入当年损益;而在完全成本法下,只将已销售的产品所负担的固定制造费用10 000元(12 000/600×500)计入当年损益,余下的2 000元则作为存货成本的一部分列入资产负债表。

第3年的情况与第2年正好相反,由于产量小于销售量,因此按变动成本法计算的税前利润比按完全成本法计算的税前利润多2 000元。这是因为变动成本法下计入第3年损益的固定制造费用仍为12 000元;而在完全成本法下,第2年年末存货成本中的2 000元固定制造费用随着存货的销售计入第3年的销售成本中,从而导致税前利润少了2 000元。对于第3年产量小于销售量的情形,变动成本法与完全成本法产生的期间损益差异是本期销售的期初存货中包含的固定制造费用。

从表2—7中的"小计"一栏可以看出,两种成本法下税前利润的3年合计数是相同的。从较长时期来看,各期产量与销售量总体是平衡的,两种成本法下税前利润的差异是可以相互抵消的。

【实务题2—6】 假设甲企业从事单一产品生产,连续3年的销售量均为600件,3年的产量分别为600件、700件和500件。其他条件与实务题2—5相同。

在变动成本法下,单位产品成本仍为80元。但在完全成本法下,由于各期产量改变,因此单位产品所负担的固定制造费用也产生了变化。具体来说,第1年的单位产品成本为 100 元(80+12 000/600);第 2 年的单位产品成本为 97.14 元(80+12 000/700);第 3 年的单位产品成本则为 104 元(80+12 000/500)。

根据以上资料,当分别采用变动成本法和完全成本法时,所计算出的税前利润如表 2—8 所示。

表 2—8　　　　　变动成本法和完全成本法的比较　　　　　单位:元

项　目	第 1 年	第 2 年	第 3 年	小　计
变动成本法下				
销售量	600	600	600	
产量	600	700	500	
销售收入	90 000	90 000	90 000	270 000
销售成本	48 000	48 000	48 000	144 000
制造贡献毛益	42 000	42 000	42 000	126 000
固定成本				
固定制造费用	12 000	12 000	12 000	36 000
管理费用、销售费用、财务费用	20 000	20 000	20 000	60 000
小　计	32 000	32 000	32 000	96 000
税前利润	10 000	10 000	10 000	30 000
完全成本法下				
销售收入	90 000	90 000	90 000	270 000
销售成本	60 000	58 284	61 714	179 998
销售毛利	30 000	31 716	28 286	90 002
管理费用、销售费用、财务费用	20 000	20 000	20 000	60 000
税前利润	10 000	11 716	8 286	30 002

由表 2—8 可知:

(1)由于各年的销售量相同,因此在销售价格、单位变动成本和固定成本等不变的情况下,按变动成本法计算的各年税前利润相等,均为 10 000 元。在变动成本法下,各年的固定制造费用不受产量波动的影响,均直接计入期间损益。

(2)由于各年产量不同,因此按完全成本法计算时,需要将固定制造费用在各年按产量分摊,导致每年的单位产品成本不同。即使销售量相同,结转的产品销售成本也不同,这是完全成本法下各年税前利润产生差异的主要原因。例如,第 2 年的产量在 3 年中最高,单位产品成本最小。同时,该年产量大于销售量,期末产成品存货(100 件)负担了相应份额的固定制造费用 1 714 元(12 000/700×100),从而使得第 2 年的税前利润比变动成本法下增加了 1 716 元。第 3 年的情况则正好相反。由于第 3 年的销售成本中不仅包括当年生产产品的全部成本,而且包括销售年初存货而结转到本期的固定制造费用,因此第 3 年的税前利润比变动成本法下减少了 1 714 元。

综上所述,依照产量与销售量之间的关系,变动成本法与完全成本法对各期损益计算的影响可以归纳为以下三种情况:

(1)当产量等于销售量时,两种成本法下计算的损益相同。表 2—6 与表 2—7 中第 1 年就属于这种情况。在这种情况下,固定制造费用是作为期间费用还是作为产品成本的一部分,对损益结果没有影响,因为它已全额计入当期损益。

(2)当产量大于销售量时,按变动成本法计算的损益小于按完全成本法计算的损益。这是因为固定制造费用在变动成本法下全部列作当年的成本;而在完全成本法下,产量超过销售量形成的期末存货所负担的固定制造费用列作当年的资产(即期末存货成本的一部分),没有计入当期损益。二者的差异在于当期生产但未销售出去的产品负担的固定制造费用。表 2—7 与表 2—8 中的第 2 年就属于这种情况。

(3)当产量小于销售量时,按变动成本法计算的损益大于按完全成本法计算的损益。二者的差距在于本期销售的期初存货中包含的固定制造费用。表 2—6 与表 2—7 中的第 3 年就属于这种情况。

三、完全成本法和变动成本法的特点比较与评价

完全成本法和变动成本法的根本区别在于如何看待固定制造费用,从而决定了两种成本计算方法各自的特点。

(一)变动成本法的特点

变动成本法能在管理会计实践中获得应用,一个关键的原因是其以成本性态的分解为基础,由此延伸出如下特点:

1. 以成本性态分析为基础计算产品成本

变动成本法将产品的制造费用按成本性态划分为变动制造费用和固定制造费用两部分,认为只有变动制造费用才与产品制造决策相关,应构成产品成本,在产品销售收入中获得补偿。而固定制造费用是短期内经营决策无法改变的成本,与产品的销售量无关,只与企业是否生产有关,因此不应列为产品制造成本,而是作为期间费用处理。或者说,变动成本法认为固定制造费用属于为取得收益而丧失的资产。

2. 强调销售环节对企业利润的贡献

变动成本法将固定制造费用作为期间费用,产品只包含变动成本,这使得存货部分不再负担固定制造费用。当销售品种构成、销售价格、单位变动成本固定不变时,企

业的利润随销售量的变化而变化。销售量大则利润高,这导致变动成本法下的经营损益对销售量的变化更加敏感。这一点在买方市场中(即供应量大于需求量的环境)对企业经营有指导意义。

3. 变动成本法是管理会计开展本—量—利分析的基础

产品销售收入与产品成本(变动成本)的差额对应管理会计的一个重要概念——贡献毛益,因此变动成本法提供的信息可以直接应用于企业的经营决策分析,促使企业关注成本性态对利润的影响。

由此可见,变动成本法提供的损益信息、贡献毛益信息对销售量变化更加敏感,促使企业在经营决策中更重视销售环节,将注意力更多地集中在分析市场动态、开拓销售渠道、做好售后服务等方面,符合竞争市场环境下企业经营决策的要求。

此外,变动成本法将固定制造费用全部作为期间费用,省去了固定制造费用的分摊工作,避免了分摊中的主观随意性。

变动成本法也有一定局限性,主要表现在以下两个方面:

(1)按变动成本法计算的产品成本不符合会计准则和税法的有关要求。

(2)按成本性态确定产品成本构成,在很大程度上依赖成本按性态分解的合理性与可靠性。

(二)完全成本法的特点

与变动成本法相比,完全成本法最主要的特点是不区分成本的性态,产品成本既包含变动成本部分,也包含固定制造费用。因此,完全成本法有如下特点:

(1)强调固定制造费用和变动制造费用在成本补偿方式上的一致性。完全成本法认为,只要是与产品生产有关的耗费,均应从产品销售收入中得到补偿,固定制造费用不应被人为地区别对待。

(2)强调生产环节对企业利润的贡献。如[实务题2—3]至[实务题2—6]的分析所示,完全成本法提供的损益信息是产量大则利润高,这是因为产量大则摊薄固定制造费用,客观上起到刺激产量扩张的作用。

当然,完全成本法符合公认会计原则的要求,即成本核算应当反映企业全部的资源耗费。固定制造费用作为制造环节的关键消耗,应该按照相关性原则和权责发生制完整、及时、准确地计入产品成本。因此,以完全成本法核算的成本可以直接用于对外报告,弥补了变动成本法只能满足对内决策需要的不足。

因此,在评价和应用完全成本法和变动成本法时,应注意和强调成本信息决策有用性的差异(如不同市场环境下,管理的目的不同;不同利益主体,其考核角度不同),不能简单处理。

第三节　本章课程思政案例及延伸阅读

建设网络强国是我国经济社会发展的重大战略任务,也是全面建设社会主义现代化国家、以中国式现代化全面推进中华民族伟大复兴的必然选择。为深化对本章内容的理解,本章案例从区域性银行网点生命周期的角度,分析生命周期各阶段网点成本的性质及其对日常决策的影响,并提出加强区域性银行新型网点成本性态分析的对策,从而更好地支持区域性银行实现其战略目标。

一、本章课程思政案例

(一)案例主题与思政意义

【案例主题】

通过案例描述与分析,了解成本的性质及其对日常决策的影响。

【思政意义】

加强网络空间治理。坚持党中央对网信工作的集中统一领导,确保网信事业始终沿着正确方向前进,确保互联网在法治轨道上健康运行。

(二)案例描述与分析

【案例描述】

区域性银行新型网点生命周期的成本性态分析[①]

随着资金结算便捷化,反洗钱监管难度逐渐加大,这使得银行账户管理、客户身份识别的重要性凸显。作为落实账户实名制管理的重要一环,银行网点在短时间内很难被线上业务完全替代。在可预见的未来,区域性银行必将继续通过新型网点获取和维护客户。由于提前锁定主要收入与成本是银行业的经营特色,因此网点成本值得关注。

区域性银行通常不具备跨区域金融服务能力,无法满足大型企业客户财务共享和融资职能的集中化管理的需求;同时,其技术力量较弱,线上产品开发较慢,线上渠道劣势明显,所以拓展新型网点的本地差异化获客策略成了区域性银行的必然选择。随

---

① 李翔.区域性银行新型网点生命周期的成本性态分析[J].质量与市场,2023(9):130—132.注:本书对部分内容进行了适当调整。

着大行业务下沉,银行业竞争加剧,新型网点的成本控制对于区域性银行而言尤为重要。

在银行业盈利模式下,成本控制对盈利能力影响巨大。银行主业是获取存款和发放贷款等固定收入类产品,其未来现金流在合约期内相对固定。这表明,在不考虑提前支取或提前还款的情况下,其产生的收益与成本的上限均可预期,因此其盈利水平相对固定。而相对锁定的未来现金流可能无法适应未来经济的变化,因此成本控制会是银行保持盈利性的一个重要手段。在区域性银行可控成本中,网点成本占比较高,成为成本控制的主要关注点。在除去固收类产品的收益与费用后,区域性银行主要成本包括人力成本、固定资产成本和科技成本,分别体现在其总部和各分支机构。总部及分支机构办事处等由于业务职能相对固定,其成本也相对固定,因此可控成本中能比较有效影响的变量,主要为网点成本。

经济形势迅速变化,持续的网点成本性态分析有助于及时支持网点布局决策,满足金融服务需求。银行网点的服务旨在满足居民客户的金融需求,对区域性银行网点而言,其网点需要立足当地。因此,银行网点存在的必要性与当地居民的收入水平、负债能力和经济发展规划息息相关。而经济环境变化越来越难预测,如何及时适应经济调整网点布局,如何及时止损,以及如何更有效地为当地居民提供所需的金融服务,正考验着区域性银行网点运营能力。持续的网点成本性态分析有助于银行及时发现新趋势、新动向、新问题,及时采取必要措施,以优化资源配置。新型网点是现有网点的转型方向,其人力成本占比相对下降、固定资产成本占比相对上升,在进行调整时更依赖于成本性态分析。与一般网点相比,新型网点除了需要承担大量的场地租购成本、人力成本外,还需在高科技技术辅助及线上线下交互联动,这意味着需要更高的固定资产投入。这些成本主要体现在更多的网点柜员机、自助机具、外拓机具配置及其定期的维护升级上,甚至可能需要更高的技术迭代频率。随着这些技术的应用,新型网点对营业人员的需求将会下降,可能导致人力成本占比相对下降,而固定资产成本占比相对上升。由于设备配置相对于人员配置的刚性,提供了更高的灵活性,因此通过持续性的成本性态分析,管理层能及时掌握各项资源配置与使用情况,并结合经济变化,进行适当调整。

区域性银行进行新型网点成本性态分析的目的是支持决策。为了避免决策误判,需要在网点的各个生命周期阶段明确重点成本性态判断的原则或标准。鉴于区域性银行立足当地、服务居民的特点,其网点运营的最终目的是高效地满足金融服务需求,既要注重服务的质量、满足居民的需求,也要确保服务的可持续性。提供可持续的服务就要求在整个生命周期各个阶段区分可变成本与固定成本、沉没成本与机会成本,以便判断网点的可持续性。需要注意的是,同一类成本在不同阶段可能具有不同的性质,如可变成本、固定成本、边际成本、沉没成本和机会成本,这种识别结果需要在相关决策层达成一致,以确保决策不会因信息差异而导致误判。新型网点与一般网点遵循类似的生命周期,通常经历网点建设、网点运营和网点撤并三个阶段。由于网点成本以场地租购成本、人力成本与设备成本为主,因此下面重点按网点生命周期分析上述成本在各阶段的成本性态。

1. 网点建设阶段

网点建设阶段通常细分为规划、立项、选址、装修验收四个子阶段。规划和立项为银行网点建设计划阶段,成本性态分析的关键是区分可变成本与固定成本;选址和装修验收为银行网点建设实施阶段,需要区分机会成本与沉没成本,同时,做好可变成本在后续阶段转化为固定成本、机会成本转化为沉没成本的准备。规划和立项阶段应将网点运营的租购成本和设备成本分析作为重点。网点的建设目标决定了物理网点选址范围,而选址的地理位置的稀缺性决定了物理网点获取方式是租赁还是购买。规划网点目标客群的业务偏好决定了智能设备铺设的种类和数量及其更新速度,因此,与此相关的成本应作为可变成本,并纳入网点立项的可行性分析中。在网点选址与装修阶段,从成本管理角度出发,需落实前期规划立项的决策,将成本控制在可接受范围内,分析并调整超额或不足部分,评估控制差异,并根据实际情况适时调整后续运营阶段的经营目标。

有效利用分析结果的前提是应在开始时就建立相应的管理预期,并建立后续跟踪决策机制。网点建设阶段通常决定了网点运营的租购成本和设备成本,这些决策的影响将贯穿于网点整个生命周期。从整体来看,网点建设阶段需要银行跨部门甚至跨机构分工协作,通常需要进行反复的验证。因此,在网点规划与立项阶段,建立一个统一的预期,用来处理网点整体生命周期目标转变及伴随而生的收益与成本,将有利于银行制订自身发展规划,也有利于银行在情况变化时及时评估网点营运水平并作相应处理。当网点建设完成后,租购成本与设备成本在可预见的未来将确定,原则上在一定时期内作为沉没成本不应影响后续建设与运营决策。

2. 网点营运阶段

在网点营运阶段,成本性态分析的关键是沉没成本的辨别、可变成本与固定成本的划分。例如,在之前阶段已确定且不会再变化的租购成本,在营运阶段如无特殊情况,可视作沉没成本。

同一类成本,根据成本驱动的不同,成本性态可能不同,需具体情况具体分析。例如人力成本包括固定的工资、与业绩匹配的绩效,其中,基本工资需作为固定成本考虑,与业绩匹配的绩效应作为变动成本考虑。设备成本也类似,对日常定期发生的维护成本,应被视为固定成本,而与业务开展相关的耗材成本应被视为变动成本。

在此阶段的成本性态分析,与日常经营分析和考核联系紧密,因此,此阶段的成本性态分析需与上述两个统计口径保持相对一致,以确保管理的有效性。在此阶段,网点产品销售与运营成本通常是银行日常经营分析与考核的重点。当三者统计口径保持相对一致时,方可将经营决策与绩效考核挂钩。若日常经营分析和考核中将设备定期维护成本视作可变成本,而网点成本性态分析中将其作为固定成本处理,可能会导致根据成本分析,网点边际收益较大。由于考核中网点绩效没有相应的分配机制,尽管网点营运不错,但员工却未能获得对应的激励,这可能会导致决策与执行的分裂、后台之间就同一事项评价不一致、前台业务得不到明确指示与决策信息。

3. 网点撤并阶段

网点撤并是网点成本性态分析的关键和难点。如前所述,区域性银行新型网点成本性态分析的目的是支持决策,这个日常决策很大一部分包括网点是保留、撤销还是合并的决策。从时间上看,网点撤并阶段应排在网点营运阶段之后。但从决策链条看,网点撤并的决策标准始于网点建设,贯穿于网点营运的各个阶段。在网点建设之初,经可行性分析明确了网点建设的目标、预期与退出标准;随着网点建设与运营的推进,网点业务开展的实际进展与预期的实现可能会出现差异,甚至可能触发退出。例如,在可行性分析时,租赁费在10年或20年内年预计涨幅约5%在可接受范围内,但当网点租赁合同续签时,出租方后续要求租赁费每年上浮6%,则需要重新分析测算以判断其运营方式是否需要调整。

在判断网点是否需要撤并的决策过程中,边际成本的识别与计量是成本性态分析的重点。沿用上例,若继续沿用该网点,边际成本是后续要求的6%与预期5%之间的差异1%;若考虑将该网点搬迁至另一个租入房产,则边际成本应为租入房产的租金上涨率减去6%;若考虑将此网点与另一网点合并,则此网点现有的5%应作为边际成本的递减项体现。由此可见,测算需要从至少两方面发散的多方案展开:一方面是继续营运的收益,另一方面是撤并方案的收益。最终应选择更可行且更能满足当时决策标准的结果。对撤并方案更优的网点,应撤并止损。值得注意的是,除了租购成本可能形成边际成本外,设备处置成本和人力成本也可能形成边际成本。根据不同处置方案中不同资源的整合程度,应重点关注会形成边际成本或收益的资源。例如,相对于对一定地域内可整合的人力资源,对固定于大厅的设备变现能力需考虑在先。同样,将某项边际成本纳入或不纳入测算范围需得到决策层的普遍认可,以确保测算的决策支持力度。

区域性银行新型网点建立后,网络运营应该重视网络安全,识别网络风险。"患生于所忽,祸起于细微",没有意识到风险就是最大的风险。应组织区域性银行新型网点接入金融业网络安全态势感知与共享平台,开展网络安全大检查,摸清家底、查明风险、发现隐患、修补漏洞,强化监测预警和风险排查;开展金融城域网突击式应急演练,切实提升各联网机构的突击应急处置能力。

"雄关漫道真如铁,而今迈步从头越。"在实现第二个百年奋斗目标的新征程上,区域性银行新型网点建立后将继续贯彻习近平总书记关于网络强国的重要思想,以安全保发展、以发展促安全,确保在依法合规、安全可信、风险可控的前提下强化金融科技应用,为守好人民美好生活的安全线、推动网络强国建设贡献力量。

(三)案例讨论与升华

【案例讨论】

结合网络强国的重要思想,思考银行网点在面对网络安全问题时,应采取哪些防范措施。

银行网点在面对网络安全问题时,可以采取以下防范措施:

一是加强对网络安全法规制度的学习,营造"网络安全靠大家,网络安全为大家"的良好氛围。严格落实网络安全责任,高度重视网络安全建设,确保网络安全建设与信息化发展同步规划、同步建设,将网络安全工作渗透到银行各个业务条线中,并在综合业务考核中加大网络安全考核的比重。

二是加强网络安全保障人才培养。一方面,加强对专业网络安全人员的培养、储备。网络安全专业人才应具备应用、网络、基础设施等技术岗位的工作经验,并定期接受网络安全培训,熟悉掌握网络安全相关法律规章制度。另一方面,在各业务部门中培养具有一定计算机业务能力的安全人员,实现网络安全与业务的深度融合。同时,培养网络安全审计人员,加强网络安全内部审计工作。

三是加快推进网络安全防护水平。加强网络安全防护技术的顶层设计,注重基层落实,提高网络安全防护技术手段的使用效能。加强对等级保护标准规范的学习,结合实际情况落实网络安全保障措施,提高制度规范的可操作性。通过演习等加强各项制度的执行力度。逐步开展互联网信息系统网络安全保障工作,通过"人员+技术+运维"逐步建立健全互联网安全保障体系,提高新时期网络安全保障水平。

四是加强网络安全的行业指导能力。出台金融行业网络安全保护指导规范,推动建立网络安全检查行政执法权,加大对金融业网络安全和信息化指导及金融标准的宣贯执行力度。加强与网信、公安、企融监管部门的合作,建立健全区域网络安全联席机制,提高金融行业的网络安全管理水平。对银行网点加大监测预警和信息通报力度,为基层机构开展工作提供便利和依据。

【案例升华】

党的十八大以来,我国网络安全和信息化事业取得了重大成就。党对网信工作的领导全面加强,网络空间主流思想舆论巩固壮大,网络综合治理体系基本建成。网络安全保障体系和能力持续提升,网信领域科技自立自强步伐加快,信息化的驱动引领作用有效发挥。网络空间法治化程度不断提高,网络空间国际话语权和影响力明显增强,网络强国建设迈出了新的步伐。

习近平总书记强调,新时代新征程,网信事业的重要地位作用日益凸显。要以新时代中国特色社会主义思想为指导,全面贯彻落实党的二十大精神,深入贯彻党中央关于网络强国的重要思想,切实肩负起举旗帜聚民心、防风险保安全、强治理惠民生、增动能促发展、谋合作图共赢的使命任务,坚持党管互联网,坚持网信为民,坚持走中国特色治网之道,坚持统筹发展和安全,坚持正能量是总要求、管得住是硬道理、用得好是真本事,坚持筑牢国家网络安全屏障,坚持发挥信息化驱动引领作用,坚持依法管网、依法办网、依法上网,坚持推动构建网络空间命运共同体,坚持建设忠诚干净担当的网信工作队伍,大力推动网信事业高质量发展,以网络强国建设新成效为全面建设社会主义现代化国家、全面推进中华民族伟大复兴作出新贡献。①

二、本章延伸阅读

延伸阅读1 变动成本法与完全成本法的比较与应用研究——以汽车制造行业为例②

在成本管理会计领域,对成本性态的不断研究推动了变动成本法的发展。该方法将成本分为变动成本和固定成本两大组成部分,这样的分类更加有利于判断成本的可控性,进而为绩效考核、成本控制带来更大的便利。由于两种成本核算方法各有优缺点,企业在生产经营活动中应合理地考量并选择合适的方法。下文以汽车制造行业为例,主要通过比较分析二者的差异,提出在不同实际条件下企业的选用标准。

生产型企业的制造成本核算是企业经营生产中的重要环节。在汽车生产企业中,目前针对事前、事中、事后的BOM表审核、采购订单审核,以及产品成本分析等流程体系已经较为完善,这对企业的成本管理有积极作用。然而,近年来,随着全球经济一体化的逐步发展,整车企业面临生产设备进口价格高昂的问题,这间接导致固定制造费用居高不下。在目前的情形下,继续使用传统的成本核算体系不能反映产量与销量之间的联系,这会对管理者的生产经营决策产生不利影响。因此,充分了解变动成本法与完全成本法的差异及其利弊,对于企业正确选择成本核算方式具有重要的指导意

---

① 新华社.习近平对网络安全和信息化工作作出重要指示强调:深入贯彻党中央关于网络强国的重要思想 大力推动网信事业高质量发展[EB/OL].(2023-07-15)[2024-2-15].http:www.gov.cn/yaouen/liebiao/202307/content-6892161.htm.

② 范琳,李国睿,何静等.变动成本法与完全成本法的比较与应用研究——以汽车制造行业为例[J].内蒙古科技与经济,2022(17):63-64.注:本书对部分内容进行了适当调整。

义。将两种核算方式结合应用，不仅能够提高企业的财务制度合规性，还能进一步推动企业的内部管理要求。

（一）变动成本法和完全成本法的差异

1. 应用的前提条件不同

成本按经济目的可分为生产成本和非生产成本。企业为维持主营业务收入而发生的产品制造成本，属于生产成本，即制造成本；销售商品和管理企业组织发生的成本，属于非生产成本。变动成本和固定成本是根据成本性态进行分类的结果。但也有一些成本既具有固定成本特征又具有变动成本特征，需要进行分解。而变动成本法和完全成本法这两种成本核算方法的不同之处在于，前者以成本性态分类为前提，而后者以成本的经济用途分类为前提。

2. 销货成本与存货成本的计算方法不同

在变动成本法中，固定性制造费用被视为期间费用，从销售收入中扣除，不计入销货成本和存货成本。而完全成本法则将固定性制造费用计入产品成本，这意味着当月销售的产品以及期末库存商品中都包含这部分成本。因此，在完全成本法下，固定制造费用的一部分在期末从存货中列支，并递延至下一会计期间。这样，期末存货不仅包括可变的生产成本，而且包括固定的生产费用，其计算出的金额必然大于变动成本法下计算的金额。

3. 利润和损失的计算过程不同

（1）变动成本法采用贡献计算步骤确定损益。这种方法按成本类型划分，首先用销售收入弥补当期销售产品的全部可变成本（包括可变制造成本和可变时间成本），以计算边际贡献总额；然后，用边际贡献总额来补偿固定成本，并计算当期所得税。具体的计算步骤为：税前利润＝营业额－变动成本（包括生产制造成本）－固定成本（包括固定成本、销售成本、管理成本和财务成本）。

（2）制造成本法下采用传统的计算步骤确定损益。成本按经济用途分类。首先，从销售收入中减去当期已销产品的销售成本，计算得出销售毛利；再将期间费用等非生产性成本从销售毛利中扣除。具体的计算步骤为：税前利润＝销售收入－销售成本。

（二）汽车整车制造行业成本核算过程中存在的问题

1. 成本核算方法单一，数据失真

汽车制造业大多选择完全成本法作为主要的核算方式，原因在于汽车制造企业生产的最终产品种类比较少，环节大多重复且产量大，因此更为简化的完全成本法受到青睐。但是，目前企业的进口设备价格不断提高，在产量下滑的情况下，生产更多的产

品会导致企业的利润下降,单位产品分摊的固定成本增加。在这种情况下,继续按照使用完全成本法已经不再合适。因此,深化改革汽车制造业的成本核算体系显得尤为重要,将完全成本法与变动成本法结合使用或许能为解决该问题开辟新路径。

2. 成本核算体系不健全

汽车制造业的成本核算体系始于成本费用的归集整理,然后通过合适的计算方法计算出产品的总成本与单位成本。但是,很多企业目前不能将相关业务与成本核算方法正确结合。此外,企业在事前、事中、事后对相应成本控制方法的运用也存在不足。虽然事后成本控制是所有企业都会做的工作,但由于其滞后性,这对于企业管理的全流程是不利的。这可能导致错过成本控制的最佳时机,错失改进生产流程的机会,对企业各部门的生产流程协调及企业的可持续发展均不利。

3. 成本动因的选择不合理

汽车制造业在成本核算时,大多采用人工工时法。但随着科学技术的不断进步,生产硬件设施的使用占比越来越多,选择机器工作法进行成本核算更合理。在当前的环境下,合理运用变动成本法可以展现其优势。完全成本法和变动成本法的主要区别在于对制造费用的处理方式。因此,使用变动成本法可以使制造费用的分配更合理,更真实地反映企业的生产经营能力。

(三)在汽车制造企业中完全成本法和变动成本法应用建议

1. 在短期经营决策中使用变动成本法以获取提供更真实的决策数据

对于同一个决策问题,采用可变成本法和完全成本法所得到的决策结果往往是不同的。主要原因是,完全成本法将固定生产成本计入产品成本,导致公司决策的不合理性。而变动成本法仅涵盖可变成本,能够更准确地反映产品销售盈利能力,并为公司短期业务决策提供更有意义的信息。而在短期经营中,采用完全成本法获得的成本数据将导致会计信息失真,并对管理决策产生负面影响。为避免上述问题,变动成本法便成为一种适合企业加强内部经营管理的成本核算方法。因此,企业应加强变动成本法的合理运用,以实现企业经营效益的最大化。

2. 使用完全成本法简化成本核算过程

在现代汽车生产制造过程中,制造成本的种类日益繁多,且这类费用的产生也是企业运营中的关键环节。虽然变动成本法在成本核算的过程中能区分可变制造成本和固定制造成本,但这也增加了核算的难度和复杂性。而完全成本法将固定制造费用作为期间成本从毛利润中扣除,简化了成本核算过程。此外,完全成本法在企业中的普及程度较高,为其在相应情况下的实际应用提供了坚实的基础。基于成本核算的便利性,企业会计人员可以先采用完全成本法计算相关成本,再通过调整部分科目金额得到变动成本法的成本数据。虽然这一过程仍然需要进行成本性态的划分,但总体而言不算复杂,对企业的经营管理有利。

3. 重视完全成本法与变动成本法的深度融合使用

完全成本法和可变成本法的结合,可以为企业管理层在采购、生产、预算和绩效评估等方面提供更丰富、更具体的决策依据。考虑到企业的财务数据在对外报告以及对内经营管理两个方面应用的频率不同,对外纳税以及编制报表都是定期进行的,因此可以将变动成本法作为企业成本计算体系的基础,完全成本法作为补充和辅助。目前,管理会计在我国企业日常经营中的运用还不广泛,大多数企业使用的仍是基础财务会计。由于这些公司的财务和管理账户的整合程度不足,因此,应用变动成本法相对比较困难。这类公司应加强对会计人员的培训和建立财务信息系统,例如加强ERP企业资源计划系统在相关领域的应用,将现代化、智能化的信息技术手段与合适的成本核算方法相结合。同时,企业也要注意内部控制等相关问题的处理,确保在不断改进中稳步发展。

(四)结束语

完全成本法和变动成本法在应用条件、损益计算等方面的差异,导致它们在报表项目编制基础上不同。前者主要考虑成本中的变动因素,而后者则综合考虑了成本的三个完整方面。它们在对外报告以及对内管理的两个层面都发挥着各自的作用。在结合企业实际情况进行合理选择的基础上,实现两者的结合运用则可以达到优势互补的效果。而充分理解两种核算方法的特性、优缺点,对于企业的成本管理、经营决策都大有裨益。结合企业自身的实际情况,推进这两种方法的结合使用是目前企业会计核算领域的重点之一。

延伸阅读2　中小企业成本管理中成本性态分析的应用[①]

在新时期,中小企业在成本管理的过程中,通过成本性态分析的方法,能充分了解企业各部分的成本消耗情况,从而采取科学手段对企业成本进行有效的控制。本文将概述成本性态分析,并分析新时期中小企业管理中成本性态分析的意义,并以A企业为例,探讨成本性态分析在中小企业成本管理中的应用。

随着我国市场经济的不断发展,众多中小型企业在市场中崭露头角,逐渐拥有了一席之地。而在市场竞争越来越激烈的情况下,中小型企业成本控制成为实现盈利的重要手段。而在成本控制阶段,采用成本性态分析是较为有效的方法。这种方法能够有效地对企业的生产成本进行分析,使企业明确成本与经济效益之间的线性关系,进

---

① 胡青玲.中小企业成本管理中成本性态分析的应用[J].管理观察,2019(26):20-21.注:本书对部分内容进行了适当调整。

而采取相应的改进措施。这样的方式，还能够使企业在竞争激烈的环境下始终保持核心竞争力。

（一）新时期中小企业管理中成本性态分析的意义

中小企业在运行过程中想要提高自身的经济效益，除了需要不断地更新自身的生产技术之外，对于成本的有效控制也成为一项重要的措施。因此，成本性态分析的重要性便凸显出来。企业在生产阶段进行成本分析具有以下三点意义，即充分了解自身运营情况、为成本控制提供相关依据、实现企业效益的稳定增长。下面针对成本性态分析的三点意义进行深入探讨。

1.使企业充分了解自身运营情况

在企业中，通过成本性态分析的方法对生产成本进行分析，能够使企业了解成本与效益之间的线性关系。通过这种方式，企业能够全面掌握自身的运营情况，进而针对运营情况做出总结和分析，发现企业的不足，并采取相应的措施和手段进行改革，弥补不足，从而实现企业经济的稳定增长，并在竞争激烈的市场中始终保持核心竞争力。

2.为企业成本控制提供相关依据

通过成本性态分析，企业能够明确成本与经济效益之间的具体关系，从而发现自身在成本控制方面的问题。企业便能依据成本性态分析报告，采取针对性的成本控制措施，进而实现对成本的有效控制，实现企业盈利目标。在这个过程中，成本性态分析报告起到了极其重要的作用，在一定程度上可以将其作为企业成本控制的主要依据，帮助企业明确自身成本控制的方向，进而采取相应的措施。

3.实现企业经济效益的稳定增长

成本性态分析，还能够促进企业经济效益的稳定增长。通过分析可知，成本性态分析能够揭示企业生产成本与经济效益之间的线性关系。而通过观察这两者之间的关系图表，企业可以发现成本控制中需要改进和完善的方面，进而采取相应的措施解决问题。这种方式，可以提升企业的管理科学性，从而实现企业经济效益的稳定增长。

（二）新时期中小企业成本管理中成本性态分析的应用

1.企业介绍

A企业是一家家居用品生产厂家，主要的产品有窗帘、床单、被罩等。同时，其拥有自己的加工工厂，现有员工30多人。其生产成本主要包括工人工资、电费、原料费、设备购买费、厂房租赁费等。

2.A企业成本构成现状

A企业的成本构成分类如下：(1)固定成本包括工人工资、购买设备费用、设备折旧费用、厂房租赁费;(2)变动成本主要为原料成本;(3)混合成本则是设备电费。计算总成本的公式为:$y=ax+b$,其中,y 为总成本,a 为单位变动成本,x 为业务量,b 为固定成本总额。基于成本性态分析的理念,我们可以利用这一数学模型对该企业在生产过程中的各项成本进行深入的研究和分析。

3.根据数学模型进行成本分析

通过调查统计,我们得到 A 企业的每月固定成本:设备租赁费 26 000 元,其他固定成本 8 500 元,工人工资 128 000 元,总计 162 500 元。每月单位变动成本:单位产品成本 125 元,产品包装成本 26 元,其他 20 元,总计 171 元。关于混合成本,即电费,我们根据几个月的产量和电费数据进行了统计:6 月产量 1 384 件,电费 3 788 元;7 月产量 1 579 件,电费 3 928 元;8 月产量 1 539 件,电费 3 895 元;9 月产量 1 889 件,电费 5 024 元;10 月产量 1 960 件,电费 5 008 元;11 月产量 1 835 件,电费 4 922 元;12 月产量 1 688 件,电费 4 286 元。根据 A 企业的窗帘单位售价 350 元,单位变动成本 151 元,以及固定成本总额 162 500 元,我们可以利用公式 $y=151x+162\,500$ 来计算不同产量下的总成本。

4.企业盈亏分析

基于成本性态分析,我们可以对企业的盈亏进行分析,其公式为:利润＝销售额－生产总成本。将上面的公式代入,我们可以得出利润与销售量之间的关系:y(利润)＝$199x$(销售量)－162 500。

通过分析可知,当利润为 0 时,达到 A 企业的盈亏平衡点。通过计算,我们得知,即当该公司每月生产和销售的数量为 817 件,公司的销售额与成本支出大致相等,此时销售额为 285 950 元。若企业想要实现税前利润 10 万元,则至少需要销售 1 320 件产品,此时公司的销售额为 462 000 元。

此外,若企业每月的销售量小于 817 件,企业便会出现亏损的情况。因此,企业在实际的运营中需要对此格外注意。

5.企业销售量影响因素分析

企业在生产销售期间,销售量会受到同行业中其他产品的影响。例如,在产品质量相同的情况下,如果其他企业的销售价格较低,那么这些产品就具有价格优势,从而获得消费者的青睐,导致本企业销售量下降。

产品质量是产品销售量的主要影响因素之一。消费者购买商品时,除了考虑价格因素,还会关注产品的质量因素。在价格相同的情况下,消费者更倾向于购买质量更高的产品。因此,这为企业提供了提高销量的新思路。

(三)基于成本性态分析的成本控制措施

通过上文分析,我们能够清楚地发现,在企业生产过程中,进行成本控制具有极为重要的意义。这能够在一定程度上提高企业整体经济效益,进而使企业能够在激烈的市场竞争中稳定、高效的发展。

1.减少不必要的支出

在企业生产过程中,需要减少一些不必要的开支,例如公款吃喝、公款娱乐以及企业中的多余岗位等。通过减少这些不必要的开支,企业能够有效地控制生产成本,实现利润最大化。

2.购买低价格的原材料

企业在运营阶段,控制成本的另一个有效办法是控制原材料采购的价格。但是这并不意味着要以牺牲质量为代价。在选购原材料的过程中,企业要确保所选购的材料充分符合产品生产的质量要求。在保证质量的前提下,尽可能地选择价格较低的原材料。通过这样的方法,企业能够提升经济效益,同时在与其他企业竞争时拥有价格优势,进而促进企业更好的发展。

综上所述,新时期中小型企业在进行成本管理的过程中,采用成本性态分析的方法具有极为重要的作用。它能够帮助企业在成本控制时弥补自身的不足,同时,企业清晰地了解到生产过程中各项活动的成本消耗情况。基于对这些情况的了解,企业才能在成本控制阶段采取科学的方法,进而实现有效的成本控制,提高企业的总体经济效益,使企业在竞争激烈的市场中保持核心竞争力。

延伸阅读 3　变动成本法在制造业中的应用[①]

变动成本法在制造业中的应用能够给企业带来显著的发展效益,促进企业的发展。然而,一些企业在应用变动成本法时还存在诸多问题,导致该方法的应用效果不佳。具体来说,一是企业管理人员对变动成本法的认识和理解有待提高;二是一些企业在统筹协调固定成本与变动成本时,考虑不够充分和全面,这使得产品的定价缺乏科学性,进而对企业的经济效益产生一定的负面影响。因此,对于变动成本法的应用,企业相关管理人员应该给予足够的重视,从而使变动成本法发挥出最大价值,为企业的发展提供有力保障。对于一些制造业企业而言,需要了解变动成本法的内容和标准,对发展中的问题进行针对性解决,从而推动企业实现可持续发展。

(一)变动成本法概述

1.变动成本法的概念

变动成本法,也称为直接成本法或边际成本法,是变动成本计算的简称,是指在组织常规的成本计算过程中,以成本性态分析为前提条件,只将变动生产成本作为产品

[①] 张吉范.变动成本法在制造业中的应用[J].纳税,2021(35):116-118.注:本书对部分内容进行了适当调整。

成本的构成内容,而将固定生产成本和非生产成本作为期间成本,并按贡献式损益确定程序计算损益的一种成本计算模式。在这种方法中,产品成本主要包括生产期间变动的人工、材料、制造费用。期间费用计算,则包括固定生产成本与非固定生产成本。

2. 变动成本法的作用

第一,变动成本能为企业提供每种产品的盈利能力资料。这些资料是管理会计提供的重要管理信息,因为利润的规划和许多重要的经营管理决策,都要以每种产品的盈利能力作为重要的参考依据。而每种产品的盈利能力可通过其"贡献毛益"来综合表现。因此,各种产品的贡献毛益既是其盈利能力的表现,也是其对企业最终利润所做贡献大小的重要标志。而产品贡献的确定取决于变动成本的计算。

第二,变动成本法有助于企业为正确地制定经营决策,进行成本计划和控制。以贡献毛益分析为基础,企业可以进行盈亏临界点和"本—量—利"分析,揭示产量与成本变动的内在规律,预测前景、规划未来(如规划目标成本、目标利润及编制弹性预算等)。同时,这些资料也有助于企业正确地制定短期经营决策,因为短期经营决策常常依赖于贡献毛益的信息。

第三,变动成本法能方便地与标准成本、弹性预算和责任会计等方法结合使用,在计划和日常控制的各个环节发挥重要作用。变动成本与固定成本具有不同的成本形态,变动成本可通过指定标准成本和建立弹性预算进行日常控制。因此,采用变动成本计算法,有利于采用科学的成本分析方法和正确的成本控制方法,也有利于正确评价各部门的工作业绩。

(二)变动成本法在制造业应用中存在的问题

1. 基层管理人员对变动成本法的理解不足

基层管理人员对变动成本法的理解不充分是影响变动成本法有效应用的首要问题,这对企业的发展产生了一定的制约作用。我国在长时间内实行计划经济体制,导致很多企业在运用变动成本法时难以摆脱传统方法的思维方式,无法真正发挥成本变动法的作用。当前,我国经济发展迅速,出现了很多新的成本管理办法,但一些企业没有紧跟时代的步伐,适时转变自身的管理理念,从而影响了变动成本法的普及应用。虽然一些企业已经开始应用变动成本法,但是在实际应用过程中,落实效果不佳,无法充分发挥出方法的作用。部分制造企业中,了解变动成本法的人员主要集中在领导层面,基层管理人员的积极性没有得到充分激发,没有真正参与成本管理,最终导致变动成本法无法得到切实有效的落实。

2. 产品定价考虑不全面

变动成本法在制造业中的重要应用之一是在对产品定价进行全面分析。变动成本法可以对企业财务中各个项目的会计计量因素进行统筹分析,特别是产品定价方面。然而,一些企业在制定产品定价时,仅考虑部分成本因素,而非全部成本,导致产品价格缺乏科学性。实际上,产品的定价成本涉及很多因素。对于制造企业来说,进行产品定价时,需要将会计成本视为实际成本,包括固定成本以及变动成本。因此,在产品定价过程中,变动成本法要求同时将固定成本当作费用支出进行核算,但很多企业没有考虑这一因素,导致产品定价偏低,进而对企业的经济效益造成损失。在产品定价的过程中,企业需要综合考虑固定成本和变动成本,从而对产品的实际成本进行全面评估,确保企业的经济效益不受损失。

3. 难以满足对外财务报告的要求

制造企业在应用变动成本法时,会对企业原有的剂量存货价值及损益等产生影响。如果财务报告中采用变动成本法,将固定成本作为期间费用归为损益,会降低存货成本,从而对企业的所得利润等产生影响。因此,企业在应用变动成本法计量损益的变动以及存货价值时,会导致财务报告与之前的规定产生较大差异,无法满足对外财务报告的要求。企业采用变动成本法计量税后利润以及应交所得税时,可能不符合当前税法的规定。部分企业在应用变动成本法的过程中,财务体系与该方法无法兼容,与会计标准不相符,因此,在计算财务报告时不适合采用该方法。

4. 生产部门与管理部门之间的沟通力度不足

当前,很多制造企业采用变动成本法进行财务管理,其首要目的是提升预算结果的准确性。但由于对该方法投入的资金及精力不足,因而无法发挥预算的实际价值以及效果,导致变动成本法的实际应用效果不佳。变动成本法涉及多项成本运算,需要不同的成本支出部门之间加强沟通,从而保证成本核算的精确度。然而,在实际的工作中,有些员工仅关注完成领导交办的既定任务,缺乏与其他部门的沟通。这导致变动成本法的应用效果不明显。特别是在制造企业中,成本管理的核心是生产部门,因此加强生产部门与管理部门之间的沟通至关重要,否则,成本核算的精确度会降低,无法发挥成本变动法的真正作用。

(三)加强变动成本法在制造业中应用的措施

1. 提升管理人员对变动成本法的认识

当前,管理人员对变动成本法的理解程度不足是影响该法实施的重要原因之一。因此,应该加强对管理人员的培训,提升他们对变动成本法的认识。应用变动成本法可以更好地促进企业的经营活动。然而,因为认识不足,一些企业在运用该方法时并没有取得理想的效果。为解决这一问题,制造行业内企业间应加强沟通与协作,定期开展培训交流,使基层的管理人员能够共同学习先进经验,加深对变动成本法的理解,确保该方法的有效运用。

首先，企业应在内部开展培训，使员工掌握该方法的具体运用方式，从而发挥变动成本法的作用，促进企业的发展。如果企业没有积极地开展培训，那么会导致员工对该方法理解错误，分析财务报告时出现差错，影响企业的发展。

其次，培训活动应引进专业人员详细解读，并提供专门的教材，以方便员工学习。企业还应该不断地为员工创造实践机会，使员工在实践中提升自身的能力与水平，从而发挥变动成本法的价值。

2. 对产品进行科学定价

企业在产品成本定价时，应全面综合分析成本因素。运用变动成本法有助于企业更全面地分析产品。

首先，应确保企业的工作量没有较大波动，充分考虑固有成本对定价的影响，确保最终的定价不损害企业的经济效益。因此，企业可以组建一支专门的团队，充分了解企业的实际情况，联合财务部门分析资金走向，汇总成本的实际变动情况。

其次，企业需要采用适当的方式表达成本变动，与企业的发展运营相适应，充分发挥成本变动法的作用。制造行业企业产品定价工作复杂，需要考虑多种因素。运用成本变动法，企业可以清楚地了解产品的可控成本部分，从而加强成本控制，进行合理的定价，有效地提升核心竞争力，创造更高的经济效益。

3. 制定具体方案，满足实际需求

变动成本法在制造业中的应用需满足相关企业的实际需求。因此，需要制订更加具体的方案。

首先，企业应制订变动成本法的具体实施方案，以该方案为基础，加强对产品的成本管控和变动成本法的应用。

其次，企业应该制订与实施方案相匹配的计划，确保变动成本法应用的有序性。制造企业应实行有针对性的方案，从而充分地发挥变动成本法的真正作用。制造企业应重视变动成本法，建立专门的团队以及制订科学的方案。另外企业还需要进行可行性分析，明确变动成本法对企业的影响。

最后，企业应预判可能会对财务、税额等产生影响的因素，结合传统成本法，维持平衡，确保最终结果的准确性。相关部门还需要与财务部门加强沟通，以充分发挥该方法的效果。制订具体的方案，有助于加深相关人员对变动成本法的理解和实施方法，有效运用该方法，为相关制造企业创造更高的经济效益。

4. 增强沟通与执行力度

随着企业规模的扩大和业务部门增多，员工的工作量不断增大。为提升员工的积极性，需要营造良好的氛围以及环境，提升员工的技术水平和工作能力，充分发挥员工

的个人价值。提升员工积极性应从以下几个方面着手：

首先，企业应完善员工福利待遇，发挥员工的主观能动性，促进企业的发展，避免企业内部出现用工矛盾，及时满足员工需求，加强沟通力度，平衡企业利益与员工利益。

其次，企业需要完善内部管控机制，提升团队的管理水平。制造企业应保证工作机制顺利实施，做到对每一项工作监督到位，确保效果。企业的人力资源部门为企业提供源源不断的生机，对企业的发展起着较大的促进作用。因此，企业应该重视人力资源部门的发展，提升员工的工作热情和积极性，加强变动成本法的执行力度，有效地提升工作质量。

（四）结语

综上所述，变动成本法在制造业的应用可以有效地促进企业的发展。针对变动成本法在应用中存在的问题，相关人员需要采取有针对性的措施加以解决，并科学合理应用，以发挥其价值。此外，企业的管理人员需要深入了解自身的实际情况，并定期调研外部的市场环境。制造企业应加强内部沟通，定期为员工开展培训，并积极引进优秀人才。在运用变动成本法时，应更加全面和细致地考虑各种因素，为企业健康有序的发展提供强劲动力。

延伸阅读4　新产品成本控制的探索研究[①]

随着烟草行业的结构性增强，烟标印刷逐步向高环保化、强防伪性、工艺复杂化、成本可控化转变。国烟办综〔2020〕95号文《关于进一步做好卷烟新产品开发成本控制的通知》提出要严格控制新产品开发的生产成本和包装成本，并对烟标印刷成本占卷烟成本的比重进行了规范。本文从研发设计、定价决策及量产三个阶段探讨新产品成本控制，旨在持续提升企业的核心竞争力，促进企业长期可持续发展。

（一）成本概述

成本是企业生产经营过程中以货币表现的各种经济资源的价值消耗，有广义和狭义之分。广义的成本是指从产品研发到最后销售的全价值链上的成本，包括研发设计、采购、生产制造、营销、服务五大作业环节的设计成本、仓储成本、制造成本以及服务成本等，强调全过程成本。狭义的成本仅指五大作业环节中生产制造环节所产生的成本。

从成本全程管理（见图2—9）的要求来看，依据成本发生和应用的阶段不同，成本可分为目标成本、产品定价和实际成本。目标成本与实际成本之间的差异反映了项目

[①] 张娟.新产品成本控制的探索研究[J].印刷杂志，2022(01)：47—49.

绩效,而实际成本与产品定价之间的差异则体现了产品的盈利情况。企业可根据分析结果,总结成本管理的得失,完善成本考核机制,从而做出更有效的成本决策。

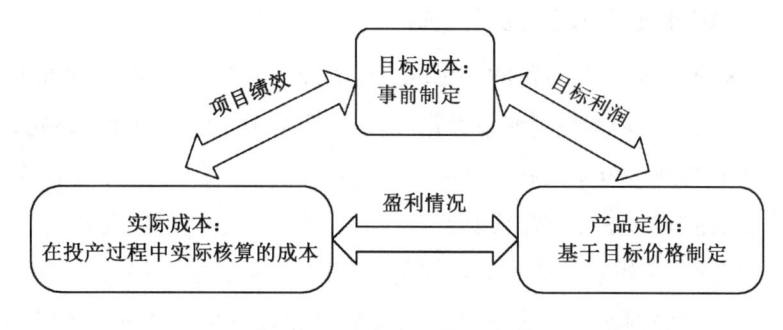

图 2—9 成本全程管理的思路

(二)研发设计阶段的成本控制

研究表明,大约 80% 的产品成本在产品设计阶段就已经形成,该阶段被视为产品价值链的起点。在新卷烟产品开发成本控制的新规之下,企业在管控新产品的研发时,除了关注产品的设计参数及性能指标,最为重要的是设定产品设计的成本目标及其过程管控。

为进一步提升新产品的综合竞争力,精益成本管理提倡用好成本中 5% 的开发费用,以控制 80% 的产品成本,确保产品设计既经济又合理,同时保持其先进性。一个好的产品设计,不仅在功能上表现出优越性,而且要便于制造,并降低生产成本。在新品设计阶段,企业可以有效引入精益运作理念。首先,从源头上以市场预测及目标利润为导向,对标行业盒皮成本指导价,确定新产品开发的目标成本;其次,围绕新品定位"量体裁衣",对生产的适用性及可提升水平进行科学合理的判断,对可能发生的原辅材料成本、工艺路线及生产消耗等进行全方位成本预估,对特殊工艺、特殊材料等进行盒皮成本的价位区间排摸,建立新品工艺选择的正面清单,并进行作业分解;最后,运用价值工程分析方法,识别成本改善的机会,优化产品设计结构,消除生产过程中的不增值作业,提高产品生产效率,确保新品的实际成本不超出目标成本。

以烟标印刷制造为例,纸张类型有白卡纸、喷铝银卡、喷铝金卡、定位纸等,其价格范围在 1 万～3 万元;油墨类型有普通油墨、UV 油墨、防伪油墨等;电化铝类型有普通、镭射、定位烫等;生产工艺包括胶印、网印、柔印、烫金、模切、清废、联机凹印、制盒等,相对来说,制盒工艺成本较高。不同的印刷材料和生产工艺的组合会导致不同的成本。因此,企业在设计新款烟标时,需要对标行业指导价及目标利润,借助产品核价系统进行全面的成本预估,从而选择合适的材料和工艺。针对高端卷烟产品的烟标设计,可以采用定位纸、防伪油墨、定位烫电化铝以及胶印、烫金和制盒工艺组合,这类产品通常批量较少；而低端卷烟产品的烟标设计，可以采用白卡纸、普通油墨及联机凹印工艺组合，这类产品通常批量较大。

（三）定价决策阶段的成本控制

一般来说，企业产品定价的目标取决于其总体目标。目前，企业的定价目标一般分为五种。第一种是实现利润最大化，这一般适用于在市场中处于领先或垄断地位的企业，或者在行业竞争中具有很强的竞争优势并能长时间保持的企业；第二种是维持或提高市场占有率，这可能需要企业在短期内牺牲一定的利润空间，这一般适用于那些能够通过薄利多销实现规模效益的企业；第三种是稳定价格，这一般适用于产品标准化的行业，例如钢铁制造业等；第四种是应对和避免竞争，参照对市场有决定性影响的竞争对手的产品价格变动情况，随时调整本企业的产品价格，但企业通常不会主动调整价格，这一般适用于中小型企业；第五种是树立企业形象及产品品牌，树立优质高价或大众化平价形象来吸引某一客户群和广大消费者。

在定价决策阶段，企业可以依据其定价目标，采用以成本为基础或以市场需求为基础的定价方法。以成本为基础的定价方法包括全部成本费用加成定价、保本点定价（利润为零）、目标利润法以及变动成本法；而以市场需求为基础定价方法包括需求价格弹性系数法、边际分析定价法。对企业而言，采用全部成本费用加成的定价方法有利于其可持续发展。但为拓展市场，占领市场份额，企业有时会选择牺牲暂时的利益以获取长远的市场份额。在此定价目标下，企业可以采用变动成本法，其单位变动成本不仅包括生产制造环节的狭义成本，而且应包括其他作业环节投入的直接相关成本。如运输费，同款烟标运送至不同地点的运输费不同，其定价结果也不同。此外，变动成本法也适用于利用企业剩余生产能力增加产量时的产品定价。

在与客户谈判时，若需要低于变动成本定价，企业应从设计环节开始降本研究，通过研发设计阶段不同材料和工艺组合的调整，重新预估成本，以确保预估的变动成本低于客户谈判价格。对于企业来说，其单位变动成本应该是最低报价底线，且这种定价策略一般仅适用于增量产量的产品。

（四）量产阶段的成本控制

研发设计阶段的目标成本管控对新产品成本控制来说至关重要，新产品在投入生产过程中的成本管控同样重要，因为它直接关系到研发设计的新产品能否适应企业量产条件、目标成本能否得到有效执行。在新产品投入量产阶段时，企业可以从过程跟踪、考核激励、成熟度评价及成本意识宣贯四个维度开展成本管控工作。

1. 紧跟过程数据，加强对比分析

借助信息化平台，深入运用标准成本数据，提升数据的价值创造能力。通过数据

的对比分析，聚焦关键问题、发现驱动因素、寻求改进空间。通过采用替代材料（如国产纸替代进口纸）、工艺优化（扩联，网印改平凹印、UV 印刷改普通印刷）、损耗控制（精益生产）等降本举措，不断优化调整影响成本的各个作业环节，努力将整个价值链上的成本降到最低。以产品 B 为例，在生产初期存在效率低、损耗高的问题，经排查，发现胶水问题是主因，企业合力攻克此生产难点，降低了损耗。

2. 引入达标率指标，推进考核与激励

对新品生产的订单实际成本与设计目标成本的偏离率建立考核指标，通过考核机制促进产品设计目标和实际成本的趋同，确保新品试制到量产的稳定过渡。同时，应关注废品率、过程异常停机、物耗水平、合理排产及质量成本等关键绩效指标，明确各部门的成本控制责任。通过增加奖惩力度，建立有效的激励约束机制，促进部门协同，使新品量产成本受控。

3. 应用工艺成熟度评价机制，促进源头降本

在新产品投入生产一段时间后，需要对其工艺标准、材料标准、生产及质量等运行情况进行评价。以目标成本为导向，分析损耗、材料耗用、材料价格、工艺执行情况、生产效率等，揭示成本管控的提升方向，促进工艺持续改进。例如，产品 C 在工艺优化方面不断取得进展，从纯胶印到胶凹结合切大张印刷，再到凹印卷对卷生产模式，其成本持续降低。

4. 提升全员成本管控意识，深挖降本潜力

在企业内部营造注重细节、崇尚节俭、管理严格、以成本为中心的企业文化。倡导全员参与成本控制，培养全员的成本意识，充分调动员工的积极性和创造性，提高企业的向心力。鼓励员工借助项目管理、课题管理、QC 项目、合理化建议、OPL 一点课等平台，以问题为导向，改善现存的不合理浪费，以达到降低成本、提升经济效益的目的。

利润是企业的生命线。向成本要效益、向损耗要利润是企业的共识。在精益运作中，企业要打破思维模式的禁锢，积极尝试新方法、新工具，突破作业习惯的边界，努力尝试从新角度、新立场出发，在研发设计、定价决策到量产阶段的成本控制中合理"抠"出利润，紧跟烟草行业高质量发展的步伐，助力企业经济效益再提升。

复习思考题与练习题

一、复习思考题

1. 成本按性态划分为哪几类？各自的含义、构成和相关范围是什么？
2. 请阐述变动成本法和完全成本法的内涵、适用范围和对企业的影响。

3.阐述变动成本法的特点和利弊。

二、练习题

1.资料:已知 A 企业从事单一产品的生产,连续三年销售量均为 1 000 件,三年产量分别为 1 000 件、1 200 件和 800 件。单位产品售价为 200 元/件;管理费用和销售费用均为固定费用,每年这两项费用的总额均为 50 000 元;单位产品变动成本(包括直接材料、直接人工、变动制造费用)为 90 元;固定制造费用为 20 000 元。

要求:

(1)根据上述资料,不考虑销售过程中的税金,分别采用变动成本法和完全成本法计算各年税前利润。

(2)根据计算结果,简单分析完全成本法与变动成本法对损益计算的影响。

2.资料:某公司生产一种产品,20×3 年和 20×4 年的有关资料如表 2—9 所示。

表 2—9　　　　　　　　　　　　　基础数据表

项　目	20×3 年	20×4 年
销售收入(元)	1 000	1 500
产量(吨)	300	200
年初产成品存货数量(吨)	0	100
年末产成品存货数量(吨)	100	0
固定制造费用(元)	600	600
管理费用、销售费用(全部固定)(元)	150	150
单位变动成本(元)	1.8	1.8

要求:

(1)采用完全成本法为该公司编制这两年的比较利润表,并说明为什么销售增加 50%,税前利润反而大为减少。

(2)采用变动成本法根据相同的资料编制比较利润表,并将它同(1)中的比较利润表进行比较,指出哪一种成本法重视生产,哪一种重视销售。

3.资料:A 企业生产单一产品,20×3 年和 20×4 年各月的电费与产量的有关数据如表 2—10 所示。

表 2—10　　　　　　　　　　　　　基础数据表

月　份	20×3 年	20×4 年
1	1 200	5 000

续表

月 份	20×3 年	20×4 年
2	900	4 250
3	1 350	5 625
4	1 500	5 625
5	1 200	5 375
6	1 650	6 875
7	1 500	6 150
8	1 500	6 300
9	1 350	5 800
10	1 050	4 875
11	1 800	7 200
12	1 800	7 250

要求：试采用高低点法对电费这一混合成本进行分解。

第三章　本—量—利分析

▶ 本章概述

理解本—量—利分析的基本假设及其意义,掌握本—量—利分析的相关概念、基本原理,并能运用本—量—利分析的各种方法。本章将结合案例加深对其在实践中的应用,同时结合思政案例与延伸阅读进行内容的拓展。

▶ 思政目标

通过介绍本量利的基本原理内容,结合案例进行分析,让学生了解本—量—利分析方法在乡村振兴战略实施中的重要作用。它可以为决策提供有力支持,有助于优化农业生产结构,推动农业产业化和绿色发展,实现乡村振兴的目标。

▶ 育人元素

全面推进乡村振兴战略,推动农业农村的高质量发展。

第一节　本—量—利的基本假设

企业在动态经营中面临复杂多变的情况,为对现实进行简化和概括,本—量—利分析提出了一系列基本假设,以此作为分析前提。

一、相关范围假设

本—量—利分析是建立在一定期间和一定业务量范围内的企业盈利模型,对此我们称为相关范围假设。这一假设包括一定期间假设和一定业务量假设。相关范围假设是后续其他假设的前提。

（一）期间假设

固定成本与单位变动成本只有在一定期间内才会保持不变。随着时间的推移，固定成本总额和单位变动成本都可能发生变化。因此，成本性态和以此为基础的本—量—利分析是基于一定期间展开的。

（二）业务量假设

同理，固定成本和变动成本的数量规律在一定业务量范围内才成立。当业务量发生较大变化时，成本性态有可能随之变化。因此，成本性态和以此为基础的本—量—利分析是基于一定业务量范围展开的。

二、模型线性假设

基于统计学的基本原理，当企业拥有足够的时间来观测成本结构、业务量和利润水平时，这些观测数据可以组成丰富的样本。利用这些样本，企业可以构建多元线性模型。基于这一模型，企业可以估计其盈利状况，从而制定更为精确的经营策略。

给定利润＝收入－成本，模型线性意味着盈利模型中的主要因素（单位变动成本和固定成本）将以给定参数的形式存在，即常数。

（一）固定成本与变动成本不变假设

固定成本不变假设意味着在一定期间和一定业务量范围内，固定成本总额表现为一条水平线，用模型来表示就是固定成本＝a（a 为常数）。

单位变动成本不变假设意味着在一定期间和一定业务量范围内，单位变动成本表现为一条水平线，或者假设变动成本总额的曲线是一条从原点出发的直线，该直线的斜率就是单位变动成本。用模型来表示就是变动成本＝bx（b 为单位变动成本、常数，x 为业务量）。

（二）销售价格不变假设

在本—量—利分析中，通常假设销售价格为常数，则销售收入曲线是一条从原点出发的直线，其斜率就是销售价格。用数学模型来表示就是销售收入＝px（p 为销售价格、常数，x 为销售量）。

三、产销平衡假设

基于以上假设，在相关范围内固定成本、单位变动成本和销售价格不变的前提下，本—量—利分析的核心是分析业务量作为驱动因素如何引起成本和利润的变化。业务量对应产量和销售量两种指标。产销不平衡以及由此出现的存货问题会将分析引向一系列复杂的情形。为简化问题，基本的本—量—利分析假定产销平衡，即产量与销售量相等，业务量在随后的分析中简称产销量。对于现实中存在的产销不平衡情形和存货问题，都可以基于本—量—利分析的原理进行分析。

四、品种结构不变假设

在企业产销多品种产品的条件下，各种产品的获利能力一般会有所不同，有时差异还比较大。如果企业产销的产品品种结构发生较大变动，会对企业的利润产生较大的影响。为简化问题，本—量—利分析假设在多品种生产和销售的企业中，各种产品的销售收入在总收入中所占的比重不变。

五、本—量—利分析假设体系的内在关系

上述假设中，相关范围假设是最基本的假设，是本—量—利分析的前提；模型线性假设则是相关范围假设的延伸；产销平衡假设与品种结构不变假设是对模型线性假设的进一步补充；同时，品种结构不变假设又是多品种条件下产销平衡假设的前提条件。

这些假设的背后都有一个共同的假设——成本性态可分，即企业的全部成本可以合理地分解为固定成本与变动成本，在此基础上构建企业的盈利模型，探索成本、利润同业务量的变化规律。

第二节　本—量—利分析的基本原理

一、企业盈利模型

在财务会计中，利润是指收入与成本、费用相抵后的余额，即
$$利润＝收入－成本－费用$$
管理会计将企业的成本、费用按照成本性态分解为变动成本和固定成本，从而利润的计算公式更新为：
$$利润＝收入－（变动成本＋固定成本）$$

从数量关系的角度看,利润是收入与变动成本、固定成本相抵减的结果。在本—量—利分析的基本假设下,销售价格、固定成本和单位变动成本都是常数。在这种情况下,影响利润的关键因素就是业务量(产量、销售量或工作量)。这里,我们用 V 代表业务量,SP 表示销售价格,VC 表示单位变动成本,FC 表示固定成本,P 表示利润,则企业的盈利模型表示为:

$$P = SP \cdot V - VC \cdot V - FC$$

如第二章所述,企业的收入仅抵减变动成本得到的毛利部分被定义为贡献毛益,其中,销售价格与单位变动成本抵减的结果被定义为单位贡献毛益(用 UCM 表示)。

$$CM = SP \cdot V - VC \cdot V = (SP - VC) \cdot V = UCM \cdot V$$

借助贡献毛益的概念,本—量—利分析揭示了企业盈利的根本:首先,只有当产品销售价格高于单位变动成本(即单位贡献毛益为正)时,产品才能实现盈利,这表明产品的盈利取决于销售价格和单位变动成本的控制;其次,只有当企业的收入涵盖变动成本(即贡献毛益为正)时,企业整体才有可能盈利,这表明企业是否盈利取决于销售数量的控制;最后,当企业的贡献毛益大于固定成本时,企业就能实现盈利,这表明企业从获得贡献毛益到最终盈利取决于固定成本的控制。当无法满足以上条件时,企业可能面临利润为零甚至为负的情况。对利润为零的状态,本—量—利分析称之为盈亏临界或者保本。

二、盈亏临界点与安全边际

盈亏临界,顾名思义,是利润为零的状态(也称保本状态)。盈亏临界点分析旨在探究何种业务量水平下,企业收入与成本相抵,帮助企业实现盈亏平衡或保本。本—量—利分析中将能够使企业达到盈亏临界的业务量称为盈亏临界点。

知识链接

安全边际,是指产品的现有或预计销售量超过盈亏平衡点的销售量,它表明现有或预计的销售量与平衡点的销售量之间的差距,这个差距反映了产品盈利的安全程度。

安全边际 = 现有或预计销售量(金额)− 盈亏平衡点销售量(金额)

安全边际率 = 安全边际(金额)÷ 现有或预计销售量(金额)

(一)盈亏临界点的基本模型

假设企业只生产单一产品,其利润计算公式如下:

$$利润＝销售收入－变动成本－固定成本$$

盈亏临界点是指使利润等于零的销售量或销售收入,即:

$$销售收入＝变动成本＋固定成本$$

或

$$销售量×销售价格＝销售量×单位变动成本＋固定成本$$

由此得到:

$$盈亏临界点销售量＝\frac{固定成本}{销售价格－单位变动成本}$$

$$盈亏临界点销售收入＝\frac{固定成本}{(销售价格－单位变动成本)/销售价格}＝\frac{固定成本}{贡献毛益率}$$

这就是盈亏临界点的计算模型。用字母表示时,盈亏临界点的计算公式为:

$$V=\frac{FC}{SP-VC}$$

式中,$SP-VC$ 为单位贡献毛益。

由上式可得,盈亏临界点销售收入的计算公式为:

$$V·SP=FC·\frac{SP}{SP-VC}$$

即

$$V·SP=FC\bigg/\frac{SP-VC}{SP}$$

式中,$\frac{SP-VC}{SP}$ 为单位贡献毛益在销售价格中所占的比例,即贡献毛益率。

以上盈亏临界点主要是基于单一产品的分析,当企业生产多种产品时,在产品品种结构不变的假设下,盈亏临界点的销售收入基于各种产品加权平均的贡献毛益率计算得到:

$$多产品下企业总体的盈亏临界点销售收入＝\frac{固定成本}{加权平均贡献毛益率}$$

$$加权平均贡献毛益率＝\sum(每种产品的贡献毛益率×每种产品收入占比)$$

【实务题3-1】 某企业生产和销售单一产品,该产品的销售价格为50元,单位变动成本为30元,固定成本为50 000元。

(1)按销售量计算盈亏临界点。

$$V=\frac{50\ 000}{50-30}=2\ 500(件)$$

(2)按金额计算盈亏临界点。

贡献毛益率 = $\dfrac{50-30}{50} \times 100\% = 40\%$

盈亏临界点的销售收入为：

$V = \dfrac{50\,000}{40\%} = 125\,000(元)$

（二）盈亏临界图

盈亏临界图是一种将盈亏临界点分析以直观、简明易懂的方式呈现在直角坐标系中的方法。盈亏临界图将销售收入线、变动成本线、固定成本线以及总成本线分别绘制在直角坐标系中，与公式法相比，图示法更能直观地揭示盈亏临界点的形成过程以及影响盈亏的因素变化。

其绘制方法如下：

步骤1：在直角坐标系中，以横轴表示销售量，以纵轴表示成本与销售收入。

步骤2：绘制变动成本线和固定成本线。固定成本线是一条与横轴平行的直线，其与纵轴的交点即固定成本总额。变动成本线是一条从原点出发的直线，其斜率是单位变动成本。

步骤3：绘制总成本线。将变动成本线向上平移至固定成本水平线，使变动成本线的起点与固定成本线的起点交汇。

步骤4：绘制销售收入线。销售收入线是一条从原点出发的直线，其斜率是销售价格。

在上述坐标系中，总成本线与销售收入线的交点就是盈亏临界点。

知识链接

在现实的企业管理活动中，要获取关于固定成本和变动成本的精确数据较为困难。同时，由于日常管理决策可能会不断改变盈亏平衡点，特别是在多产品综合性的企业中，获得的数据往往是粗略而模糊不清的。因此，对于公司盈亏平衡"点"的最佳估计，实际上只是一个相当大的包括该点本身的"斑块"。

然而，即使存在严重的问题，整个公司的状况还是可以接受的。例如，在计算通用汽车公司的总营业额时，需要综合考虑汽车、大型内燃机、货车、火花塞、冰箱、洗衣机等多种项目。一个产品或一个部门的良好成绩可能会掩盖其他产品或部门的不良情况。

尽管存在这些困难，但盈亏平衡点的分析对于形成有关预算控制、利润计划和生产过程选择的概念框架仍是很重要的，它使管理部门能够了解产量变化或即将采取的行动路线将怎样影响盈亏平衡点和利润。

【实务题3-2】 某企业生产和销售单一产品,产品的销售价格为60元,正常销售量为3 000件,固定成本总额为50 000元,单位变动成本为35元。该企业的盈亏临界图,如图3-1所示。

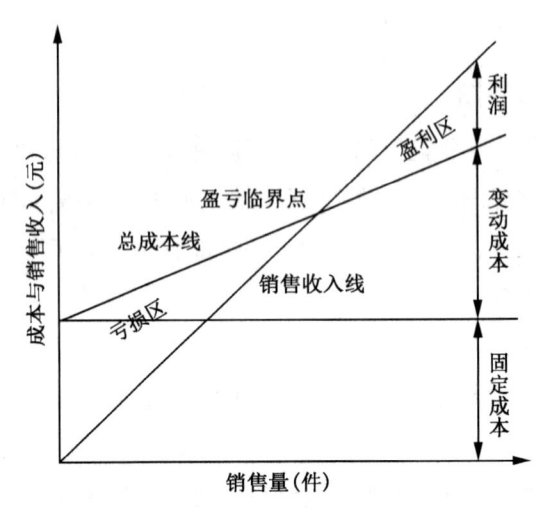

图3-1 盈亏临界图

(1)在固定成本、单位变动成本、销售价格不变的情况下,盈亏临界点是既定的。当销售量超过盈亏临界点时,销售量越多,则实现的利润越多;当销售量低于盈亏临界点时,企业将形成亏损。

(2)在总成本既定的情况下,盈亏临界点的位置随销售价格的变动而发生反向变动:销售价格越高(坐标图中表现为销售收入线的斜率越大),则盈亏临界点越低;反之,盈亏临界点越高。

(3)在销售价格、单位变动成本既定的情况下,盈亏临界点的位置随固定成本总额的变动而发生同向变动:固定成本越高(坐标图中表现为总成本线与纵轴的交点越高),盈亏临界点越高;反之,盈亏临界点越低。

(4)在销售价格和固定成本总额既定的情况下,盈亏临界点的位置随单位变动成本的变动而发生同向变动:单位变动成本越高(坐标图中表现为总成本线的斜率越大),盈亏临界点越高;反之,盈亏临界点越低。

(三)相关因素变动对盈亏临界点的影响

在计算盈亏临界点时,我们会假设固定成本、单位变动成本、销售价格以及产品品种构成等因素保持不变。而事实上,上述因素在企业经营过程中经常会发生变动,这些变动会导致盈亏临界点的升降。采用图示法,我们可以得到直观但比较粗略的分析,而采用公示推导的方法则可以得到准确且能够涵盖各种情形的一般性分析。

在单一产品的情形下,盈亏临界点(V)的公式可以表示为:
$$V = FC/(SP - VC)$$

这表明,固定成本与单位变动成本的下降会降低盈亏临界点,销售价格的下降会提高盈亏临界点;反之亦然。

1. 固定成本变动对盈亏临界点的影响

虽然固定成本不随业务量的变动而变动,但企业经营能力的变化和管理决策的调整都会导致固定成本的增减,特别是酌量性固定成本更容易发生变化。

【实务题3-3】 某企业生产和销售单一产品,产品的销售价格为60元,单位变动成本为40元,全年固定成本为600 000元,则盈亏临界点的销售量为:

$$盈亏临界点销售量 = \frac{600\ 000}{60 - 40} = 30\ 000(件)$$

如果其他条件不变,只是固定成本由原来的600 000元下降到500 000元,则盈亏临界点的销售量将变为:

$$盈亏临界点销售量 = \frac{500\ 000}{60 - 40} = 25\ 000(件)$$

可见,固定成本下降导致盈亏临界点的临界值(销售量)降低。固定成本变动对盈亏临界点的影响,如图3-2所示。

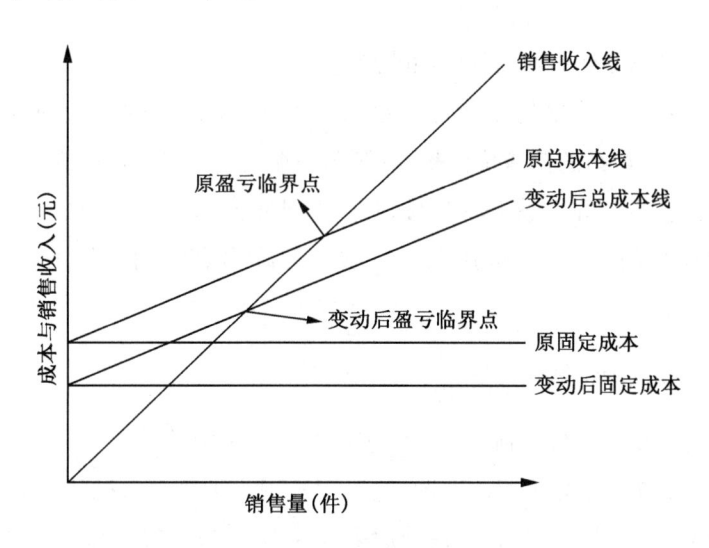

图3-2 固定成本变动的盈亏临界图

2. 单位变动成本变动对盈亏临界点的影响

【实务题3-4】 某企业生产和销售单一产品,产品的销售价格为60元,单位变动成本为40元,全年固定成本为600 000元。其他条件不变,单位变动成本由原来的

40 元下降到了 35 元,则盈亏临界点的销售量由原来的 30 000 件变为:

$$盈亏临界点销售量 = \frac{600\,000}{60-35} = 24\,000(件)$$

单位变动成本变动对盈亏临界点的影响,如图 3—3 所示。

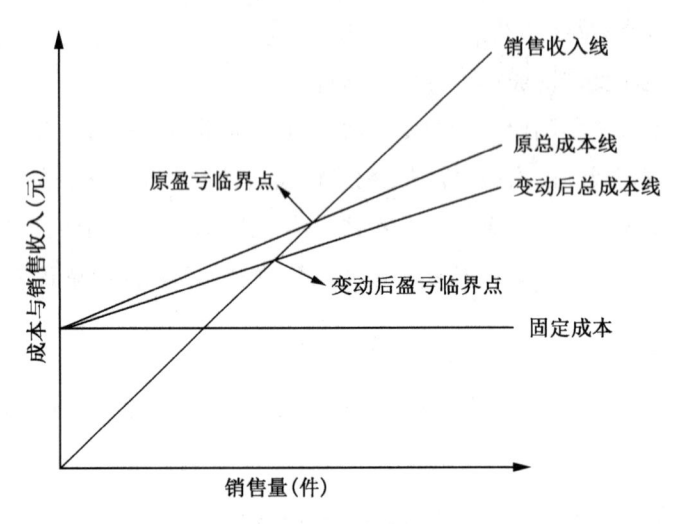

图 3—3 单位变动成本变动的盈亏临界图

如图 3—3 所示,单位变动成本的下降,导致变动后总成本线的斜率减小,盈亏临界点左移,亏损区减小而盈利区扩大。

3. 销售价格变动对盈亏临界点的影响

单位产品销售价格的变动对盈亏临界点的影响最为直接和明显。在一定的成本水平下,单位产品的销售价格越高,则盈亏临界点越小,同样销售量下实现的利润越高;反之,盈亏临界点越大,利润越低。如果实务题 3—4 中的其他条件不变,而销售价格由原来的 60 元提高到 70 元,则盈亏临界点的销售量由原来的 30 000 件变为:

$$盈亏临界点销售量 = \frac{600\,000}{70-40} = 20\,000(件)$$

销售价格变动对盈亏临界点的影响,如图 3—4 所示。

单位产品销售价格的提高在图 3—4 中表现为销售收入线的斜率变大,从而导致盈亏临界点左移,V_1 至 V_2 这一段由原来的亏损区变成了盈利区。

4. 产品品种构成变动对盈亏临界点的影响

如果企业生产和销售多种产品,一般来说,各种产品的获利能力不完全相同,有时差异还比较大。因此,当产品品种构成发生变化时,盈亏临界点势必发生变化。在假定与盈亏临界点计算有关的其他条件不变的情况下,盈亏临界点变动的幅度取决于以

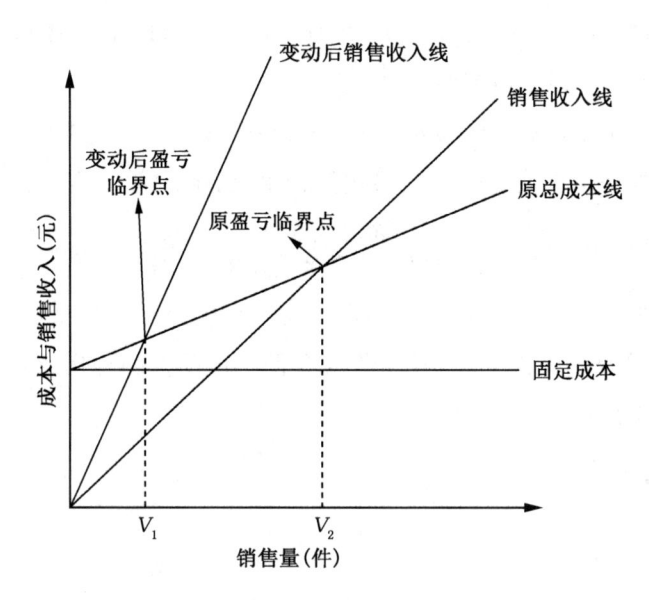

各种产品的销售收入比例为权数的加权平均贡献毛益率的变化情况。

【实务题3-5】 某企业的固定成本总额为 62 000 元,该企业生产和销售 A、B、C 三种产品(假定各种产品的产销完全一致),有关资料如表 3-1 所示。

表 3-1　　　　　　　　　　　　　基础数据表

项　目	A 产品	B 产品	C 产品
销售量(件)	5 600	4 200	2 800
销售单价(元)	25	20	20
单位变动成本(元)	20	14	8

根据表 3-1 中的数据资料,我们计算 A、B、C 三种产品的品种构成及其贡献毛益率(见表 3-2)。

表 3-2　　　　　　　　　　　　　基础数据表

产品	销售量 (件) ①	销售价格 (元) ②	单位变动 成本(元) ③	销售收入 (元) ④=①×②	占总收入的 百分比(%) ⑤=④/∑④	贡献毛益(元) ⑥=①× (②-③)	贡献毛益率 (%) ⑦=⑥/④
A	5 600	25	20	140 000	50	28 000	20
B	4 200	20	14	84 000	30	25 200	30
C	2 800	20	8	56 000	20	33 600	60
合计				280 000	100	86 800	

以各种产品的销售收入占总收入的比例(即产品的品种构成)为权数,计算该企业产品的加权平均贡献毛益率如下:

加权平均贡献毛益率=50%×20%+30%×30%+20%×60%=31%

根据加权平均贡献毛益率,计算出该企业全部产品盈亏临界点的销售收入,即

$$盈亏临界点销售收入=\frac{固定成本}{加权平均贡献毛益率}=\frac{62\ 000}{31\%}=200\ 000(元)$$

在既定的品种构成条件下,当销售收入为200 000元时,企业处于不盈不亏的状态。假设A产品的销售量为x件,当B、C两种产品按品种构成既有比例销售时,企业可以达到不盈不亏状态,则有:

$$5x+6 \cdot \frac{4\ 200}{5\ 600}x+12 \cdot \frac{2\ 800}{5\ 600}x = 62\ 000$$

$$x = 4\ 000(件)$$

也就是说,当A产品销售4 000件,B产品销售3 000件($4\ 000 \cdot \frac{4\ 200}{5\ 600}$),C产品销售2 000件($4\ 000 \cdot \frac{2\ 800}{5\ 600}$),企业处于不盈不亏状态。

当产品的品种构成发生变化时,这会导致全部产品的加权平均贡献毛益率发生改变,企业的盈亏临界点也会发生相应的变化。假设实务题3—5中的其他条件不变,但企业产品的品种构成由原来的50∶30∶20变为40∶30∶30,则加权平均贡献毛益率由原来的31%变为35%(40%×20%+30%×30%+30%×60%)。在该加权平均贡献毛益率下,企业全部产品盈亏临界点的销售收入为:

$$盈亏临界点销售收入=\frac{62\ 000}{35\%}= 177\ 142.86(元)$$

由此可见,产品品种结构的变化,导致盈亏临界点也发生改变。在A、B、C三种产品中,C产品的贡献毛益率最高(60%),B产品次之(30%),A产品最低(20%)。在上述产品品种构成的变动中,贡献毛益率最低的A产品的比重有所下降(由50%降到40%),而贡献毛益率最高的C产品的比重有所上升(由20%升到30%),因此,全部产品的加权平均贡献毛益率有所提高,盈亏临界点也相应降低。提高贡献毛益率较高的产品在品种构成中的比重,从结果上看,与提高产品的销售价格有相似之处。

对于相关因素变动对盈亏临界点的影响,还有两点需要指出:

(1)这种变动在该问题的论述中,为了简化说明和突出一致性,举例中的因素变动均为积极性变动,即这种变动会导致盈亏临界点降低。

(2)在进行盈亏临界点分析时,遵循本—量—利分析的基本假设,即假定企业产销平衡,然而事实上产销经常不平衡。如第二章所述,产销不平衡是导致变动成本法与

完全成本法存在损益差异的原因。因此,在分析盈亏临界点时,需要认识到产销不平衡因素对盈亏临界点的影响,并进行扩展分析。

(四)盈亏临界点作业率

盈亏临界点的销售量(销售收入)是一种绝对水平,企业需要比较分析当前的销售量与盈亏临界点的销售量,从而了解企业当前销售状况与盈亏临界点的差距。为此,一个新的概念和分析指标形成,即盈亏临界点作业率,是指盈亏临界点的销售量占企业正常销售量的百分比。盈亏临界点作业率,也称保本作业率。正常销售量,是指在正常市场环境和企业正常开工情况下产品的销售量。盈亏临界点作业率的计算模型如下:

$$盈亏临界点作业率 = \frac{盈亏临界点销售量}{正常销售量} \times 100\%$$

企业通常按照正常销售量来安排产品的生产。在正常情况下,产品产量与正常销售量至多相差一个合理库存。因此,盈亏临界点作业率也可以表示企业在保本状态下生产能力的利用程度。

假定某企业正常的销售量为 4 500 件,盈亏临界点的作业率为 56%,则该企业的作业率只有达到 56% 以上才能实现盈利,否则就会亏损。

(五)安全边际

与盈亏临界点相对应的一个概念是安全边际。安全边际,是指正常销售量或者现有销售量超过盈亏临界点销售量的差额。这一差额表明企业的销售量在超过盈亏临界点之后,拥有的盈利空间;或者说,企业的销售量降低多少就会面临亏损。从这个意义上说,安全边际是从相反的角度来研究盈亏临界点问题。

$$安全边际 = 正常销售量 - 盈亏临界点销售量$$

$$安全边际销售收入 = 正常销售收入 - 盈亏临界点销售收入$$

盈亏临界点下的销售量只能让企业保本,安全边际的意义在于反映企业当前销售量是否可以让企业保本以及企业整体盈利能力。因此,只有安全边际才能形成企业的盈利或亏损,即:

$$安全边际 \times 单位贡献毛益 = 利润$$

这说明,单位贡献毛益($SP-VC$)与安全边际是企业从保本到盈利的主要原因:产品的单位贡献毛益越大,销售量超过盈亏临界点的部分越多,企业的盈利则越多,经营也就越安全。

以此类推,

$$安全边际销售收入 \times 贡献毛益率 = 利润$$

给定销售价格与单位变动成本,贡献毛益率是确定的,决定利润的主要因素是企业有足够多的销售收入超过盈亏临界点销售,即越多的安全边际,可以为企业贡献更多的盈利。

为了反映安全边际占正常销售量的比重,可以用相对数来表示(即安全边际率):

$$安全边际率=\frac{安全边际}{正常销售量}\times 100\%$$

$$安全边际=正常销售量-盈亏临界点销售量$$

因此,

$$安全边际率=1-盈亏临界点作业率$$

如前所述,安全边际×单位贡献毛益=利润,将等式两边均除以产品销售收入,则有:

$$销售利润率=安全边际率\times 贡献毛益率$$

总之,只有安全边际才能为企业提供利润,盈亏临界点销售量只能让企业收回成本。因此,企业利润的计算可以借助安全边际这一概念,上述计算公式在企业的预测和决策分析中有着广泛的应用。

【实务题3-6】 假设企业盈亏临界点的销售量为 2 500 件,预计正常销售量为 4 000 件,销售价格为 50 元,则

安全边际=4 000－2 500＝1 500(件)

或　　　　　　＝4 000×50－2 500×50＝75 000(元)

$$安全边际率=\frac{1\ 500}{4\ 000}\times 100\%=37.5\%$$

或　　　　　$=\dfrac{75\ 000}{4\ 000\times 50}\times 100\%=37.5\%$

计算结果说明,正常销售量中有37.5%是创造利润的,其余部分是用来保本的。如果销售量下降到2 500 件以下,企业将出现亏损。

三、实现目标利润分析

企业的目标利润既可以是设定的盈利目标,也可以是特定情况下的极端目标,如实现保本或者控制亏损的幅度等。因此,盈亏临界点实际上是一种特定类型的目标利润。本—量—利分析需要结合企业的利润规划,分析企业为实现目标利润需要达到的业务量水平,包括销售量、销售收入等。为了便于分析,需建立相关模型来实现目标利润。

(一)实现目标利润的模型

基于本—量—利分析的基本假设,用 P 表示目标利润,V 表示实现目标利润的销

售量,则有:

$$P_t = V_t(SP - VC) - FC$$

$$V_t = \frac{P_t + FC}{SP - VC}$$

即:

$$实现目标利润的销售量 = \frac{目标利润 + 固定成本}{单位贡献毛益}$$

上述模型表明,企业在达到盈亏临界点后,为实现目标利润需要多大销售量。计算实现目标利润的销售收入,只需将上式等号左右两边都乘以产品销售价格,即:

$$SP \cdot V_t = \frac{P_t + FC}{(SP - VC)/SP}$$

$$实现目标利润的销售收入 = \frac{目标利润 + 固定成本}{贡献毛益率}$$

【实务题3-7】 某企业生产和销售单一产品,产品销售价格为50元,单位变动成本为25元,固定成本为50 000元。如果目标利润设定为40 000元,则有:

$$实现目标利润的销售量 = \frac{40\,000 + 50\,000}{50 - 25} = 3\,600(件)$$

$$实现目标利润的销售收入 = \frac{40\,000 + 50\,000}{50\%} = 180\,000(元)$$

(二)实现税后目标利润的模型

对企业来说,所得税费用是一项必然的支出,因此目标利润的分析和预测也应该考虑税后利润。税后利润与税前利润的关系可以用下列公式表示:

$$税后利润 = 税前利润 \times (1 - 所得税税率)$$

$$税前利润 = \frac{税后利润}{1 - 所得税税率}$$

则:

$$实现税后目标利润的销售量 = \frac{\dfrac{税后目标利润}{1 - 所得税税率} - 固定成本}{单位贡献毛益}$$

或:

$$实现税后目标利润的销售收入 = \frac{\dfrac{税后目标利润}{1 - 所得税税率} - 固定成本}{贡献毛益率}$$

> **知识链接**

所得税（Income Tax）以自然人、公司或者法人为课税单位。世界各地有不同的课税率系统，如累进税率、单一平税率。

所得税，是指对所有以所得额为课税对象的总称。有些国家以公司为课税对象的称作企业课税，这经常被称为公司税或公司收入税，或营利事业综合所得税。

有些国家以个人收入课税。个人所得税为法律规定自然人应向政府上缴的收入的一部分。各地政府在不同时期对个人应纳税收入的定义和征收的百分比不同，有时还分稿费收入、工资收入以及偶然所得（如彩票中奖）等情况分别纳税。全世界所有的国家中，仅有巴林和卡塔尔这两个中东小国民众不用缴纳所得税。

中国企业所得税纳税人在中华人民共和国境内，企业和其他取得收入的组织（以下统称企业）为企业所得税的纳税人（个人独资企业、合伙企业除外）。

【实务题 3-8】 某企业生产和销售单一产品，产品销售价格为 50 元，单位变动成本为 25 元，固定成本为 50 000 元。如果目标利润为 50 000 元，所得税税率为 25%，则：

$$\text{实现税后目标利润的销售量} = \frac{\frac{37\,500}{1-25\%} - 50\,000}{25} = 4\,000 \text{（件）}$$

$$\text{实现税后目标利润的销售收入} = \frac{\frac{37\,500}{1-25\%} - 50\,000}{50\%} = 200\,000 \text{（元）}$$

（三）相关因素变动对实现目标利润的影响

在本—量—利分析的基本假设下，影响目标利润实现的因素有固定成本、单位变动成本、销售价格、所得税税率等。以下将逐一分析各个因素的变动。

1. 固定成本变动对实现目标利润的影响

从实现目标利润的模型可以看出，在给定其他因素的条件下，固定成本与实现目标利润的销售量呈正相关：如果固定成本降低，则目标利润增大，实现目标利润需要的销售量减少。

【实务题 3-9】 某企业生产和销售单一产品。该企业计划年度内预计销售产品 3 600 件，全年固定成本预计 50 000 元。该产品销售价格为 50 元，单位变动成本为 25 元，则计划年度的目标利润为：

目标利润 = 3 600 × (50 - 25) - 50 000 = 40 000（元）

或者，先确定计划年度的目标利润为 40 000 元，则：

$$实现目标利润的销售量 = \frac{40\,000 + 50\,000}{50 - 25} = 3\,600(件)$$

以实务题 3-9 为例,如果其他条件不变,只有固定成本减少了 10 000 元,则目标利润可以规划得更高:

目标利润 = 3 600×(50-25)-40 000 = 50 000(元)

实现目标利润的销售量随之下降:

$$实现目标利润的销售量 = \frac{40\,000 + 40\,000}{50 - 25} = 3\,200(件)$$

2. 单位变动成本变动对实现目标利润的影响

假设上例中的其他条件不变,只有单位变动成本由 25 元降为 20 元,则预计可实现利润为 58 000 元[3 600×(50-20)-50 000],即比原定目标多 18 000 元,或者实现目标利润的销售量降为:

$$实现目标利润的销售量 = \frac{40\,000 + 50\,000}{50 - 20} = 3\,000(件)$$

3. 销售价格变动对实现目标利润的影响

单位产品销售价格的变动对盈亏临界点的影响最直接,对实现目标利润的影响也是一样。假设上例中产品价格由 50 元下降到 45 元,若其他条件不变,则可实现的利润为 22 000 元[3 600×(45-25)-50 000],即比目标利润少 18 000 元,此时实现目标利润的销售量应为:

$$实现目标利润的销售量 = \frac{40\,000 + 50\,000}{45 - 25} = 4\,500(件)$$

如果销售量超过预计的 3 600 件而达到 4 500 件,目标利润尚能实现;否则,无法实现。

4. 多种因素同时变动对实现目标利润的影响

在现实经济生活中,除了所得税税率,上述各种因素之间是有关联的,但有的关联性较强,有的则较弱。比如,为了提高产品的产量,企业需要增加生产设备,这就会增加折旧费用;而为了使产品顺利地销售出去,可能又会增加广告费。企业采取诸如降低固定成本、单位变动成本或者提高销售价格等单项措施,可以提高利润,但通常采取综合措施以实现目标利润。因此,企业需要反复权衡和测算。

【实务题 3-10】 某企业生产和销售单一产品。当年的有关数据如下:销售产品 3 000 件,产品销售价格 50 元,单位变动成本 25 元,固定成本 50 000 元,实现利润 25 000 元[3 000×(50-25)-50 000]。计划年度的目标利润定为 40 000 元。在其他条件不变的情况下,则:

$$实现目标利润的销售量 = \frac{40\,000 + 50\,000}{50 - 25} = 3\,600(件)$$

如果计划年度各个因素的变化较为复杂,假设企业采取如下步骤以求实现目标利润。

第一步:生产部门分析研究后确认,虽然有增加产品产量的潜力,但生产能力最高只能达到 3 500 件。同时,销售部门提出,为确保 3 500 件产品顺利销售,销售价格至少应下降 4%。在上述条件下,计划年度的可实现利润为 30 500 元,即:

$$3\,500 \times [50 \times (1 - 4\%) - 25] - 50\,000 = 30\,500(元)$$

这将导致可实现利润与目标利润相差 9 500 元(40 000 - 30 500)。

第二步:在分析研究产销量和销售价格变动的影响后,如果可实现利润与目标利润仍相差 9 500 元,应该考虑成本方面是否有潜力可挖。在此先考虑单位变动成本。在上述产销量和销售价格已确定的条件下,能使目标利润实现的单位变动成本计算如下:

利润 = 销售价格 × 销售量 − 单位变动成本 × 销售量 − 固定成本

$$单位变动成本 = \frac{销售价格 \times 销售量 - 固定成本 - 利润}{销售量}$$

$$= \frac{50 \times (1 - 4\%) \times 3\,500 - 50\,000 - 40\,000}{3\,500}$$

$$= 22.29(元/件)$$

也就是说,如果单位变动成本从 25 元降至 22.29 元,则目标利润可以实现。生产部门经过分析研究,认为通过降低直接材料、直接人工和其他直接成本可以实现这个目标,实现目标利润的分析就可以到此为止了。否则,要在降低固定成本方面进行分析研究。

第三步:如果生产部门经过分析研究,认为单位变动成本最低只能降至 23 元,那么,在上述条件下,可使目标利润实现的固定成本为 47 500 元,即:

固定成本 = 销售量 × 单位贡献毛益 − 目标利润

$$= 3\,500 \times [50 \times (1 - 4\%) - 23] - 40\,000$$

$$= 47\,500(元)$$

也就是说,在销售量增至 3 500 件、降价 4% 和单位变动成本降至 23 元的同时,固定成本还需压缩 2 500 元(50 000 − 47 500)。如能压缩,则目标利润可以实现。

需要说明的是,上述并不是分析多种因素同时变动对实现目标利润的影响的唯一视角或顺序。企业应结合自身情况,从对实现目标利润影响较大的因素开始,由大到小分析。这种分析往往需要循环反复进行。例如,在上例中,假设固定成本不能压缩或者不能压缩 2 500 元,就需要寻找增收节支的办法,并再次进行测算。

此外,产品品种构成变动对实现目标利润的影响在此没有涉及,可参见前述关于产品品种构成变动对盈亏临界点影响的内容,其道理同样适用于实现目标利润的分析。

四、本—量—利分析中的敏感性分析

敏感性分析是本—量—利分析的重要组成部分,主要是在其他因素保持不变的前提下,每次只分析其中一个因素的变化产生的影响。敏感性分析包括计算每个影响因素对利润影响的临界值、分析每个影响因素对利润的影响程度(即计算敏感系数)。

(一)影响因素临界值的确定

由盈利模型可知,销售量、销售价格、单位变动成本和固定成本的变化都会对利润产生影响。当这种变化达到某一负面程度时,企业可能就会陷入盈亏临界状态;如果变化超出盈亏临界点,企业的经营状况就会发生质的变化,进入亏损状态。敏感性分析的目的之一是确定引起这种质变的各因素变化的临界值,即求取达到盈亏临界点的销售量和价格的最小允许值,以及单位变动成本和固定成本的最大允许值。

由盈利模型可以推导出,当 P 为零时,有关因素最大值、最小值的公式:

$$V = \frac{FC}{SP - VC}$$

$$SP = \frac{FC}{V} + VC$$

$$VC = SP - \frac{FC}{V}$$

$$FC = V \cdot (SP - VC)$$

【实务题 3-11】 某企业生产和销售单一产品,下一年度预计销售量为 5 000 件,销售价格为 50 元,单位变动成本为 20 元,固定成本为 60 000 元,则目标利润为:

$P = 5\,000 \times (50 - 20) - 60\,000 = 90\,000(元)$

1. 销售量的临界值(最小值)

$$V = \frac{FC}{SP - VC} = \frac{60\,000}{50 - 20} = 2\,000(件)$$

若其他因素不变,产品销售量的最小允许值(即盈亏临界点销售量)为 2 000 件,低于 2 000 件则会发生亏损;或者说,实际销售量只要达到预计销售量的 40%(2 000/5 000),企业就可以实现盈亏平衡。

2. 销售价格的临界值(最小值)

$$SP = \frac{FC}{V} + VC = \frac{60\,000}{5\,000} + VC = 32(元)$$

若其他不变,产品的销售价格不能低于32元,或者说,销售价格降低的幅度不能超过36%,否则便会发生亏损。

3. 单位变动成本的临界值(最大值)

$$VC = SP - \frac{FC}{V} = 50 - \frac{60\,000}{5\,000} = 38(元)$$

若其他因素不变,单位变动成本由20元上升到38元时,企业的利润将由90 000元变为零。38元为企业所能承受的单位变动成本的最大值,此时其变动率为90%。

4. 固定成本的临界值(最大值)

$$FC = V \cdot (SP - VC) = 5\,000 \times (50 - 20) = 150\,000(元)$$

若其他因素不变,固定成本总额增加到原来的150%,将会"吃掉"目标利润,导致企业进入保本状态。

(二)有关因素对利润影响的敏感系数

敏感系数可以揭示影响企业实现目标利润的各因素的作用程度,有助于引导决策者关注利润对哪些因素的变化比较敏感。这样,决策者就能分清主次,抓住重点,从而合理规划目标利润,确保利润目标的实现。

敏感系数的计算公式为:

$$敏感系数 = \frac{目标值变动百分比}{因素值变动百分比}$$

基于敏感系数的公式和企业盈利模型,可得:

$$销售价格敏感系数 = \frac{\Delta P/P}{\Delta SP/SP}$$

$$= \frac{[(SP_1 \times V - VC \times V - FC) - (SP_0 \times V - VC \times V - FC)]/P}{(SP_1 - SP_0)/SP_0}$$

$$= \frac{V \times SP}{P}$$

其余影响因素的敏感系数计算与此类似。

$$销售量敏感系数 = \frac{V(SP - VC)}{P}$$

$$固定成本敏感系数 = -\frac{FC}{P}$$

$$单位变动成本敏感系数 = -\frac{V \cdot VC}{P}$$

上述各式中,若敏感系数为正值,则表明它与利润呈同向增减关系;若敏感系数为负值,则表明它与利润呈反向增减关系。

【实务题3-12】 某企业生产和销售单一产品,当前销售量为5 000件,销售价格为50元,单位变动成本为20元,固定成本为60 000元。在计划年度内,销售量、销售价格、单位变动成本和固定成本预计均增长20%,计算各因素的敏感系数。

1. 销售量的敏感系数

假设其他因素不变,当销售量增长20%,则有:

$V = 5\,000 \times (1+20\%) = 6\,000$(件)

$P = 6\,000 \times (50-20) - 60\,000 = 120\,000$(元)

在各项因素变动前,

利润 $= 5\,000 \times (50-20) - 60\,000 = 90\,000$(元)

利润变化百分比 $= \dfrac{120\,000 - 90\,000}{90\,000} \times 100\% = 33.33\%$

销售量敏感系数 $= \dfrac{33.33\%}{20\%} = 1.67$

或者,用销售量敏感系数的公式计算:

销售量敏感系数 $= \dfrac{V(SP-VC)}{P} = \dfrac{5\,000 \times (50-20)}{90\,000} = 1.67$

2. 销售价格的敏感系数

假设其他因素不变,当销售价格增长20%,则有:

$SP = 50 \times (1+20\%) = 60$(元)

$P = 5\,000 \times (60-20) - 60\,000 = 140\,000$(元)

利润变化百分比 $= \dfrac{140\,000 - 90\,000}{90\,000} \times 100\% = 55.56\%$

销售价格敏感系数 $= \dfrac{55.56\%}{20\%} = 2.78$

或者,用销售价格敏感系数的公式计算:

销售价格敏感系数 $= \dfrac{V \times SP}{P} = \dfrac{5\,000 \times 50}{90\,000} = 2.78$

3. 单位变动成本的敏感系数

假使其他因素不变,当单位变动成本增长20%,则有:

$VC = 20 \times (1+20\%) = 24$(元)

$P = 5\,000 \times (50-24) - 60\,000 = 70\,000$(元)

利润变化百分比 $= \dfrac{70\,000 - 90\,000}{90\,000} \times 100\% = -22.22\%$

$$单位变动成本敏感系数 = \frac{-22.22\%}{20\%} = -1.11$$

或者,用单位变动成本的敏感系数公式计算:

$$单位变动成本敏感系数 = -\frac{V \cdot VC}{P} = -\frac{5\,000 \times 20}{90\,000} = -1.11$$

4. 固定成本的敏感系数

假设其他因素不变,当固定成本增长20%,则有:

$FC = 60\,000 \times (1 + 20\%) = 72\,000(元)$

$P = 5\,000 \times (50 - 20) - 72\,000 = 78\,000(元)$

$$利润变化百分比 = \frac{78\,000 - 90\,000}{90\,000} \times 100\% = -13.33\%$$

$$固定成本敏感系数 = \frac{-13.33\%}{20\%} = -0.67$$

或者,用固定成本的敏感系数公式计算:

$$固定成本的敏感系数 = -\frac{FC}{P} = -\frac{60\,000}{90\,000} = -0.67$$

从上面的计算可以看出,在影响利润的各种因素中,最敏感的首先是销售价格,敏感系数为2.78,这意味着,给定其他因素,利润将以2.78的倍数随销售价格的变化而变化;其次是销售量,敏感系数为1.67;再次是单位变动成本,敏感系数为-1.11;最后是固定成本,敏感系数为-0.67。在进行敏感性分析时,敏感系数绝对值的大小代表了敏感程度的高低,绝对值越大则敏感程度越高。

以上各因素敏感系数的排序是在实务题3-12所设定的具体条件下得到的,如果具体条件发生变化,则各因素敏感系数之间的排列顺序也可能发生变化。如果该例中的单位变动成本改为30元,固定成本改为50 000元,销售价格和销售量不变,则目标利润为50 000元[(5 000×(50-30)-50 000)]。当各因素分别增长20%时,各因素的敏感系数按照之前推导的公式计算如下:

$$销售量敏感系数 = \frac{5\,000 \times (50-30)}{50\,000} = 2$$

$$销售价格敏感系数 = \frac{5\,000 \times 50}{50\,000} = 5$$

$$单位变动成本敏感系数 = \frac{-5\,000 \times 30}{50\,000} = -3$$

$$固定成本敏感系数 = \frac{-50\,000}{50\,000} = -1$$

上述四个因素按敏感系数绝对值由大到小排序为:销售价格、单位变动成本、销售量、固定成本。与实务题 3—12 的排序相比,单位变动成本与销售量两个因素互调了位置。由此可见,在销售价格、销售量、单位变动成本和固定成本不同水平的组合下,各因素对利润的影响程度不同。企业在决策中应借助敏感性分析原理具体问题具体分析。

敏感性分析中的临界值问题与敏感系数问题,实际上是一个问题的两个方面。若某一因素达到临界值前的容忍程度越高,则利润对这项因素就越不敏感;反之,容忍程度越低,则表明利润对该因素越敏感。在前二例中,临界值对固定成本的容忍程度最高(允许增加 150%),但其敏感系数最小;临界值对销售价格的容忍程度最低(降价不能超过 36%),但其敏感系数最大。

(三)敏感性分析的启示与经营杠杆的概念

(1)在本—量—利分析的基本假设下,企业的利润函数是线性表达,与销售价格、单位变动成本、销售量和固定成本这些因素相关。利用利润函数对这些因素分别求敏感系数,我们可以得到销售价格对利润总额的一阶系数、单位变动成本对利润总额的敏感系数、销售量对利润总额的敏感系数以及固定成本对利润总额的敏感系数。这就是运用经济学原理和数学分析工具所得到的一般规律,也是本—量—利分析广泛应用于企业决策和管理实践的重要体现。

(2)在敏感系数中,销售量对利润的敏感系数代表销售量每变动 1 个单位引起的利润变动幅度,即:

$$销售量敏感系数 = \frac{V(SP-VC)}{P}$$

由于企业总是有固定成本,在销售价格大于单位变动成本的情况下,销售量对利润的敏感系数总是大于 1。而当销售价格小于单位变动成本时,销售量对利润的敏感系数为负,但绝对值依然大于 1,这是因为在计算销售量敏感系数时,需要扣减固定成本。因此,无论销售价格与单位变动成本的关系如何,销售量对利润的敏感系数绝对值总是大于 1。

销售量对利润的敏感系数的这种特征,意味着销售量每增加(减少)1 个单位,利润(亏损)的增加(减少)会超过 1 个单位,导致这一特征的根源在于固定成本。因此,固定成本会导致销售量的增减变动撬动更大幅度的利润增减变动。管理会计借鉴了物理学的杠杆效应,将这一现象称为经营杠杆效应。它描述了企业经营中由于固定成本的存在而引起的杠杆效应。经营杠杆对企业产能安排、规模经济确定等一系列决策具有重要的指导意义。

第三节　本章课程思政案例及延伸阅读

党的十九大报告指出,农业农村农民问题是关系国计民生的根本性问题,必须始终把解决好"三农"问题作为全党工作的重中之重,实施乡村振兴战略。为扩展对本章内容的理解,本章案例将探讨如何通过本—量—利分析法来研究企业的盈亏平衡点销量。这种分析方法帮助企业提高整体经营效益,优化成本分析控制和经营预测决策,从而有助于更好地推动农业现代化和农村现代化的协同发展。

一、本章课程思政案例

（一）案例主题与思政意义

【案例主题】

通过案例描述与分析,深入了解本—量—利分析法对企业提高精益化管理水平的作用。

【思政意义】

乡村振兴是当前国家发展的重要战略,也是实现全面建设社会主义现代化国家的必然要求。通过案例的学习,引导学生树立正确的乡村发展观念,增强对乡村振兴的认同感和责任感,鼓励学生为实现乡村振兴目标贡献力量。

（二）案例描述与分析

【案例描述】

家禽饲养业本量利分析——以 NL 养鸡场为例[①]

NL 养鸡场位于 Z 市 S 镇。Z 市地形以丘陵平原为主,地势平坦,起伏小。该地受季风和海洋暖湿气候影响,属亚热带季风性气候,长夏无冬,全年平均气温为 19℃～24℃,年平均降水量大于 2 200ml,光照、水资源、热资源丰富。该场地理位置优越,紧邻国道,通往市区的交通十分便捷。它坐落于山脚,阳光充足,周边植被繁茂,不远处有清澈的小河。NL 养鸡场是一家集产蛋、孵化、饲养、销售为一体的生态养殖企业,实力雄厚。养鸡场由一个山林散养场和一个孵化及育雏基地组成,配备了完善

[①] 罗嘉琪,陈艳飞,黄子杰等.家禽饲养业本量利分析——以 NL 养鸡场为例[J].中国市场,2022(24):78—80.注:本书对部分内容进行了适当调整。

的养殖设备及配套设施,日常养殖规模达上万只。其主要销售对象为 Z 市及其周边城市的餐饮行业,年产值达千万元以上。其主要孵化的生鸡品种包括三黄鸡、土鸡、麻鸡。2021 年三黄鸡、土鸡、麻鸡的年产量分别为 174 400 斤、305 440 斤、540 000 斤,合计 1 019 840 斤。这些鸡所占用的笼舍累计面积分别为 2 180 平方米、3 814 平方米、6 132 平方米,合计 12 126 平方米。养鸡场发生的总费用共 7 568 001.29 元。

【案例分析】

在大部分传统家禽饲养业中,养殖户普遍重视养殖程序或市场推广,而忽视了成本管理的重要性,导致在日常养殖工作中因成本核算不合理、不科学而无法进行科学的成本决策,阻碍了提高盈利能力、调整产业结构的步伐。

(一)成本管理中存在的问题及危害

1. 成本管理制度不完善

由于长期养成的"拍脑袋"管理习惯,许多企业不仅在生产管理方面的制度不健全,而且成本管理制度也非常不完善。例如,在饲料的采购及发放方面,NL 生态养殖场没有关于采购量、领用量的详细记录;在进行成本核算时,目光局限于养殖过程中资源消耗的控制,而忽视了各项资源消耗过程中成本的优化;对于成本管理工作绩效,缺乏规范的分析和反馈制度;对于成本考核,缺乏公开透明的奖惩规定。所有成本管理活动,均靠员工个人的自觉性。这说明管理者在成本管理制度化方面的观念较为淡薄,忽视了成本管理制度化对养殖场长期发展的关键作用。

2. 成本核算方式不科学

该养殖场在成本核算上采用全额成本计算模式。在对各项费用进行成本性态划分时,一般的方法是将生产投入分为变动成本和固定成本。而在对 NL 生态养殖场进行调研时,我们发现其会计核算方式粗略,成本性态划分混乱,导致总成本计算不准确,为养殖场的良性发展埋下了隐患。其一,变动成本、固定成本不能准确区分,直接导致保本点不能准确计算,从而不能进行科学的盈亏预测,无法做出合理的决策。其二,成本的不准确间接地影响了产品的定价。定价过低,会导致利润微薄,投资回收期延长,甚至虚盈实亏;定价过高,则在行业内竞争力降低,甚至失去市场份额。其三,从成本管理的角度看,由于成本性态模糊,管理者不能及时辨别成本耗用不合理的部分,无法准确锁定成本控制对象并采取必要的改进措施,从而降低了自身盈利能力和市场竞争力。

(二)NL 养鸡场本量利分析方法设计

1. 成本性态划分

在家禽饲养业中,家禽属于生物产品,其产出需符合生命生长的自然规律。也就是说,原材料的投入成本(如饲料原料、疾病防疫等)与产品的最终产出未必呈完全正相关关系。因此,根据家禽饲养业的生产特点,优化传统本量利方法,把生产投入划分为变动成本、专属固定成本、共同固定成本。

(1)变动成本:投入与产出完全成正比,同产量有直接变动关系的费用,如鸡苗、人工、运杂费等。

(2)专属固定成本:由于不同家禽品种对饲料配方需求不同,家禽不同生长发育阶段的疾病防疫措施不同,饲料费用、药品费用虽然影响产品产量,却不与产量变动直接相关。因此,不同畜产品的饲料费、药品费划归为各自的专属固定成本。

(3)共同固定成本:以整个养殖场为主体发生的经营成本,如水电费、租赁费、管理费、固定资产折旧等,这些成本视作各类产品的共同固定成本。

2. 成本计算模型设计

根据改进的成本划分方法下本量利计算的需要,设计以下四个计算模型。

$$C = \sum_{i=1}^{n} f_i \tag{1}$$

$$G = \frac{C}{S} \times P + E \tag{2}$$

$$V = \sum_{i=1}^{n} v_i \tag{3}$$

$$Q_e = \frac{G}{P - V} \tag{4}$$

模型(1)为共同固定成本总额归集模型。其中,C 为养鸡场共同固定成本总额(下同);f_i 为养鸡场第 i 种共同固定费用。

模型(2)为固定成本分配模型。其中,G 为养鸡场某种产品应分配的固定成本(下同);S 为分配标准——养鸡场某种产品生产占用面积;P 为该种产品的产量;E 为该种产品的专属固定成本。

模型(3)为单位变动成本归集模型。其中,V 为某种产品单位变动成本(下同);v_i 为该种产品发生的第 i 种单位变动成本。

模型(4)为盈亏平衡点产销量计算模型。其中,Q_e 为某种产品盈亏平衡点产销量;P 为该种产品的销售单价。

3. 本量利分析方法在 NL 养鸡场的应用

(1)费用划分

NL 生态养殖场预计的 2021 年总成本为 7 568 001.29 元,分为能够直接归属为某类产品的专属费用和不能直接归属产品的共同固定费用。其中,专属费用细分成变动成本和专属固定成本。相关内容如表 3—3 和表 3—4 所示。

表 3—3　　　　　　　　　　NL 养鸡场 2021 年各产品费用　　　　　　　　　金额:元

项　目		三黄鸡	土鸡	麻鸡	合计
变动成本	鸡苗费	16 500.00	20 700.00	37 500.00	74 700.00
	人工费	22 623.54	72 726.12	207 102.94	302 452.59
	运杂费	5 283.86	16 492.38	47 131.94	68 908.18
	变动成本合计	44 407.39	109 918.50	291 734.87	446 060.77
专属固定成本	疾病防疫	252 251.34	380 491.92	238 112.39	870 855.65
	水电费	10 555.06	33 559.98	95 508.15	139 623.20
	饲料费	753 617.13	1 585 345.49	2 044 059.06	4 383 021.68
	租赁费	1 687.15	5 960.44	14 433.48	22 081.07
	物料消耗	4 661.02	15 202.22	36 876.03	56 739.26
	固定资产折旧	19 985.62	66 536.06	182 769.48	269 291.15
	生物性生物资料折旧	165 955.29	174 431.97	93 214.04	433 601.30
	专属固定成本合计	1 208 712.60	2 261 528.07	2 704 972.64	6 175 213.31
合　计		1 253 119.99	2 371 446.58	2 996 707.51	6 621 274.08

表 3—4　　　　　　　　　　NL 养鸡场 2021 年共同固定成本　　　　　　　　　金额:元

项　目	金　额
人工费(养鸡场)	214 242.92
水电费(养鸡场)	97 775.68
租赁费(养鸡场)	14 532.8
管理费用及其他费用	339 901.60
运杂费(养鸡场)	50 353.16
物料消耗(养鸡场)	42 248.27
固定资产折旧(养鸡场)	187 672.78
合　计	946 727.21

(2)固定成本分配

专属固定成本直接归属于相关产品。共同固定成本以各产品生产占用面积为标准进行分配。相关内容如表 3—5 所示。

表 3—5　　　　　　　　　　NL 养鸡场 2021 年固定成本分配

项　目	三黄鸡	土鸡	麻鸡	合计
生产占用面积(平方米)	2 180	3 814.4	6 132	12 126.4
合计共同固定成本(元)		946 727.21		
分配率(元/平方米)		78.07		
共同固定成本分配(元)	170 196.04	297 796.23	478 734.93	946 727.21
专属固定成本(元)	1 208 712.60	2 261 528.07	2 704 972.64	6 175 213.31
固定成本合计(元)	1 378 908.64	2 559 324.31	3 183 707.57	7 121 940.52

(3)盈亏平衡点计算

相关内容如表 3—6 所示。

表 3—6　　　　　　　　　　盈亏平衡点计算

项　目	三黄鸡	土鸡	麻鸡
固定成本(元)	1 378 908.64	2 559 324.31	3 183 707.57
销售单价(元/斤)	11	14	12
变动成本(元)	44 407.39	109 918.50	291 734.87
年产销量(斤)	174 400	305 440	540 000
单位变动成本(元/斤)	0.25	0.36	0.54
单位边际贡献(元/斤)	10.75	13.64	11.46
盈亏平衡销量(斤)	128 326	187 632	277 816

根据家禽产业的特殊情况精进成本性态划分方法后,保本点销售量及销售收入的准确性得到了提升,管理者也因此提高了风险警惕性。

家禽饲养业是我国农业的重要组成部分,只有将自然科学与管理科学、先进理论与生产实践相结合,才能推动农业实现精益化,进而提高经济效益,促进产业结构调整,推动乡村振兴。

精益农业不仅是依靠科技创新和管理创新促进传统农业向现代农业转型的有效途径之一,更是实施农业领域供给侧改革的重要举措,是全面建成小康社会和今后避免农业农村农民陷入中等收入陷阱的重要方向之一。因此,精益农业大有可为。

(三)案例讨论与升华

【案例讨论】

家禽饲养业如何推动乡村振兴?

家禽饲养业作为我国农业的重要组成部分,从以下几个方面可以推动乡村振兴:

1. 促进农村经济发展

家禽饲养业是一项传统的农业产业,对于许多农村地区来说,是重要的经济来源之一。发展家禽饲养业,可以提高当地农民的收入,促进农村经济的发展,为乡村振兴提供有力的支撑。

2. 增加农民就业机会

家禽饲养业,包括养殖、喂食、清洁等工作,需要大量的人工劳动。因此,发展家禽饲养业可以创造更多的就业机会,为农民提供更多的工作机会和收入来源。

3. 推动农村产业升级

随着人们生活水平的提高和饮食结构的改变,家禽产品的市场需求不断增加。发展家禽饲养业,可以引导农民调整养殖结构和方式,提高产品质量和附加值,推动农村产业的升级和转型。

4. 促进农村社会稳定

家禽饲养业与当地农民的生活息息相关。发展家禽饲养业,有助于提高当地农民生活水平,增强他们的获得感和幸福感,有助于促进农村社会的稳定和和谐发展。

因此,家禽饲养业的发展与乡村振兴密切相关,是实现乡村振兴的重要途径之一。政府和社会各界应加大对家禽饲养业的支持和投入,推动其健康、可持续发展,为乡村振兴做出更大的贡献。

【案例升华】

党的二十大报告中强调,"全面推进乡村振兴""坚持农业农村优先发展,坚持城乡融合发展,畅通城乡要素流动""扎实推动乡村产业、人才、文化、生态、组织振兴"。乡村振兴,既是美丽乡村高质量发展阶段一项重大而紧迫的战略任务,也是持续扎实推进美丽中国建设的有力抓手。在全面建设社会主义现代化国家新征程中,要全面实施乡村振兴战略,找准新时代"三农"工作着力点,在高质量发展中全面促进农业高质高效、乡村宜居宜业、农民富裕富足,铺展乡村振兴壮美画卷。

实施乡村振兴战略,是新时代做好"三农"工作的总抓手;推动农业农村高质量发展,是我国经济高质量发展根本要求在"三农"工作中的贯彻落实。应充分认识农业农村高质量发展对乡村振兴的引领作用,从产品提质、产业增效、生态改善、要素培优、制度创新等方面入手,切实推动农业农村高质量发展。

坚持农业农村优先发展,按照产业兴旺、生态宜居、乡风文明、治理有效、生活富裕的总要求,建立健全城乡融合发展体制机制和政策体系,统筹推进农村经济建设、政治建设、文化建设、社会建设、生态文明建设和党的建设,加快推进乡村治理体系和治理能力现代化,加快推进农业农村现代化,走中国特色社会主义乡村振兴道路,让农业成为有奔头的产业,让农民成为有吸引力的职业,让农村成为安居乐业的美丽家园。

二、本章延伸阅读

延伸阅读1　量本利分析法在船舶工业经营决策中的运用[①]

量本利分析法是在成本习性分析的基础上,确定产品的保本点,进而分析成本、业务量和利润三者之间的关系的一种科学方法,旨在帮助企业经营者改善经营管理、规划经济活动、作出科学决策。本文介绍了这种方法在船舶工业生产经营决策活动中的应用。

(一)船舶工业量本利分析的基本数学公式

量本利分析法是在成本习性分析的基础上,确定产品的保本点,进而分析成本、业务量和利润三者之间关系的一种科学方法。它的基本数学公式如下:

$$L=(p-b)x-a=cm \cdot x-a$$

式中,L 为修船利润,p 为单船收入或单位工程价格,x 为修船数量,a 为固定成本,b 为单船变动成本或单位工程成本。

即目标利润＝(单船收入－单船变动成本)×修船数量－固定成本＝单位贡献毛益×修船数量－固定成本。

这个公式涉及五个因素,量本利分析法的基本原理就是假定其中三个因素是常数,通过移项,可转化为另外两个因素的函数关系的方程式。如果另外两个因素中有一个已知,就可算出另一个因素的值。

由公式可知,修船目标利润的大小首先决定于修船数量和成本水平。修船数量越大,成本越低,企业能获得的利润越多。降低成本和增加修船数量是提高企业盈利的主要途径。其次,单船收入也影响利润的增减。这种定量分析方法有助于企业经营者改善经营管理,降低经营风险,规划经济活动,作出科学决策。接下来,本文将运用这一方法探讨它在船舶工业生产经营决策中的若干应用问题。

(二)量本利分析基本数学公式在实际中的展开和运用

1.利润的敏感性分析

利润的敏感性分析是运用量本利分析法对各有关因素变动影响企业目标利润的敏感性程度进行计算的一种方法。企业经营者掌握各种因素变动对利润影响的敏感程度,将有助于提高经营决策水平。

如果已知计划期的目标利润将在原有基础上提高一定的百分比 R_1,那么,保证目

[①] 俞玉刚.量本利分析法在船舶工业经营决策中的运用[J].企业改革与管理,2015(06):101-102.注:本书对部分内容进行了适当调整。

标利润实现的各种有关因素增加或降低的变动率可按下列数学公式进行分析计算。

(1)单船收入提高率 $R_2 = \dfrac{LR_1}{px}$

(2)单船变动成本降低率 $R_4 = \dfrac{LR_1}{bx}$

(3)修船数量提高率 $R_3 = \dfrac{LR_1}{(p-b) \cdot x}$

(4)固定总成本降低率 $R_5 = \dfrac{LR_1}{a}$

只要上述提高率或降低率中的任意一个达到设定的阈值,目标利润便可提高一定的百分比 R_1。

例:某船厂 2024 年度计划修理 100 艘次船舶,平均单船收入 $p=30$ 万元,单船变动成本 $b=20$,固定成本总额 700 万元,则计划利润计算公式如下:

计划利润 $=(30-20)\times 100 - 700 = 300$(万元)

如果该厂将在原计划利润的基础上增长 20% 作为目标利润,那么计算各有关因素需要变动多大幅度,才能保证实现目标利润:

目标利润 $=300\times(1+20)=360$(万元)

(1)单船收入提高率 $=\dfrac{300\times 20\%}{30\times 100}=2\%$

(2)单船变动成本降低率 $=\dfrac{300\times 20\%}{20\times 100}=3\%$

(3)修船数量提高率 $=\dfrac{300\times 20\%}{(30-20)\times 100}=6\%$

(4)固定总成本降低率 $=\dfrac{300\times 20\%}{700}=9\%$

根据以上敏感性分析模型可知,利润对各有关因素的敏感程度各不相同。在企业正常生产条件下,单船收入的敏感性最大,再次为单船变动成本,修船数量和固定成本的敏感性最小。就敏感性最大的单船收入而言进行分析,在其他因素相对稳定的情况下,单船收入的提高额 Δp,直接表现为利润的提高额 $\Delta L = \Delta p \cdot x$,经济效益十分明显。单船收入由工程价格和工程量决定,工程价格受市场行情影响,厂方一般不易变动;工程数量是船东在进厂修理前就确定的,更改难度大。而固定成本有不断上升的趋势。因此,要有效地提高盈利水平,必须挖掘企业内部潜力,搞好经营管理。一方面,减少物料消耗,降低单船变动成本;另一方面,争取修船订单,压缩修船周期,提高修船效率。

2. 盈亏平衡点的确定

盈亏平衡点又称保本点,是指刚好使企业经营达到不盈不亏状态的修船工程量。此时企业的修船收入恰好弥补全部成本,企业的利润等于零。而企业的目标是获取利润,只有实际工程量大于保本工程量,方案才可行。

在量本利分析的基本数学公式中,$L=(p-b) \cdot x-a$。

假设修船利润 $L=0$,可得:

$x=a/(p-b)$,即保本量=固定成本/(单位工程价格-单位工程成本)

即达到此工作量时,才能保证船厂修理该船舶不盈不亏。如果实际工程量大于保本工程量 x,则企业可实现盈利;如果实际工程量小于该保本工程量,则该方案不可行。

例:某船厂承修一艘船舶,预计固定成本 a 为 20 万元,单位工程价格 p 为 3 万元,单位工程变动成本 b 为 2 万元,则:

$$保本工程量 = \frac{固定成本}{单位工程价格-单位工程成本} = \frac{20}{3-2} = 20$$

据调查,该轮实际提交的修理单有 30 个工程项目,远超保本工程量,且超过幅度较大。因此,修理该轮能为企业带来经济效益。

3. 亏损船舶是否修理的决策

船厂在修船淡季,厂能比较富裕的情况下,必须考虑承接修理的某些船舶的盈亏状况,从而决定是否承接该船舶的修理,以使企业的损失降到最低。此时,可采用量本利分析的数学公式求出修理船舶的贡献毛益总额,然后做出正确的选择。

在量本利分析的数学公式中,

$$L=(p-b) \cdot x-a=cmT-a$$

式中,cmT 为贡献毛益总额,反映船厂修理该船舶总的盈利能力。如果贡献毛益总额小于固定成本,即 $cmT<a$,则利润小于零,说明修理该船舶处于亏损状态。

亏损又分为两种可能,即实亏和虚亏。如果 $cmT<0$,即为实亏,船厂不应当修理该船舶,以减少损失;如果 $cmT>0$,则为虚亏,即 cmT 除补偿变动成本外,还能弥补一部分固定成本,从而减少亏损,因而应当修理该船舶。

例:某船厂拟修理一艘船舶,其中 $a=20$ 万元,$p=3$ 万元,$b=2$ 万元,$x=15$ 万元。

则:$cmT=(p-b)x=(3-2)\times 15=15$(万元)

$L=cmT-a=15-20=-5$(万元)

由计算可知,船厂修理该轮将亏损 5 万元。但由于 $cmT>0$,因此仍应当修理该船舶,否则船厂要多亏损 15 万元。

4. 技术经济决策

企业的技术进步与否，直接涉及经济效益问题。目前，船舶工业面临的问题是市场低迷，技术落后，成本居高。这种状况直接影响了船舶工业的生存，企业要在激烈的市场竞争中获得效益，需要对现有设备不断地进行技术改造。技术改造时，可利用量本利分析方法对技术改造方法的经济性和效益性进行可行性论证，以便做出正确的决策。

某修船厂为扩大市场，计划对现有浮船坞进行扩能技术改造。技改后，该厂将能承接4万吨级的大型船舶进坞修理。由于修理大型船舶工程量大、修期长、消耗的材料多，因此，能有效降低外包工程费用和材料费用（船厂财务资料显示：船舶修理变动成本中，外包和材料费占修船收入的45%），导致单船变动成本的降低。

假设技改前量本利基本数学公式为：

$$L = (p-b) \cdot x - a$$

技改后为：

$$L_1 = (p-b_1) \cdot x - a_1$$

其中，$b_1 < b$，表明技改后单位工程成本降低；$a_1 > a$，表明因技改设备需追加投资，所以承担的固定成本提高。

设 $\Delta L = L_1 - L = (p-b_1) \cdot x - a_1 - (p-b) \cdot x + a$
$= x(b-b_1) - (a_1-a)$

令 $\Delta L = 0$，求临界运量，得 $x = \dfrac{a_1-a}{b-b_1}$

即：临界运量 = $\dfrac{\text{技改后固定成本} - \text{技改前固定成本}}{\text{技改前单位工程成本} - \text{技改后单位工程成本}}$

在公式 $\Delta L = x(b-b_1) - (a_1-a)$ 中，如果预测实际工程量大于临界工程量，则 $\Delta L > 0$，$L_1 > L$，表明技改后盈利较多，应该进行扩能改造；如果预测的实际工程量小于临界工程量，则 $\Delta L < 0$，$L_1 < L$，表明技改后盈利能力反而下降，因而不宜改造。

据调查，大型轮船的修理周期长、工程量大，即实际工程量均大于临界工程量。因此，该船厂经过技术论证，对浮船坞扩能技改是可行的。

5. 企业预算目标的决策

船舶工业的经营效益受市场波动影响大，实际执行结果和预期相比偏离度大，给管理者制定年度利润目标带来了一定难度。采用量本利分析法，可以为企业管理者制定年度目标提供帮助。

$$\text{保利量 } x = \dfrac{a+L}{p-b} = \dfrac{a+L}{\text{单船贡献毛益}}$$

$$\text{保利额} = \text{销售单价} \times \text{保利量} = \frac{a+L}{\text{单船贡献毛益率}}$$

实务中,企业可以采用弹性预算法编制预算,即假定三种业务量(基准的业务量、悲观的业务量、乐观的业务量),并据此进行考核。

弹性预算的优点在于,能够适应不同经营情况的变化,在一定程度上避免了对预算的频繁修改,有利于预算控制作用更好地发挥。

(三)量本利分析的基本数学公式在实际应用中应该注意的问题

首先,应用量本利方法进行分析要将成本按习性划分为固定成本和变动成本,以便较正确地反映本和量的相互关系;其次,要以实现保本为前提和作为判断方案优劣的标准;最后,假设工程价格、单位变动成本和固定成本总额在计划期都保持不变,一般只运用于一年以内期限。总之,这些假设如与现实情况有出入,那么分析的结果必须作相应的修正。

延伸阅读 2　本量利分析在企业经营决策中的应用研究——以 A 企业为例[①]

随着经济环境的不断变化,现代企业对经营管理的水平要求越来越高,管理会计作为适应时代发展的产物,得到了广泛关注。企业经营管理对会计的需求从传统的账房先生转化为诊脉的管理会计。本量利分析是一个综合管理工具模型,构建分析成本、销售量、利润三者之间的关系,为企业经营决策提供重要的依据,对提高企业经营决策水平、增强企业经济效益具有重要的意义。

(一)本量利分析的概念

本量利分析是通过成本、业务量、利润之间关系进行的分析,也称 CPV(Cost-Volume-Profit)分析。本即成本,是企业为了达到某一目的而放弃或者消耗的资源的投入;量即业务量,是企业为了达到经济目标的产出或者销售量;利即利润,是企业营运的最终价值体现。本量利分析主要通过三者之间的关系,利用结构化的分析方法,研究企业成本变动、销售量变动对企业经营利润的影响。

基于成本、销售量、利润的基本假设,本量利的基本公式为:税前利润=(销售单价-单位变动成本)×销售量-固定成本。其中,盈亏平衡点的销售量=固定成本/(销售单价-单位变动成本)。产品的边际贡献额=销售单价-单位变动成本,边际贡献率=边际贡献额/销售单价,进而推出盈亏平衡点保本额=固定成本/边际贡献率。

本量利之间的基本关系如下:

(1)在固定成本和单位变动成本保持不变的情况下,产品的盈亏保本量取决于产

---

① 陈丽丽.本量利分析在企业经营决策中的应用研究——以 A 企业为例[J].质量与市场,2022(11):67—69.注:本书对部分内容进行了适当调整。

品的销售单价,产品的销售单价越高,保本销售量越低,反之则越高。

(2)在销售量和销售单价保持不变的情况下,产品的盈亏保本量取决于产品的固定成本和单位变动成本。产品的固定成本越高,企业保本量越高;产品的单位变动成本越高,保本量越高,反之则越低。

(3)在盈亏临界点保持不变的情况下,产品销售量越高,企业的利润越高;产品销售的单价越高,企业的利润越高,反之则越低。

(二)本量利分析对企业经营决策的重要性

本量利分析模型展示了成本、销售量、利润之间相互影响的关系,对于企业优化产品结构升级,降低产品成本,定位市场竞争策略,提升经济效益有着重要意义。

1.有助于产品结构的合理分配

通过本量利模型分析,管理层可以筛选出在固定成本不变的情况下,边际贡献额高的产品,从而侧重生产这些产品。不同产品的变动成本对边际贡献的影响,促使企业合理分配产能、优化产品结构。

2.有助于降低产品成本

本量利分析的核心是成本的构成结构。通过分析,企业可以梳理生产流程,采取有效的措施降低生产成本。这引导企业管理者关注企业价值链的全过程,以利润目标为导向,促进业务流程的持续改进,提升流程中的增值作业并减少流程中的非增值作业,从而降低企业的生产成本,达到利润目标。

3.有助于定位产品市场竞争策略

在企业产品固定成本、单位变动成本保持在一定范围内时,产品的销售量和销售单价对于企业竞争起关键作用。运用本量利分析,企业可以选择价格差异化竞争策略、成本领先竞争策略、服务竞争策略等。本量利分析工具有助于企业制定适合自身产品优势的市场竞争策略,从而占领市场份额,提升企业的经济效益。

(三)A企业经营决策中应用本量利分析的现状和存在的问题

1.A企业经营现状

A企业是国内大型汽车玻璃制造原料供应商,其主营产品为汽车玻璃原片。A企业经营情况良好,拥有三条先进生产线和一流技术水平。A企业产品的销售单价为内部集团参考现行市场售价定价,销售单价保持相对稳定。基于客户情况,A企业侧重降低生产成本,提高成本效率。以下是对A企业某月不同产品进行本量利分析。

产品生产成本、销售单价、利润情况:

A企业生产玻璃原片产品的厚度为2.1~3.5mm。(1)2.1mm产品销售量11万吨,单位成本1943元/吨,其中变动成本1587元/吨,固定成本256.63元/吨,销售单价 2 400 元/吨,毛利率 34%,利润 5 040 万元;(2)2.8mm 产品销售量 948 吨,单位成本 2 605 元/吨,其中变动成本 1 456 元/吨,固定成本 109 元/吨,销售单价 2 345 元/吨,毛利率 38%,利润-24 万元;(3)3.5mm 产品销售量 1 327 吨,单位成本 5 119 元/吨,其中变动成本 1 500 元/吨,固定成本 480 元/吨,销售单价 2 289 元/吨,毛利率 34%,利润-375 万元。

不同产品保本点销售额情况:

(1)2.1mm 产品保本销售量 4.84 万吨,保本销售额 11 617 万元;(2)2.8mm 产品保本销售量 0.12 万吨,保本销售额 287 万元;(3)3.5mm 产品保本销售量 0.61 万吨,保本销售额 1 393 万元。

A 企业的 2.1mm 至 2.5mm 产品销售量均大于保本销售额,而 2.8mm 至 3.5mm 产品销售量低于保本销售量,主要因产品生产率低于平均生产水平,导致在固定成本一定的情况下,单位分摊的总成本高,从而使产品利润为亏损状态。由于 A 企业主要客户为内部事业部供应,产销处于基本平衡状态,对于 2.8mm 至 3.5mm 产品生产,A 企业应首先加大产品研发力度,集中力量攻关生产技术难关;其次,避免产品生产波动,降低产品缺陷损失,提高产品生产率;再次,加强和客户的沟通,提高对应产品的售价,并通过合理的产能分布和协商替代产品以提高企业整体经济效益。

2. 本量利分析在经营决策中运用的现状

近年来,A 企业产品单位变动成本逐渐上升,利用本量利分析工具,我们找到了主要原因和提出了相应的措施如下:

(1)直接材料价格不断上涨是导致单位变动成本上升的原因之一。产品的直接材料主要为纯碱,其生产结构占比 15%。价格方面,纯碱材料供应为大宗物料供应,其价格受市场供应水平变化影响。A 企业采取了多项应对措施:一方面,加大纯碱材料采购储备,保证原材料的生产安全储备量;另一方面,与供应商签订年度采购协议,保持长期供应商伙伴关系,以稳定采购供应价格。纯碱用量配比方面,A 企业稳定生产工艺,熟练掌握了生料、熟料配比规律,以减少生产事故,稳定生产,避免由于生产事故造成废品损失。

(2)燃料动力材料价格不断上涨也是单位变动成本上升的原因之一。主要燃料动力为天然气和电力。由于天然气和电力受政府政策管控,因此燃料动力采购单价变动幅度较小。但 A 企业通过不同产能地分布,将企业的部分产能转移至海外生产,寻求天然气资源丰富、采购单价低于国内的国家进行生产。在单位能耗上,A 企业改进生产工艺,改变不同产品的受热点及生产熔窑保温,以降低产品单位能耗。

(3)辅助制造费用的增加也导致了单位变动成本的上升,人工成本和物流运费不断上涨,导致包装物流成本上涨。A 企业通过改进包装流程、提高员工包装技能,合理布局产品下线位置和包装物流点,改装物流车型,优化产能计划和销售出库计划,实现集中发货等措施,以降低包装物流成本。

3.本量利分析在 A 企业应用中存在的问题

(1)成本性态的划分不准确。本量利分析是基于成本性态的划分,模型将成本性态划分为固定成本、变动成本。但在实际企业经营中,成本不仅仅限于固定成本、变动成本,还有部分无法区分的混合成本。准确地区分固定成本、变动成本、混合成本是非常难的。如果成本性态划分不准确,那么本量利的分析就会失真,从而失去对决策选择的指导价值。

(2)财务人员基础素质良莠不齐。本量利分析模型的建立和分析要求财务人员具备较高的综合素质。首先,若财务人员理论基础不扎实,则无法有效区分不同成本性态,准确地分析本量利模型之间的关系。其次,若财务人员的角色侧重传统的核算职能,将精力耗费在基础的成本核算上,既无法站在企业业务流、价值链的角度梳理本量利之间的关系,更没有精力分析不同决策对于企业经济效益的影响。最后,若财务人员不熟悉公司的生产工艺、产品结构,对于成本的分析流于形式,将无法深入了解每一项成本变动背后的真正原因,从而无法准确预测不同决策方案的影响,事后无法准确分析影响利润变动的因素。

(3)信息系统建设水平落后。在现代经营管理中,信息系统建设发挥着重要的作用。企业信息系统建设水平落后,成本数据收集仍以纸质单据为传输工具,统计数据依赖财务人员的手工统计;成本分配结账以传统 EXCEL 计算,容易造成成本结转错误;销售单价的定价无系统支撑,造成销售单价变动频繁;成本预测、销售量预测、利润预测依靠财务人员的经验判断,缺乏有效的数据信息系统支撑。

(4)未建立经营责任制。本量利分析的意义在于指导企业经营决策。然而,在实际经营中,企业未建立有效的经营责任制,本量利分析工具未发挥有效的指导意义。财务人员只重视本量利分析的结果,未真正将分析的结果运用于生产、销售。生产员工只重视生产,未能不同成本性态分析生产问题,思考如何有效地降低生产成本、合理安排产能结构,造成成本浪费和产能不平衡。销售人员不了解产品的成本构成和产能结构,造成销售定价不合理和错误的产品竞争策略。

(四)提升企业应用本量利分析成效的对策建议

1.提升成本性态分析准确性

成本性态分析是本量利分析模型中最基本、最重要的环节,对分析结果的准确性至关重要。首先,要根据业务实际情况区分固定成本、变动成本、混合成本的真正属性,对于难以辨别的成本属性要依据分析模型进行合理的定义。其次,建立成本性态分析动态数据库,并根据经营动态不断修正本量利数据分析模型,以确保分析数据的准确性。

2. 加强财务人员综合素质

财务人员在本量利分析模型中发挥主导作用。输出有效的本量利分析模型,是财务人员业务和思维水平的成果转化。财务人员不仅要懂核算,而且要具备管理思维。为加强财务人员的综合素质,应从以下三个方面入手:

(1)加强财务专业知识储备,定期完成财务继续教育,加强管理会计的学习,重视培养管理思维。

(2)企业要定期举行财务培训,组织不同形式的财务分享会,从理论和实践角度分析不同实践案例,拓宽财务人员视野,促进业财融合。

(3)鼓励财务人员深入业务一线,熟悉了解企业产品生产工艺、业务流、价值流,从企业战略的角度分析企业的运营情况,做到能把脉、能开药,真正做好当家理财的角色。

3. 建立健全信息系统

健全的信息系统是本量利分析模型中的重要工具。先进的信息系统对于提升本量利分析模型的准确性和效率至关重要。建议采取以下措施:首先,建立工业生产信息系统,替代传统的人工统计,提高统计数据准确性,建立智能生产模式,使成本性态分析更加直观。其次,建立成本结转系统,提高成本结转分配的准确性。最后,建立生产供应链系统,集成采购、生产、物流、销售为一体的供应链大数据,为企业管理控制和管理决策提供有效的数据支持。

4. 建立经营责任制

建立经营责任制是本量利分析结果落地的有效保证。建议采取以下措施:首先,建立绩效考评制度,责任落实到人,不断激发员工的积极性和创造性。其次,将本量利分析的目标和员工的年度绩效考评指标挂钩,为经营目标的实现提供有力的保障。最后,加强部门间协作,建立有效的沟通渠道,提高沟通效率。各部门在发现问题、解决问题的过程中及时校正分析模型,提升模型的准确性。

(五)结语

本文首先介绍了本量利分析的概念及其重要性;其次,介绍了本量利分析在A企业中的运用,A企业运用本量利分析工具进行保本性分析和产品结构分析;最后,介绍了本量利分析模型存在的问题及后续改进建议。

本量利分析是一种综合的管理工具,通过分析成本、销售量、利润三者之间的关系,为管理者在规划生产产品结构、产销水平、成本管控等方面提供理论依据和技术支撑,有利于提高决策的准确性和有效性。本量利分析在实际运用中仍存在一些问题,企业应根据实际情况,合理运用本量利分析工具,理性面对本量利分析过程中的问题,并结合理论联系实际,最大限度地发挥本量利分析工具的作用,为企业降本增效,促进企业高质量发展。

复习思考题与练习题

一、复习思考题

1. 本—量—利分析的基本假设有哪些? 说明它们的具体含义。
2. 盈亏临界点分析在企业经营决策中有何作用? 试结合实例说明是如何开展的?
3. 说明本—量—利分析的优点和局限性。
4. 敏感性分析是如何展开的? 请具体分析。

二、练习题

1. 资料:甲企业为生产和销售单一产品的企业,当年有关数据如下:销售产品 4 000 件,产品单价 80 元,单位变动成本 50 元,固定成本总额 50 000 元,实现利润 70 000 元,计划年度目标利润 100 000 元。

要求:

(1)计算实现目标利润的销售量。

(2)计算销量、单价、单位变动成本以及固定成本的敏感系数。

2. 资料:某公司只生产和销售一种产品,单位售价为 10 元,每月销售量为 2 000 件,单位变动成本为 8 元,每月固定成本为 3 000 元。为了增加利润,有两个方案可供选择:方案一,将售价降低 0.5 元,销售量可增加 35%;方案二,不降低售价而每月花费 500 元做广告,销售量可增加 20%。

要求:比较哪个方案更有利。

3. 资料:某企业只生产和销售一种产品,单价为 36 元,产销可保持平衡。该企业目前生产能力为 1 500 件,其他有关成本数据如表 3—7 所示。

表 3—7　　　　　　　　　　基础数据表　　　　　　　　　　单位:元

项　目	变动成本	固定成本
直接材料	9 000	
直接人工	13 500	
折旧		8 000

续表

项　目	变动成本	固定成本
其他		12 000
合　计	22 500	20 000

该企业现拟购置一台专用设备，购置费为20 000元，可用5年，无残值，用直线法计提折旧。据测算，这台专用设备投入使用后，可使变动成本在现有基础上降低20%。

要求：根据本量利有关指标的计算结果，测算这一购置方案是否合理。

4.资料：王明明曾是一家乡镇企业的经营策划者，他一直渴望成为一个老板，因此，他随时都在寻找发展事业的大好时机。

王明明的家就在镇政府所在地，该镇每逢公历2、5、8日都有集市，方圆近百里的人都到这里赶集。他发现，每逢集市，都有百里以外的企业到这里批发或零售雪糕、冰激凌。大小商贩、个人要排很长的队才能买到，天气转热以后更是如此。有的人很早来排队，但到最后还是两手空空悻悻而归。他也时常看到镇里的孩子花高价却吃了劣质的冰激凌。于是，他想自己创办一个冰激凌加工厂，让父老乡亲吃到价廉可口的冰激凌。他坚定了信心，开始进行市场调查。

(1) 需求量资料：周边5个乡镇，每个乡镇约有人口8万，总计约40万，按现有生活水平和消费观念估算，即使在11—12月、1—4月淡季，每日也需要40 000支冰激凌；在5—10月，每日则需要80 000～90 000支。经咨询和测算，若考虑乡间距离的远近和其他竞争市场的因素，该加工厂只要能保证冰激凌的质量，价格合理，就能够占有60%～65%的市场份额，即在淡季日需求量将达到24 000～26 000支，旺季日需求量将达到48 000～58 500支。

(2) 成本费用资料：为了减少风险，王明明打算去冷饮厂租设备，全套设备年租金需要45 000元(可用房地产等实物作抵押，不必支付货币现金)；库房和车间每月固定支付租金2 000元；可到市场随时招聘工人，按现行劳务报酬计算，每生产1 000支冰激凌应支付各类工人(包括熬料、打料、拨模、包装工人)计件工资28元；聘管理人员、采购人员各1名，月薪均为1 500元，技术人员1名，月薪2 000元(包括设备维护和修理)；每月固定支付卫生费和税金1 000元。在生产冰激凌时，按市场价格计算所耗各种费用如下(以每锅料为标准，每锅料能生产1 000支冰激凌)：

主要材料：188元

其中，淀粉：100元

奶粉：56元

白砂糖：30元

食用香精：2元

其他：52元

其中，水费：3元（其中1元为冰激凌所耗用）

电费：15元

煤炭费：5元

氨（制冷用）：4元

包装纸、棍：25元

(3)生产能力：从设备的运转能力看，日生产能力12锅；考虑机器设备的维修，节假日和天气情况（阴雨天）等原因，预计全年可工作300天。

(4)定价：按现行同等质量冰激凌的市场平均价格定价为0.35元/支。

(5)资金来源：个人储蓄（不考虑利息费用）。

要求：

(1)试用本—量—利分析王明明的冰激凌加工厂是否应开业。

(2)每年能获利多少？

(3)若要年获利18万元，能实现吗？如不能实现，可以采取哪些措施？可行吗？

第四章　全面预算

▶ 本章概述

本章在剖析全面预算概念的基础上,总结了全面预算编制的一般方法与程序。同时,结合实务例题,对全面预算的编制过程进行了重点分析。此外,本章还融入了思政案例与延伸阅读,旨在进行内容拓展。

▶ 思政目标

通过本章学习,使学生能够深刻理解全面预算对企业经营管理的重大意义,明白"凡事预则立,不预则废"的道理。同时,引导学生认识到公共利益的重要性。

▶ 育人元素

本章注重培养学生的计划性和预见性,引导学生养成事先做计划或者准备的良好习惯。此外,强调培养学生的社会责任感,强化公共服务意识。

第一节　全面预算概述

一、全面预算的概念

全面预算是市场经济环境下的计划管理,指企业以发展战略为导向,在对未来经营环境进行预测的基础上,将企业的经营目标以正式的、量化的形式表述,确定预算期内的经营管理目标,并将其逐层分解、下达至企业内部各个经济单位,并以价值形式反映企业生产经营和财务活动的计划安排。

企业应将包括经营、投资、财务等一切经济活动，以及企业的人、财、物各方面与供、产、销各环节，都纳入预算管理。通过这一过程形成由业务预算、投资预算、筹资预算、财务预算等一系列预算组成的相互衔接和勾稽的综合预算体系。

二、全面预算的作用

随着现代信息技术的发展，越来越多的企业意识到拥有一个有效的信息化管理系统将对提升企业的管理水平起到极大的促进作用。信息化管理系统可以使企业系统地、高效地利用各种信息，使企业内部的信息使用效率达到最高。通过信息化管理系统，企业可以了解到过去发生了什么、现在正在做什么、将来可能会发生什么。通过推进全面预算管理，可以加速企业全面信息化管理。

全面预算管理的推行，能够使高层管理者的职能逐渐集中于对资源的长远规划以及对下级的绩效考核上，从而使企业内部的层级制从"形式"转变为"实质"。通过实施全面预算管理，企业可以明确并量化经营目标、规范企业的管理控制、落实各责任中心的责任、明确各级责权、明确考核依据，为企业的成功提供了保障。由此可见，全面预算管理的过程，就是战略目标分解、实施、控制和实现的过程。

（1）全面预算能够细化企业发展规划和年度经营目标，它是对整体经营活动一系列量化的计划安排，有利于监控执行以上目标；

（2）全面预算的编制，将有助于企业上下级之间、部门与部门之间的相互交流与沟通，增进相互之间的了解，加深部门及员工对经营目标的理解和认同；

（3）全面预算管理是实施绩效管理的基础，是对部门及员工绩效考核的主要依据，通过预算与绩效管理相结合，使部门和员工的考核真正做到"有章可循，有法可依"；

（4）全面预算管理可以合理分配资源，强化内部控制，发现管理中的漏洞和不足，降低日常经营风险；

（5）全面预算可以加强对费用支出的控制，有效降低公司的营运成本，实现开源节流，实现企业的经营目标。

> **知识链接**
>
> 预算不等于预测。预测是预算的基础，预算是根据预测结果提出的对策性方案。可以说，预算是针对预测结果采用的一种预先的风险补救及防御系统。预测是预算的前提，没有预测就没有预算，有效的预算是企业防范风险的重要措施。

> **知识链接**
>
> 预算不等于财务计划。(1)从内容看,预算是企业全方位的计划,财务计划只是企业预算的一部分,而不是全部;(2)从预算形式看,预算可以是货币式的,也可以是实物式的,而财务计划则是以价值形态所表现的计划;(3)从范围看,预算是一个综合性的管理系统,涉及企业各部门和不同科层,而财务计划的编制、执行主要由财务部门控制。

三、预算的编制方法

(一)固定预算法与弹性预算法

1.固定预算法

固定预算法是最基本的预算编制方法,也称作静态预算法,是指在编制预算时,仅根据预算期内正常、可实现的某一固定的业务量(如生产量水平、销售量水平等)作为唯一基础来编制预算的方法。

固定预算法的适用范围:经营业务稳定、生产产品产销量稳定、能准确预测产品需求及产品成本的企业。此外,它也可用于编制固定费用预算。但在市场变化较大或较快的情况下,企业不宜采用此法。固定预算法的优点是简便易行,其缺点是过于机械呆板、可比性差。

(1)过于机械呆板。因为编制预算的业务量基础是事先假定的某一个业务量,预算期内不论业务量水平如何变动,都只按事先确定的业务量水平进行预算编制。

(2)可比性差。这是固定预算法的主要缺点。当实际的业务量与编制预算所依据的预计业务量发生较大差异时,有关预算指标的实际数与预算数会因业务量基础不同而失去可比性。因此,按照固定预算方法编制的预算不利于正确地控制、考核和评价企业预算的执行情况。

2.弹性预算法

弹性预算法又称作变动预算,是指企业在编制预算时,按照预算期可预见的各种业务量水平,编制出能够适应不同业务量水平预算的方法。按弹性预算方法编制的预算不再是单一只适应某一业务量水平的预算,而是一组能够随业务量水平的变动做机动调整的预算。其基本原理是,按成本习性的要求,将费用分为固定费用和变动费用。固定费用包括固定制造费用和固定销售及管理费用,变动费用包括直接材料、直接人工、变动制造费用和变动销售及管理费用。在一定范围内,固定费用保持不变,变动费用则随业务量的增长而呈正比例变化。因此,在编制弹性预算时,只需将变动费用部分按业务量的变动加以调整。

弹性预算法适用于各项随业务量变化而变化的项目支出,例如学校的货物采购项目。由于学生的招生规模变化很大,因而学校可以根据预算年度的计划招生人数、在校学生人数测算应添置的课桌凳和床的数量、教学楼防护维修或其他采购项目。

弹性预算的优点在于:一方面,能够适应不同经营活动情况的变化,扩大了预算的适用范围,更好地发挥预算的控制作用,避免了在实际情况发生变化时,频繁修改预算;另一方面,能够使预算对实际执行情况的评价与考核建立在更加客观可比的基础上。

弹性预算法使用时,可采用以下两种方法:

(1)公式法

公式法是运用总成本性态模型,测算预算期的成本费用数额,并编制成本费用预算的方法。根据成本性态,成本与业务量之间的数量关系可用公式表示为:

$$y = a + bx$$

其中,y 表示某项预算成本总额,a 表示该项成本中的预算固定成本额,b 表示该项成本中的预算单位变动成本额,x 表示预计业务量。

公式法的优点是便于计算任何业务量的预算成本。但是,阶梯成本和曲线成本需通过数学方法修正为直线才能应用。必要时,还需在"备注"中说明适用不同业务量范围的固定费用和单位变动费用。

(2)列表法

列表法是在预计的业务量范围内,将业务量分为若干个水平,然后按不同的业务量水平编制预算。列表法编制预算,首先要在确定的业务量范围内,划分出若干个不同水平,然后分别计算各项预算值,汇总列入一个预算表格。不管实际业务量多少,不必经过计算即可找到与业务量相近的预算成本;混合成本中的阶梯成本和曲线成本,可按总成本性态模型计算填列,不必用数学方法修正为近似的直线成本。但是,运用列表法编制预算,在评价和考核实际成本时,往往需要使用插值法来计算"实际业务量的预算成本",这样做比较麻烦。

(二)增量预算法与零基预算法

1.增量预算法

增量预算法,又称调整预算法,是指以基期成本费用水平为基础,结合预算期业务量水平及有关影响成本因素的未来变动情况,通过调整有关原有费用项目而编制预算的一种方法。这是一种传统的预算方法,它受以前的实际执行结果的影响,往往会造成预算费用只增不减,从而使预算中的某些不合理因素得以长期沿袭。

2. 零基预算法

"以零为基础的编制计划和预算的方法",简称零基预算法,是指在对某一个预算项目进行预算时,根据该预算项目在预算期内的实际需要和现实的可行性,以零为起点来合理确定该预算项目的预算数的一种预算编制方法。这种预算编制方法是针对传统预算编制方法中的增量预算法的不足而设计的。零基预算法不受前期实际执行结果和既往的某些预算框框的约束,可根据实际需要对预算项目进行重新评价,从零开始对预算项目的发生数进行观察、分析和确定。因此,它可以增强员工的"投入—产出"意识,避免组织内部各种随意性的支出,提高主管人员计划、预算、控制与决策的水平,有利于把组织的长期目标、中期目标和短期目标有机结合起来。

零基预算法也存在一些缺点。例如,在编制预算时需要根据实际情况对预算项目进行重新评价,从零开始对预算项目的发生数进行观察、分析和确定,这使得编制预算所花费的时间和精力较多。此外,在重新评价各个预算项目的实际需要,进而确定各个预算项目的预算数时,可能会存在一定程度的主观性,容易引起部门之间的矛盾。

在采用零基预算法来编制预算时,应注意以下几个方面的问题:一是要掌握准确的外部市场信息和内部生产经营信息,通过建立信息数据库,实现内、外信息的实时动态管理,为编制零基预算提供准确可靠的信息来源;二是要在掌握准确可靠的信息的基础上,严格制定各项资源的消耗定额,为编制零基预算提供科学的参考依据和控制标准;三是要对预算期内可能会影响各个预算项目的发生数的各种经济事项进行充分合理的估计和判断,为合理确定各个预算项目的预算数据提供充分合理的事实依据。

(三)定期预算法与滚动预算法

1. 定期预算法

定期预算法,是指在编制预算时以固定的会计期间(如日历年度)作为预算编制基础的一种方法。这种方法的优点是能够使预算期间与会计期间相衔接,从而便于考核和评价预算执行结果。但缺点是具有一定的盲目性,并且存在滞后性和间断性。

2. 滚动预算法

滚动预算法又称永续预算法或连续预算法,是一种无论时间如何推移,始终保持预算期在12个月时间跨度的动态预算法。其特点是:首次采用滚动预算法编制预算时,先按照12个月的时间跨度编制预算并执行。随后,每当预算执行过1个月,即根据该月的执行结果、执行中出现的新情况以及未来环境可能发生的变化,对剩余11个月的预算加以调整修正,并追加编制第12个月的预算,使总的预算期持续保持在12个月的时间跨度内。

相比定期预算法,滚动预算法具有以下明显的预算管理效果:(1)有助于提高预算的准确性。通过每月对预算的调整修正，原来较为粗糙的、准确度不高的预算会逐渐变得细致和准确。(2)有助于保持预算的连续性，使全面预算的管理模式由静态转变为动态，适应了市场经济发展的规律，同时也有助于管理人员从动态的预算中把握企业的未来，使全面预算与企业的近期发展目标、长期发展战略有机地结合在一起，更好地发挥全面预算管理的作用。(3)有助于发挥预算的监控功能，提高监控效果。滚动预算每月执行完后，都要对该月的执行情况进行监督检查，并根据结果和未来环境可能发生的变化来调整修正剩余月份的预算，使预算始终处于动态的监控状态，加强对预算执行过程的监控。

然而，采用滚动预算法会大大地增加预算编制过程中的工作量，使全面预算管理的工作任务变得更加繁重。为了简化预算编制的工作量，减轻预算管理人员的工作压力，同时又能发挥滚动预算法的优点，企业在采用滚动预算法时可以按季度滚动编制四个季度的滚动预算，而在执行预算的那个季度里，再按月份滚动来编制该季度内 3 个月的滚动预算。这样可以达到既简化预算编制的工作量，又发挥滚动预算法优点的效果。

(四) 概率预算法

概率预算法是指借助概率论的原理，在编制全面预算的过程中，充分考虑业务量变动的各种可能性及其大小(概率)的一种预算编制方法。在编制全面预算时，由于受到市场不确定性因素的影响，所涉及的业务量常常存在多种可能的结果。这就需要根据市场变化的规律或趋势，对业务量可能出现的结果及其发生的概率进行近似估计。然后根据这种近似估计计算出业务量的期望值及其差异系数，并根据业务量的期望值编制与该业务量相关的各个预算项目的预算数。这就是概率预算法。

概率预算法其实是对弹性预算法的一种修正。弹性预算法虽然考虑了预算期内不同的业务量水平，并提供了不同业务量水平下各个预算项目的预算数据，但它却不能反映各种业务量水平出现的可能性大小以及与这些业务量水平相匹配的预算数据出现的概率。因此，弹性预算法不能明确地告诉管理者哪一种业务量水平下的预算更有可能出现以及它的概率有多大。而概率预算法则解决了这个问题，它根据市场变化的规律或趋势对弹性预算法下各种不同的业务量水平赋予恰当的概率，并计算出业务量水平的期望值及其差异系数，然后根据该期望值编制出各个预算项目的预算数。这不仅向管理者揭示了各种业务量水平出现的概率，而且还展示了各种业务量水平的期望值及其代表性的大小，并减少了弹性预算法下预算编制的工作量。

概率预算法考虑了各种业务量水平出现的可能性及其概率大小，不仅能使预算更加接近客观实际，而且能使管理者掌握各种业务量水平出现的范围和可能性大小，有助于管理者把注意力放在最可能出现的状态上，从而有助于防范全面预算管理的风险。

但是，采用概率预算法也在较大程度上增加了预算编制的工作量和难度，特别是在估计和判断各种业务量水平的可能结果及其概率时，需要可靠的信息基础和过硬的专业技能。如果在估计和判断时出现严重偏差，这将导致整个预算的彻底失败。因此，企业运用概率预算法编制全面预算时，必须加强预算编制的基础工作，建立科学的预算编制流程，组织强有力的预算编制队伍，努力避免在估计和判断各种业务量水平的可能结果及其概率时出现严重的偏差。

第二节 全面预算的编制

一、全面预算的内容

全面预算是全面预算管理模式下所需编制的各种预算的总称，是指依据企业决策方案的要求，对销售、生产、分配、筹资以及投资等活动设定明确的目标，并表现为预计利润表、现金预算等一套预计的财务报表及其附表，借以预计未来期间的财务状况和经营成果。全面预算的内容包括日常业务预算、特种决策预算和财务预算三大部分。

（一）日常业务预算

日常业务预算又称经营预算，是指企业在日常经营活动中发生的各项活动的预算。日常业务预算通常包括销售预算、生产预算、直接材料预算、直接人工预算、制造费用预算、产品成本预算、销售及管理费用预算等。

1. 销售预算

销售预算是指在预算期内，预算执行部门对于销售各种产品或提供各种劳务可能实现的销售量或者业务量及其收入的预算。它主要依据企业的年度目标利润、预测市场销售量、产品结构以及市场价格等因素进行编制。销售预算是经营预算的龙头，是编制其他预算的起点。其中：

$$预计销售收入＝预计销售量×预计销售单价$$

【实务题 4-1】 睿利机械制造是一家以加工定制零件为主业的小型机械加工企业，凭借质优价廉和良好信誉，于 20×1 年底和某大型机械制造商达成协议，约定 20×2 年整年为其提供 4 600 件专用备件。如果睿利接下这份订单，企业将无剩余产能。

依据协议要求，该专用备件价格是 1 200 元/件，睿利企业需按季度向用户交货，四个季度供货量分别为 800 件、1 100 件、1 500 件和 1 200 件。

要求:根据上述资料,编制睿利企业20×2年度销售预算表。

【解析】 根据上述资料,可编制睿利企业20×2年度销售预算,如表4—1所示。

表4—1　　　　　　　　　　睿利企业20×2年度销售预算

项　目	第1季度	第2季度	第3季度	第4季度	全　年
预计销售量(件)	800	1 100	1 500	1 200	4 600
单价(元/件)	1 200	1 200	1 200	1 200	1 200
预计销售收入(元)	960 000	1 320 000	1 800 000	1 440 000	5 520 000

2.生产预算

生产预算是从事生产的企业在预算期内所要达到的生产规模及其产品结构的预算。它主要根据销售预算和库存预算,确定预算期内需要生产的产品品种、生产数量,是企业生产活动的纲领,也是企业成本预算的依据。其中:

预计生产量=(预计销售量+预计期末产品存货量)—预计期初产品存货量

【实务题4—2】 睿利企业估计,为确保供货连续性,预算期内各季期末产品库存量应达成下期销售量的20%。同时,依据和用户长久合作关系,企业预算年末产品库存量应维持和年初相一致的水平,大约为200件,能够确保立即为用户供货。

要求:根据上述资料,编制睿利企业20×2年度生产预算。

【解析】 根据上述资料,可编制睿利企业20×2年度生产预算,如表4—2所示。

表4—2　　　　　　　　　　睿利企业20×2年度生产预算　　　　　　　　　　单位:件

项　目	第1季度	第2季度	第3季度	第4季度	全　年
预计销售量	800	1 100	1 500	1 200	4 600
加:预计期末产品存货	220	300	240	200	200
减:预计期初产品存货	200	220	300	240	200
预计生产量	820	1 180	1 440	1 160	4 600

3.直接材料预算

直接材料预算是预算期内产品生产直接耗用的原材料及原材料采购的预算,通常包括年度、季度和月度的预算。其中:

预计直接材料采购量=预计生产量×直接材料单位标准用量+预计期末原材料存货量—预计期初原材料存货量

【实务题4—3】 睿利企业生产该备件关键使用一个合金材料。依据以往加工经验来看,平均每件产品需用料5千克。这种合金材料一直由企业以200元/千克的价格跟一位长久合作供应商约定购买。企业为确保生产连续性,要求预算期内各期末材料库存量应达成下期生产需要量的10%,并要求各年末估计材料库存应维持在600千克。

要求:根据上述资料,编制睿利企业20×2年度直接材料预算。

【解析】 根据上述资料,可编制睿利企业20×2年度直接材料预算,如表4—3所示。

表4—3　　　　　　　　　　睿利企业20×2年度直接材料预算

项　目	第1季度	第2季度	第3季度	第4季度	全　年
预计生产量(件)	820	1 180	1 440	1 160	4 600
单位产品材料用量(千克)	5	5	5	5	5
预计材料需用量(千克)	4 100	5 900	7 200	5 800	23 000
加:预计期末原材料存货量	590	720	580	600	600
减:预计期初原材料存货量	600	590	720	580	600
预计材料采购量(千克)	4 090	6 030	7 060	5 820	23 000
材料单价(元/千克)	200	200	200	200	200
预计采购金额(元)	818 000	1 206 000	1 412 000	1 164 000	4 600 000

4.直接人工预算

直接人工预算是指企业在预算期内完成生产所需的直接人工工资及福利费用的预算,通常包括年度、季度和月度的预算。其中:

$$预计直接人工成本 = 预计生产量 \times \sum (单位工时工资率 \times 单位产品工时定额)$$

【实务题4—4】 睿利企业依据以往加工经验估计,生产一件备件大约需要7个工时。而依据企业和工人签署劳动协议的要求,每工时需要支付工人工资10元。

要求:根据上述资料,编制睿利企业20×2年度直接人工预算。

【解析】 根据上述资料,可编制睿利企业20×2年度直接人工预算,如表4—4所示。

表4—4　　　　　　　　　　睿利企业20×2年度直接人工预算

项　目	第1季度	第2季度	第3季度	第4季度	全　年
预计生产量(件)	820	1 180	1 440	1 160	4 600
单位产品工时(小时/件)	7	7	7	7	7
人工总工时(小时)	5 740	8 260	10 080	8 120	32 200
每小时人工成本(元/小时)	10	10	10	10	10
人工总成本(元)	57 400	82 600	100 800	81 200	322 000

5.制造费用预算

制造费用预算是预算期内产品生产所需制造费用的预算,通常包括年度、季度和月度预算。制造费用按成本性态划分为变动制造费用和固定制造费用。

预计变动制造费用的计算公式为:

$$预计变动制造费用 = 预计生产量 \times 变动制造费用预算分配率$$

【实务题4-5】 睿利企业依据以往生产经验估量,企业下年度可能会发生以下几项制造费用:(1)辅助材料和水电费为变动制造费用,每工时开支额分别是3元/小时和2元/小时;(2)车间管理人员和设备折旧费为固定制造费用,估量每三个月开支总额分别为10 000元和15 250元;(3)设备维护费为混合成本,每三个月需要进行一次基础维护,费用大约为15 000元,日常维护费用则和开工工时数相关,估量每工时维护费约为2元。

要求:根据上述资料,编制睿利企业20×2年度制造费用预算。

【解析】 根据上述资料,可编制睿利企业20×2年度制造费用预算,如表4-5所示。

表4-5　　　　　　　　　　睿利企业20×2年度制造费用预算

项　目	第1季度	第2季度	第3季度	第4季度	全　年
单位产品工时(小时/件)	7	7	7	7	7
人工总工时(小时)	5 740	8 260	10 080	8 120	32 200
辅助材料(3元/工时)	17 220	24 780	30 240	24 360	96 600
水电费(2元/小时)	11 480	16 520	20 160	16 240	64 400
设备维护费(2元/小时)	11 480	16 520	20 160	16 240	64 400
变动制造费用累计(元)	40 180	57 820	70 560	56 840	225 400
管理人员工资(元)	10 000	10 000	10 000	10 000	40 000
设备折旧费(元)	15 250	15 250	15 250	15 250	61 000
设备维护费(元)	15 000	15 000	15 000	15 000	60 000
固定制造费用累计(元)	40 250	40 250	40 250	40 250	161 000
制造费用合计(元)	80 430	98 070	110 810	97 090	386 400
减:设备折旧费(元)	15 250	15 250	15 250	15 250	61 000
现金支出额(元)	65 180	82 820	95 560	81 840	325 400

6.产品成本预算

产品成本预算是为了规划预算期内企业各种产品的单位成本、生产成本和销售成本等各项内容而编报的一种经营预算。

产品成本预算需要在生产预算、直接材料预算、直接人工预算和制造费用预算的基础上编制;同时,也为编制预计利润表和预计资产负债表提供数据。

【实务题4-6】 睿利企业依据直接材料、直接人工、制造费用三项预算,结合20×2年度估计销售量和期末产品库存量情况,编制20×2年度产品成本预算。

【解析】 根据上述资料,可编制睿利企业20×2年度产品成本预算,如表4-6所示。

表4-6　　　　　　　　睿利企业20×2年度产品成本预算　　　　　　　单位:元

成本项目	单位产品成本			生产成本 (4 600件)	期末存货 (200件)	销售成本 (4 600件)
	每千克或每小时	投入量	成本			
直接材料	200	5	1 000	4 600 000	20 000	4 600 000
直接人工	10	7	70	322 000	14 000	322 000
变动制造费用	7	7	49	225 400	9 800	225 400
固定制造费用	5	7	35	161 000	7 000	161 000
合　计	—	—	1 154	5 308 400	230 800	5 308 400

7. 销售及管理费用预算

销售及管理费用预算是指为实现销售和开展一般管理业务所需支付的费用而编制的一种业务预算。销售费用预算以销售预算为基础,分析销售收入、销售利润和销售费用之间的相互关系,以实现销售费用使用效率的最大化。

管理费用预算以生产预算为基础,在过去的实际开支的基础上,根据预算期可预见的变化,做出调整。一般来说,随着生产规模的扩大,管理费用也相应地增加。

销售及管理费用可以根据成本的性态,分为固定成本和变动成本。另外,在销售和管理费用预算的最后,为了给现金预算提供现金支出资料,还可预计预算期管理费用的现金支出数额。在销售及管理费用中,折旧费用、坏账损失、无形资产摊销和递延资产摊销等不需要现金支出的项目,在预计管理费用现金支出时,应予以扣除。

【实务题4-7】 睿利企业估计20×2年度销售费用只有广告费一项,根据和广告商的协议约定,每三个月支付13 000元广告费;管理费用包括管理人员工资、办公费和房租三项,均属于固定成本,每季度开支额分别为6 000元、4 000元、10 000元。

要求:根据上述资料,编制睿利企业20×2年度销售及管理费用预算。

【解析】 根据上述资料,可编制睿利企业20×2年度销售及管理费用预算,如表4-7所示。

表 4—7　　　　　　　　　　睿利企业 20×2 年度销售及管理费用预算　　　　　　　单位:元

项　目	第 1 季度	第 2 季度	第 3 季度	第 4 季度	全　年
运输费	13 000	13 000	13 000	13 000	52 000
销售费用累计	13 000	13 000	13 000	13 000	52 000
管理人员工资	6 000	6 000	6 000	6 000	24 000
办公费	4 000	4 000	4 000	4 000	16 000
房租	10 000	10 000	10 000	10 000	40 000
管理费用累计	20 000	20 000	20 000	20 000	80 000
合　计	33 000	33 000	33 000	33 000	132 000

(二) 特种决策预算

特种决策预算又称专门决策预算,特指企业为不经常发生的长期投资项目或者一次性专门业务所编制的预算。它通常是指与企业投资活动、筹资活动或收益分配等相关的各种预算,主要包括经营决策预算和投资决策预算两种。

1. 经营决策预算

经营决策预算是指与短期经营决策密切相关的特种决策预算。这类预算通常是在短期经营决策寻求最佳方案的基础上编制,是企业业务预算体系的一部分,同时也能影响企业的财务预算。

2. 投资决策预算

投资决策预算,又称资本支出预算,是指与项目投资决策密切相关的特种决策预算。这类预算涉及长期建设项目的资金投放与筹措等,而且经常跨年度。因此,除个别项目外,其他项目一般不纳入日常业务预算。投资决策预算主要应用于项目财务可行性分析以及企业筹资决策,同时也是编制有关的现金预算与预计资产负债表的依据。投资决策预算能准确地反映项目资金投资支出与筹资计划。

投资决策预算又可以根据投资的内容,分为固定资产投资预算、权益性投资预算、债券投资预算和研究开发费预算。

(1) 固定资产投资预算

固定资产投资预算是企业在预算期内构建、改建、扩建和更新固定资产进行资本投资的预算,主要根据企业有关投资决策资料和预算期内固定资产投资计划编制。

(2) 权益性投资预算

权益性投资预算是企业在预算期内,为了获得其他企业的股权及收益分配权而进行资本投资的预算,主要根据企业有关投资决策资料和预算期内权益性资本投资计划编制。

（3）债券投资预算

债券投资预算是企业在预算期内为购买国债、企业债券、金融债券等所做的预算，主要根据企业有关投资决策资料和证券市场行情编制。

（4）研究开发费预算

研究开发费预算是指对企业的产品研究开发所需要的费用的预算。其预算费用总额一般是管理层根据战略规划的需要决定，再将其细分到各个研究开发项目上。

（三）财务预算

财务预算是指预算期内与企业现金收支、经营成果和财务状况等有关的各种预算，主要包括现金预算、预计利润表和预计资产负债表。

1. 现金预算

现金预算是指预先估计企业在预算期内由于生产经营及投资活动引起的现金收入与现金支出，它表明预算期产生的现金收支结果。现金预算包括现金收入预算和现金支出预算两个部分。

现金收入预算是根据销售预算和应收账款的收入情况编制的。预计的现金收入等于前期销售在本期收到的现金和本期销售在本期收到的现金之和。

【实务题 4-8】 睿利机械制造是一家以加工定制零件为主业的小型机械加工企业。凭借其质优价廉产品和良好信誉，睿利企业深得几家大型机械制造商的青睐。20×1 年底，睿利企业接到了一笔大额订单，20×2 年整年为一家长期合作的大型机械制造商生产 4 600 件某种专用备件。睿利企业经理评估后认为，如果接下这份订单，企业将再无剩余生产能力生产其他产品。

依据协议要求，该专用备件价格是 1 200 元/件，睿利企业需按季度向用户交货，四个季度供货量分别为 800 件、1 100 件、1 500 件和 1 200 件。协议要求付款方法为各季度货款应在当季支付 60%，剩余 40% 在下季付讫。目前，该用户尚欠睿利企业50 万元货款，估计将在 20×2 年第一季度付清。

要求：根据上述资料，编制睿利企业 20×2 年度现金收入预算表。

【解析】 根据上述资料，可编制睿利企业 20×2 年度现金收入预算，如表 4-8 所示。

表 4-8　　　　　　睿利企业 20×2 年度现金收入预算　　　　　　单位：元

项　目	第 1 季度	第 2 季度	第 3 季度	第 4 季度	全　年
应收账款期初余额	500 000				500 000
第 1 季度	576 000	384 000			960 000

续表

项　目	第1季度	第2季度	第3季度	第4季度	全　年
第2季度		792 000	582 000		1 320 000
第3季度			1 080 000	720 000	1 800 000
第4季度				864 000	864 000
现金收入累计	1 076 000	1 176 000	1 608 000	1 584 400	5 444 000
应收账款期末余额	384 000	582 000	720 000	576 000	576 000

现金支出预算根据直接材料预算、直接人工预算和其他费用预算的情况编制。其中,直接材料现金支出预算要结合直接材料预算和应付账款情况进行编制。购买原材料预计的现金支出等于前期购买在本期支付的应付账款和本期销售在本期支付的现金之和。

【实务题4-9】 睿利企业生产该备件主要使用一个合金材料。依据以往加工经验,平均每件产品需用料5千克。这种合金材料一直由企业与一位长期合作的供应商以200元/千克的价格订购,并且双方约定,购货款在购货当季和下季各付1/2。目前,睿利企业尚欠该供给商货款400 000元,预计将在20×2年第1季度付清。第1、2、3、4季度的购货款分别是818 000元、1 206 000元、1 412 000元和1 164 000元。

要求:根据上述资料,编制睿利企业20×2年度现金支出预算。

【解析】 根据上述资料,可编制睿利企业20×2年度现金支出预算,如表4-9所示。

表4-9　　　　　　　　睿利企业20×2年度现金支出预算　　　　　　　单位:元

项　目	第1季度	第2季度	第3季度	第4季度	全　年
应付账款期初余额	400 000				400 000
第1季度	409 000	409 000			818 000
第2季度		603 000	603 000		1 206 000
第3季度			706 000	706 000	1 412 000
第4季度				582 000	582 000
现金支出累计	809 000	1 012 000	1 309 000	1 288 000	4 418 000
应付账款期末余额	409 000	603 000	706 000	582 000	582 000

根据现金收入和现金支出的情况,以及企业与现金收支相关的其他信息,可编制完整的现金预算。步骤如下:

(1)根据期初现金余额和预算现金收入确定各季度使用现金的总金额,其中,各个季度期初现金余额为上季度期末现金余额。

(2) 根据直接材料预算、直接人工预算、制造费用预算和销售及管理费用预算中的预算现金支出金额，同时考虑所得税支出、设备购置支出和股利支出，以确定各个季度支付现金的总金额。

(3) 根据前述可以使用现金总金额和支付现金总金额确定现金余（缺），考虑企业规定的最低现金限额，决定是借款还是还款，并计算各季度的利息支付数额。

【实务题4-10】 睿利企业财务部门依据企业经营特点和现金流转情况，确定企业最佳现金持有量为10 000元。当预计现金收支净额不足10 000元时，将通过变现有价证券及申请短期银行借款来补足；当预计现金收支净额超出10 000元时，超出部分将用于归还借款和购入有价证券、期初借款、期末还款。睿利企业估量，20×2年初企业将有23 000元有价证券贮备。另外，企业已和银行约定了为期1年的信贷额度，企业随时可按6%的年利率向银行借款，但借款金额必须为1 000元的整数倍。

除了日常经营活动所引发的各项现金收支外，睿利企业估量20×2年还会发生以下现金支付业务：

(1) 企业一台专用机床必须在一季度更新，预计需要支出购置及安装等费用累计130 000元。

(2) 企业将在20×2年初向股东派发20×1年度现金股利20 000元。

(3) 预计企业每个季度需要缴纳所得税款5 600元。

要求：根据上述资料，编制睿利企业20×2年度现金预算。

【解析】 根据上述资料，可编制睿利企业20×2年度现金预算，如表4-10所示。

表4-10　　　　　　　　　睿利企业20×2年度现金预算　　　　　　　　单位：元

项　目	第1季度	第2季度	第3季度	第4季度	全　年
期初现金余额	10 000	10 820	10 800	10 650	10 000
加：销售现金收入	1 076 000	1 176 000	1 608 000	1 584 400	5 444 000
减：各项现金支出					
材料采购	809 000	1 012 000	1 309 000	1 288 000	4 418 000
直接人工	57 400	82 600	100 800	81 200	322 000
制造费用	65 180	82 820	95 560	81 840	325 400
销售及管理费用	33 000	33 000	33 000	33 000	132 000
所得税	5 600	5 600	5 600	5 600	22 400
购置设备	130 000				
分配利润	20 000				

续表

项　目	第1季度	第2季度	第3季度	第4季度	全　年
支出累计	1 120 180	1 216 020	1 543 960	1 489 640	5 369 800
现金余(缺)	(34 180)	(29 200)	74 840	105 410	84 200
现金筹集和利用					
出售有价证券	23 000				23 000
购入有价证券					
申请银行借款	22 000	40 000			62 000
归还银行借款			62 000		62 000
短期借款利息			2 190		2 190
期末现金余额	10 820	10 800	10 650	105 410	105 410

注:(1)因为银行借款发生于期初,偿还借款发生于期末,所以第一笔借款于9个月后偿还,第二笔借款于6个月后偿还。

(2)第一笔借款偿还的借款利率=22 000×6‰×9/12=990(元)。

(3)第二笔借款偿还的借款利率=40 000×6‰×6/12=1 200(元)。

2.预计利润表

预计利润表是反映企业预算期内收入和费用情况的综合报表,它将企业的预算收入和成本等情况进行综合预计。预计利润表的编制需要根据已有的销售预算、制造费用预算、产品成本预算、销售及管理费用预算以及现金预算的数据来编制。

【实务题4—11】 睿利企业财务人员估量,假如前面各项日常业务预算和现金预算都能在预算期内落实,那么企业在20×2年度实现盈利还是比较乐观的。此外,估量企业年度股利分配能在20×1年的基础上增加50％,达到30 000元。

要求:根据上述资料,编制睿利企业20×2年度预计利润表。

【解析】 根据上述资料,可编制睿利企业20×2年度预计利润,如表4—11所示。

表4—11　　　　　　　　　睿利企业20×2年度预计利润表　　　　　　　单位:元

项　目	金　额	数据来源
销售收入	5 520 000	销售预算
销售成本	5 308 400	产品成本预算
毛利	211 600	
销售及管理费用	132 000	销售及管理费用预算
利息费用	2 190	现金预算
利润总额	77 410	

续表

项　　目	金　　额	数据来源
所得税	22 400	现金预算
净利润	55 010	
加:年初未分配利润	580 800	企业估计值
可供分配利润	635 810	
减:利润分配	30 000	
年末未分配利润	605 810	

3.预计资产负债表

预计资产负债表是综合反映企业在预算期末的资产、负债及所有者权益存量情况的报表。预计资产负债表是以预算期期初的资产负债表为基础,根据各项分预算和其他与企业财务状况有关的数据资料,分析计算得出的。

【实务题4-12】 睿利企业20×1年末资产负债表如表4-12所示。

表4-12　　　　　　　　睿利企业20×1年末资产负债表

20×1年12月31日　　　　　　　　　　　　单位:元

项　　目	本年金额
现金	10 000
短期投资	23 000
应收账款	500 000
存货(原材料)	120 000
存货(产品)	230 800
固定资产	1 100 000
累计折旧	183 000
资产总额	1 800 800
应付账款	400 000
应付利润	20 000
实收资本	800 000
未分配利润	580 800
负债及所有者权益累计	1 800 800

要求:根据上述资料,编制睿利企业20×2年度预计资产负债表。

【解析】 根据上述资料,可编制睿利企业20×2年末预计资产负债表,如表4-13所示。

表 4—13　　　　　　　　睿利企业 20×2 年末预计资产负债表

20×2 年 12 月 31 日　　　　　　　　　　　　　　　单位:元

项目	年初数	年末数	数据来源
现金	10 000	10 010	现金预算
短期投资	23 000	95 000	现金预算
应收账款	500 000	576 000	现金收入预算
存货(原材料)	120 000	120 000	直接材料预算
存货(产品)	230 800	230 800	产品成本预算
固定资产	1 100 000	1 230 000	估计购置 130 000 元
累计折旧	183 000	244 000	制造费用预算
资产总额	1 800 800	2 017 810	
应付账款	400 000	582 000	直接材料预算
应付利润	20 000	30 000	
实收资本	800 000	800 000	
未分配利润	580 800	605 810	预计利润表
负债及所有者权益累计	1 800 800	2 017 810	

第三节　本章课程思政案例及延伸阅读

为深化本章内容的理解,本章课程思政案例将侧重于预算管理体系的设计、运行,以及预算管理功能的延伸与拓展,并分析在系统构建过程中所需的必要条件、可能存在的问题及其解决方法。

一、本章课程思政案例

(一)案例主题与思政意义

【案例主题】

从温州医科大学附属第二医院案例[①]中,我们可以理解全面预算对提升管理效

---

① 赵正城,胡亚娣,蔡战英.业财融合下公立医院全面预算管理实践探索——以温州医科大学附属第二医院为例[J].会计之友,2022(10):119—126.

益、加强内部控制的重要意义。医院管理者应当始终以公共利益为导向,积极履行社会责任,确保医院资源的合理分配和高效利用,从而提供更好的医疗服务。

【思政意义】

案例中的医院在预算管理中充分考虑了医疗服务对社会的责任,致力于合理配置资源,确保患者能够负担得起医疗费用。这一实践不仅体现了医院作为医疗机构在商业与公益之间的平衡考量,也强化了学生对于医疗机构社会责任的深刻认知,进而培养了学生的社会公民意识。

(二)案例描述与分析

【案例描述】

1. 温州医科大学附属第二医院简介

温州医科大学附属第二医院(以下简称温医二院)是一所省属三级甲等综合性医院,现有学科(系)14个,包括1个国家临床重点专科、1个国家中医药管理局重点建设专科、4个省临床医学一流学科以及12个省医学重点学科等。医院现设5个院区,承担着浙南地区近2 000万人口区域的医疗诊疗重任。

2. 温医二院预算管理概况和发展历程

温医二院全面预算管理发展历程主要分为探索、雏形、完善三个阶段:(1)探索阶段(2005—2008年),以财务部门为主导编制财务收支预算;(2)雏形阶段(2009—2015年),出台医院预算管理制度,逐步形成院级总预算、职能归口预算二级预算体系,但此时的职能归口预算只是将职能科室的部分日常公用经费纳入预算管理,通过费用的定额管理起到控制支出的作用,尚未完成职能归口二级预算与院级总预算的衔接;(3)完善阶段(2016年至今),建立健全医院全面预算管理组织架构,逐步构建三级预算管理体系,先后上线了全面预算管理系统编制模块、执行控制模块、线上报销模块等,持续推进全面预算管理系统与医院各业务系统及财务系统的互联互通,致力于将业财融合的理念与管理会计方法相结合,借助信息化手段,以全面预算管理系统为核心,通过业务流程再造、相关信息系统对接整合,将医院的业务事项与财务事项深度融合,全面实现和发挥财务部门在战略实施、管理控制、资源配置、决策支持等方面的价值。

【案例分析】

1. 全面预算管理体系的设计

(1)全面预算管理组织架构

温医二院基于医院发展战略规划,结合多院区设置和内部管理层级情况,组建了"全面预算管理委员会—全面预算管理办公室—预算归口管理部门—预算单元"

四级预算管理组织架构,试图以预算为抓手,打通业财信息壁垒,促进业财深度融合。

(2)全面预算管理内容体系

医院全面预算按编制内容可分为业务预算、收入费用预算、筹资投资预算和财务预算,各预算内容之间有着密切的勾稽关系。业务预算是收入费用预算、筹资投资预算编制的主要基础和依据;财务预算是业务预算、收入费用预算、筹资投资预算的最终表现。具体内容如图4-1所示。

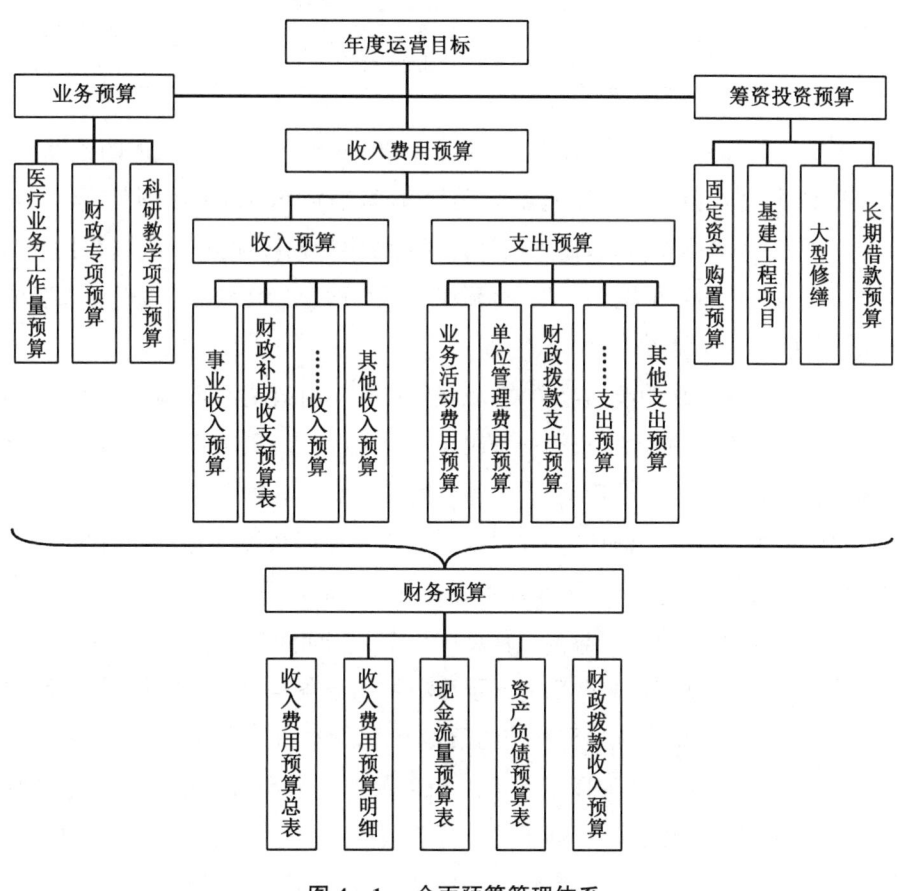

图4-1 全面预算管理体系

2. 全面预算管理体系的运行

(1)构建三级预算管理体系

温医二院以医院战略目标为导向,建立院级总预算、职能归口预算、业务科室预算三级预算管理体系,实现覆盖医院、职能归口部门、业务科室三个层面的全面控制。在设计预算内容与指标时,该院结合自身经济运行实际,针对不同层级和不同性质的预算单元设计不同的预算内容与指标,并最终汇总形成医院多维立体的指标体系。具体预算内容包括但不限于：医院层面的收支预算、资本预算、现金流量预算，职能归口部门层面的项目预算和业务科室部门层面的业务指标预算（见表4—14）。

表4—14　　　　　　　　　　各层级预算管理内容及特征

预算层级	预算体现形式	控制重点	控制方式	控制特点
医院层面	财务报表	收支报表、财政资金使用、现金流	报表分析，评价考核	全局性、事后性
职能归口部门层面	（预算项目）经济事项	资金使用	各业务系统、经费报销系统实时控制	职责明确，刚性控制
业务科室部门层面	业务指标	业务量、均次收入、收入结构、消耗率	预警提示，实时查询	弹性控制，确保业务顺利开展

①一级预算——院级总预算：院级总预算是以经济科目为载体的预算，即根据经济业务实质，通过会计账务处理方式，将以预算项目为载体的职能归口预算转换为"会计专业语言"。具体而言，即通过预算管理系统维护预算项目与预算科目的归属关系、预算科目与经济科目的对应关系，将预算项目分解至经济科目，从而实现职能归口二级预算与院级总预算的衔接。

②二级预算——职能归口预算：职能归口预算管理是全面预算管理的核心，具体内容包括业务收入预算、工资福利费用与对个人和家庭的补助支出预算、办公费用与专用材料费等日常公用经费预算、大型修缮费用及基本建设支出等预算。二级预算控制应聚焦预算执行过程的控制，并根据医院业务管理系统的建设分为两种情况：一是预算项目所对应的业务事项已有业务系统进行日常管理。通过跨系统的互联互通，将预算信息嵌入业务管理系统，实现预算控制由财务向业务延伸。例如物资系统的出入库环节，系统会自动读取采购部门的预算项目和业务科室的定额材料指标，进行事前控制。二是没有信息系统进行管控的预算项目，则通过在全面预算管理系统中嵌入经费报销模块，实现差旅费等职工个人报销事项的线上流转与审批。以差旅费报销为例，由经办人登录全面预算管理系统填写差旅报销单，系统自动调用差旅事前审批信息、预算执行信息和相关人员费用标准信息，自动计算出报销金额，通过信息流转，经财务审核人员审核确认后完成报销。

③三级预算——业务科室预算：业务科室预算管理应重点关注以下三个方面：其一，通过全面预算管理系统与医院HIS系统的对接，实时更新业务科室预算指标，如业务量、均次费用、检查检验占比、药耗占比等；其二，在物资领用环节，针对每个业务科室设置不同水平的物资消耗预算指标（例如百元医疗收入消耗的卫生材料），当预算指标接近临界值时，系统将适时发出预警提示；其三，在全面预算管理系统中嵌入综合运营管理平台，提供业务科室相关运营数据报表以满足医院经济管理需要。

(2)预算编制

①做好准备工作。首先,由党政综合办牵头,组织全院各部门完成上年度工作总结,为编制新年度预算奠定基础。其次,做好历史数据分析。通过历史数据分析,确定预算差异,分析差异原因,综合考量当前医疗大环境,并以此预判预算年度医院总体收支变化趋势,科学、合理地确定医院年度预算目标,为预算编制提供更加科学、详实、准确的基础信息与依据。再次,核实各项基础数据。预算管理办公室需核实预算归口部门上报的各项预算测算基础数据,例如预算年度职工人数及其构成、人均薪酬标准、各类消耗定额及其他业务预算指标等,从而确保预算编制的准确性。最后,建立预算项目储备库,强化事前预算绩效评估工作。对于基本建设项目和大型设备购置等对医院具有重大影响、资金规模较大的重点项目,需经设备与信息委员会充分论证,并根据委员会论证结果有选择性地纳入项目储备库管理。

②明确各层级预算目标。全面预算管理是量化医院发展战略的重要管理工具,而预算目标的制定是开展预算管理工作的重要前提。预算管理委员会将医院发展战略规划作为目标导向,结合各归口部门拟定的工作目标确立医院年度发展目标、规划及重点工作。各预算归口部门拟定的具体工作目标如下:党政综合办负责拟定医院年度总体工作目标和执行方案;组织人事处负责拟定年度进人计划;运营与绩效管理处负责拟定年度业务量目标,如门急诊人次、出入院人次、手术量等绝对值指标及床位使用率、平均住院日、三级或四级手术占比等相对值指标;财务处负责拟定医院整体收入规模、结余率等目标。预算管理办公室按照预算管理委员会的要求,并结合各有关处室职能,将年度总目标分解到各职能归口部门及业务科室。

③上下结合,分级编制年度预算。医院下发各职能科室预算编报说明,以预算项目的形式,明确职能科室常规业务内容,按照"上下结合,分级编制,逐级汇总"的程序,分职能、分步骤开展预算编制工作。分职能开展预算编制:一是科学界定各部门和岗位工作权责,细化工作内容;二是根据职能分工,建立职能归口预算项目储备库,形成"谁管事、谁编预算"的预算编制理念。分步骤实施预算编制:一是任务分解。每年由运营与绩效管理处牵头将医院年度综合运营目标分解到各临床业务科室,与科主任目标责任考核挂钩,做到"一科一策"。二是综合平衡。各归口职能部门整理汇总各临床业务科室的工作任务和运行指标,并按照价值创造与资源分配相对等的原则,根据医院的发展战略规划进行综合平衡。例如,设备管理部门应根据医院学科发展方向,综合考量科室资产使用的效率和效益,对各科室设备购置需求进行优先级排序,并在此基础上提出年度装备购置计划。三是预算草编。各预算归口部门根据职能分工与本部门年度工作目标,按照"现状分析—总体目标—绩效指标—指标值—实施方案"的步骤草编归口预算并上报。预算编制示例如表4—15所示。

表 4—15　　　　　　　　　　财务管理人才培养预算编制

财务管理人才培养	
现状分析	有一支综合素质良好、工作执行力较强的财务管理团队。但随着医疗卫生体制改革的不断深入,医院财务管理与经济运行管理的要求持续提升,各项新的政策、制度层出不穷,财务人员需实时更新知识储备,不断提升专业素养以满足医院财务管理需要
总体目标	打造一支专业素质过硬、能够高效执行工作任务的财务管理团队
绩效指标	1. 培训计划完成率 2. 培训考核合格率 3. 发表学术论文数量
指标值	1. 100% 2. 100% 3. ≥5 篇
实施方案	1. 参加学术会议和培训 预算项目:差旅培训 工作量:48 人次 预算金额:A 元 2. 邀请国内知名专家开展专题培训 预算项目:专家讲课费 工作量:4 人次 预算金额:B 元 3. 每月举办一次科室业务学习会 工作量:12 期 4. 举行 4 期财务大讲堂 工作量:4 期

(3) 预算执行

预算执行是落实预算方案、履行预算目标的前提。年度预算批复后,医院严格根据预算级次逐级下达预算,以确保预算指标覆盖业务活动的每个环节。对于涉及经济事项与预算金额明确、支出标准、资金来源清晰的预算项目,可于年初一次性全额下达预算指标;对于应对医院突发事件、满足临时性资金需求的预算项目,可在预算年度内按一定比例分次下达或预留部分机动经费。预算下达后,通过预算管理系统实时监控预算执行情况,具体的管控方式包括:

①预算项目金额与资金运用审批制度相结合:医院根据资金运用审批制度,设置不同人员级别和资金使用授权审批权限,针对不同性质的业务分别设置预算执行控制流程。

②预算的绝对值指标控制与相对值指标控制相结合:对关键重要项目,医院设置绝对值和相对值指标共同控制。系统能对超过设置阈值的项目提出预警,以便相关责任部门采取控制措施或进入预算追加调整程序,以免影响具体业务执行。例如,对材料领用类、固定资产采购类、职工个人报销类等采用绝对值指标控制,对人员经费类项

目则采用人均消费基金等相对值指标进行控制。

③预算指标值的约束限制与预警提示相结合：温医二院根据预算项目类别，对不同预算项目的预警标准进行个性化定制。当发生超过预警上限或低于预警下限的事项时，会触发预警系统并将预警信息推送给相关责任人，实时监控超标项目或超期项目，从而实现业务事项的全过程控制。例如在采购预算执行中，当业务部门发出采购申请时，系统支持采购内容与预算项目进行匹配，并显示相关物资的库存量及预算指标信息。若订单申请超出指标控制范围，系统则会发出预警提示，要求退回申请或追加预算。

④信息系统的刚性控制与特殊事项授权审批控制相结合：在预算执行过程中，当医院事业发展计划有重大调整、政府出台相关政策以及存在其他事项对预算执行产生重大影响时，可视情况进行适当调整。温医二院制定了资金运用审批制度对医院内部预算调整的审批流程进行规范。在预算调整信息化方面，该院在预算管理系统中嵌入预算调整模块，制定了标准化预算调整申请模板（包括预算调整依据、对应的预算项目、调整涉及的金额、测算过程及其他有关说明）与审批流程，通过信息化手段将刚性控制与特殊事项授权审批控制相结合，实现预算调整"申请—审批—下达"的全流程线上化。同时，预算调整审批完成后，系统将同步调整更新各类预算报表。

（4）预算考核

预算绩效管理是全面预算管理的重要组成部分，也是医院实现预算目标的关键。温医二院采用科学的评价体系和方法，建立全过程预算绩效管理链条，从而完善预算绩效考核制度，促进预算管理目标的实现。

①设置合理的预算绩效考核指标。温医二院从预算性质、类别着手，从业务量预算、日常支出预算、采购预算三个维度构建以项目产出与效益为核心、以岗位责任与绩效为基础的预算绩效评价体系。其中，业务量预算通常从业务规模和工作效率两个维度进行考核，包括门急诊量、出院人次、手术例次、平均住院日、床位使用率、药耗占比等；日常支出预算则参照财政项目绩效考核方式，按照"支出必问效，无效必问责"的原则，从项目产出结果与预算执行率两个维度进行考核；采购预算则从采购计划目标、进度执行落实情况、采购完成及时性、采购资金节约率等维度开展绩效考核工作。

②预算绩效考核与内部收入分配相融合。绩效考核可以激发并调动员工的积极性，增强其价值创造力，促进医院与部门、员工之间就绩效目标及如何实现绩效目标达成共识。温医二院定期组织开展预算绩效考核工作，并结合预算执行情况确定和分析预算差异，将差异责任按照预算级次层层落实，进而构建全方位预算执行责任体系。在综合评价各预算责任中心预算执行结果、绩效目标完成情况后，将预算绩效考核结

果与部门整体绩效考核挂钩,并据此作为内部收入分配的重要依据,充分发挥绩效考核的导向作用。

3.打造业财融合一体化平台

温医二院在梳理医院全面预算管理的组织机构设置、内容结构体系、管理指标体系及预算编制、执行、调整、决算、分析、考核等环节管理要求的基础上,将各业务系统与预算管理系统串联互通,实现跨领域、跨业务数据交互,从而打造业财融合一体化平台,有效实现预算管理功能的扩展与延伸。

(1)预算管理系统与医院物资管理系统的融合

医院物资管理系统的主要功能包括对各类物资前期的采购申请、采购计划,中期的验收入库、出库配送,后期的调拨、维修、折旧、报废等功能。该系统是对医院具体资源配置进行业务层面管理的系统。预算管理系统是对以货币资金形式体现的资产进行计划编制、执行控制、后续评价的系统。因此,两个系统在运行过程中会存在大量的数据交换。以往在业务执行过程中靠人为比对审核或事后进行报表数据计算来记录或更新预算执行情况,导致工作效率低,数据相对滞后。因此,该院对这两个系统进行数据对接改造,将其纳入统一的数据平台。

在实际业务中,预算管理系统与物资管理系统的交集主要集中于前期采购计划申请、物资出入库及付款环节。现以常规的物资采购预算执行为例,介绍其具体流程。

在采购申请环节,申请科室需在物资管理系统中填写并提交固定格式的采购申请单。申请单流转至预算归口部门时,经办人需根据具体的采购物资类别选择对应的预算项目,预算系统同步冻结相应的预算资金,做到无预算不采购。待采购申请单按规定走完审批流程,医院采购处启动采购招标流程。在物资入库环节,库管员需在入库单上选择待入库物资对应的采购申请单,并根据发票金额填写入库金额,预算管理系统根据入库单上的入库金额同步更新原冻结的预算资金。

在物资(主要指药品、卫生材料)出库环节,各类物资从仓库发出至领用科室,此时主要涉及业务层面预算的管理。由于医院业务的特殊性,温医二院以相对值预算指标对业务层面预算进行管控,并在一定范围内实行弹性控制。具体而言,即通过维护物资类别字典库与预算指标的对应关系,在出库单上实现出库物资与相关预算指标的自动匹配。预算管理系统根据出库单上的信息同步更新对应业务科室的预算指标(例如药占比、耗材占比、材料消耗定额等)。此时,若相关预算指标执行数已濒临预算控制的临界值,系统将发出预警提示。

在资金支付环节,经办人在物资系统中勾选相关入库单生成汇款申请单。通过接口对接技术,该汇款申请单及其对应入库单的信息将同步至预算管理系统,并通过预算管理系统的信息流转,同步完成资金支付及预算项目资金的解冻与核销。

(2)预算管理系统与经费报销系统的融合

温医二院根据资金运用审批制度,对不同经济事项、不同资金额度设置了不同的报销条件和审批流程。经费报销系统就是将各类报销业务、票据核验、网银支付整合在一个统一的信息平台,将原先由人工核算、人工送签的过程转变为通过系统自动套用标准,实现线上报销、线上审批。

"无预算,不支出",所有涉及资金支付的经济业务都要有相对应的预算项目,每一笔报销事项都意味着预算项目执行数据的更新,两者的密切联系可以实现有效的业务整合。因此,温医二院将经费报销系统整体嵌入预算管理系统,从而整合成统一的预算经费管理系统,使两者拥有统一的用户平台和统一的数据构架。

①线上报销。线上报销业务支持 PC 端、移动端(钉钉、微信公众号等)、自助机。PC 端实现线上化报销审批;移动端主要目的在于打破报销地点限制,使员工能随时随地发起报销申请;自助机主要用于协助报销人投递原始附件(类似邮箱),从而优化财务部门收集原始凭证的流程。在发起报销申请时,系统会调用相关预算信息,判断员工所选项目是否还有预算额度,并调用报销标准,判断报销金额是否超过规定标准。若符合,则系统会冻结对应的预算金额。

②票据核验。发票校验功能(通过与税务部门接口数据传输)从报销人填写报销单便启动介入,实时监控发票状态,并及时反馈发票信息,防止发票造假或者发票作废冲红等问题的发生。当进项发票出现上述问题时,系统将进行提醒。此过程实行 24 小时无间断监控,确保系统对发票状态的实时监控。

③审批流转。温医二院在系统中设计了多种类型的报销表单,并根据报销表单上的不同报销类型定制专属的审批流程。这些流程将医院资金运用审批制度的有关规定通过信息系统予以固化,并通过信息的线上流转逐步推送给具有相应权限的审批人员,从而实现授权审批的刚性控制。

④网银支付。每张付款单均会产生唯一的二维码,通过扫描纸质付款单上的二维码,系统能够自动定位其对应的付款单信息,并将信息导入付款资金池。付款资金池中的全部付款信息均可查询、调用,并可将对应的付款基础信息(例如支付账户名称、卡号、开户行、附加信息)同步至银行进行网银支付,实现银企直联。银行返回数据并存入预算系统以供查验。

(3)预算管理系统与合同管理系统的融合

因医院签订的大部分合同具有经济属性,合同管理将不可避免地与预算管理产生交集,而合同的订立与执行正是二者交互的重心。基于此,温医二院在合同管理系统的传统会签功能中嵌入合同经费管理模块,从而实现合同管理与预算管理的融合。

根据合同管理与预算管理的关联点,温医二院规定,在本自然年度内完成全部资金支付的合同,其订立的前提是必须有对应的预算项目。合同订立时,必须选定现有的预算项目,并冻结对应额度的预算项目资金,作为后续支出的保证。合同支付执行时间不在本预算年度内的项目,其相关支付条款信息将被写入预算系统项目库,作为以后年度预算编制的重要依据。

在合同执行环节,医院需根据合同的具体类型个性化定制其控制路径。对于服务类合同,例如保洁服务外包合同,其执行控制起点在合同系统。当合同承办人在合同管理系统中交付款申请时,系统会匹配相应的预算项目,并将信息推送至预算系统,进而进入合同执行、预算资金的冻结与核销、资金支付流程。对于固定资产、物资类合同的付款申请,合同管理系统还需与物资管理系统进行关联。在物资购置申请单上,需要关联预算项目与合同编号,即物资管理系统通过关联预算信息进行预算执行数据的更新,并通过关联合同编号更新合同付款业务履行情况。

(4)预算管理系统与财务系统的融合

全面预算管理系统与财务系统的互联互通,属于财务层面的数据应用融合。当前财务数据主要包括预算、成本、账务三大块,集成这三大块数据并建立统一的数据平台,是财务信息化的关键一步。具体而言,对于已有相应信息系统进行业务管理的经济事项,例如物资管理系统、工资劳务系统等,预算系统和财务系统同时采集业务系统的数据,进行财务系统凭证自动制单和预算系统预算执行更新。因此,其数据是同源的。对于没有相关信息系统进行管控的经济事项,预算管理系统记录相关经济事项的金额及其他辅助信息。同时,借助信息接口技术,系统将相关信息同步推送至财务系统,实现凭证自动制单。

4. 成效

(1)通过业财融合的文化建设,促进业务、财务部门沟通与协作

以全面预算管理为衔接点,搭建财务与业务沟通的桥梁,将业财融合理念根植于医院文化之中。此举使财务部门能够深入业务层面,开展各项综合运营分析;同时,业务部门能够借助财务数据更清晰地了解自身运营情况。这种双向服务共享机制打破了以往业务与财务"各自为政"的固有模式,消除了信息孤岛,为医院各项决策提供更为科学有力的支撑。

(2)通过信息系统的互联互通,加大预算执行和控制力度

利用信息化手段,将预算管理系统与医院现有的信息系统进行连接,实现跨系统的数据双向读取、自动加工、实时共享。此举将预算执行控制关口移至业务前端,推动财务、业务与预算流程一体化,构建医疗运营全覆盖的全面预算管理系统,从而实现内部管理零死角。通过实时跟踪和反馈业务活动的实际动态,帮助管理者全面掌握医院的运营管理状况,并通过系统整合数据分析和控制经济事项,提高决策的时效性,加大

预算执行和控制力度,从而提升医院整体的运营管理水平。

(3)通过战略目标的科学量化,实现资源有效配置

科学、明晰的战略目标是预算编制准确性的前提,而全面预算管理则是量化战略目标的有效管理工具。两者互为前提,相辅相成。医院将长期发展战略细化到年度战略目标,并通过全面预算管理,将年度战略目标合理分解至职能科室、医疗业务科室乃至治疗组、个人,实现面向业务流程的事前、事中、事后控制和分析的多维度精细化管理。

5. 以公共利益为导向,履行社会责任

(1)资源合理分配

医院通过全面预算管理体系,确保资源的合理分配,使医疗服务能够更广泛地覆盖社会各个层面和人群,而非仅限于少数富裕群体。这种公平的资源分配体现了医院承担的社会责任,致力于满足更广大人民群众的医疗需求。

(2)医疗服务定价与可负担性

医院在制定医疗服务定价时,充分考虑到社会的不同收入水平,采取差异化的定价策略,确保患者能够负担得起医疗费用。这表明医院不仅关注经济效益,更注重保障公众的权益和公共利益。

(3)应急响应与公共卫生

在突发公共卫生事件中,医院通过全面预算管理,可以迅速调配资源,采取应急措施,为社会提供必要的医疗服务。这体现了医院对健康和安全的责任感。

(4)科研与健康教育

医院不仅提供临床医疗服务,而且致力于开展科研和健康教育活动,向社会传播医疗知识,提高公众的健康素养,这是履行社会责任的一种重要方式。

医院通过全面预算管理体系,在医疗服务的各个环节都注重公共利益和社会责任。从大资源分配到定价策略,从社会救助到突发公共事件的应对,都体现了医院积极履行社会责任的努力。这种做法不仅在商业运营中取得了成功,而且在社会中赢得了良好的声誉,使医院成为社会可信赖的公共服务机构。

(三)案例讨论与升华

【案例讨论】

在资源有限的情况下,医院如何确保医疗服务的公平性和社会正义,以及避免价格过高导致弱势群体无法承担的情况。

【案例升华】

以习近平新时代中国特色社会主义思想为指导,全面贯彻党的十九大和十九届二

中、三中、四中、五中全会精神,坚持以人民健康为中心,加强公立医院主体地位,坚持政府主导、公益性主导的原则,旨在保障人民群众的健康权益,建设更加公平、可持续的医疗卫生体系。将公益性主导作为基本原则,确保医疗卫生体系的核心目标始终是以人民健康为中心,不以盈利为导向,为广大人民群众提供质量高、价格合理的医疗服务。通过公益性主导,政府可以更好地保障基本公共卫生服务的提供,避免医疗资源过度向高收入群体倾斜,确保贫困人口和弱势群体也能享受到优质的医疗服务。

二、本章延伸阅读

延伸阅读1　香江集团 ERP 环境下全面预算管理系统的功能[①]

2005年12月,香江集团启动用友 ERP-NC 全面预算管理解决方案,在2005年8月完成第一期集团财务集中管理方案实施的前提下,经过3个月的实施,至2006年2月底,成功地在香江集团本部和南方香江集团下属20多家企业内,实现了全面预算的全流程管理、预算监控与预警机制。

香江集团推行的全面预算管理,覆盖三级下属单位,而且每个按照成本、利润中心模式考核的部门都进入预算执行组织内,纳入系统监管的范围,从而保证预算数据来源的全面性,而且覆盖了财务、市场、销售、采购、人力资源、后勤保障、工程施工等所有部门的行动计划和预算,例如,用人计划、广告展览计划、自查处置采购计划、预计资产负债表、利润表和收支表等。

香江集团针对不同的预算指标,规定了不同的控制方式,并且严格执行。例如,地产项目公司的管理费用采用按重点项目单独控制,以及其他项目组控制等方式,即对于额度大、可控性强的项目要求单项不能超过预算,同时要求管理费用总额不能超过预算额度。对于一个下属机构众多的集团企业来说,实时监控每个企业的预算指标执行情况,及时发现问题是十分有必要的。因此,香江集团针对不同企业的情况和集团管理目标要求,设计出不同预算的管理目标和控制要求。

为了保证预算管理的严肃性,香江集团规定,所有收支必须有预算前提。如果发生预算外的项目,必须经过部门领导、主管领导以及预算管理委员会的审批后,才能执行。基于工作流平台的用友 ERP 预算管理系统不但具有预算调整多级、跨单位审批功能,而且提供了在系统门户上的推式提醒和自动链接功能。让管理者非常方便地查看预算调整的申请并进行审批、签署审批意见,实现了预算调整流程的规范。

根据香江集团本部、房地产项目公司以及物业公司不同的行业经营特点,预算小

[①] 谢佳鑫. ERP 环境下的全面预算管理系统研究[D]. 成都:西南财经大学,2009.

组确定了相应的预算考核指标,并确定了各指标的业务含义和计算公式,同时,借助集团财务管理平台,预算考核可以在全集团内统一标准。

讨论:

(1)根据香江集团的资料,总结 ERP 环境下全面预算管理系统的功能分类。

(2)思考如何在 ERP 环境下进行全面预算管理系统的设计。

延伸阅读2　洛钼集团云财务环境下重构集团公司全面预算管理体系[①]

随着集团公司规模的不断扩大,各分子公司及具体部门数量不断增多,传统的全面预算管理模式已不能满足集团业财融合、统筹规划、及时准确等诸多要求,全面预算管理正面临着更大的挑战。云财务是大数据时代背景下的必然产物,它通过流程化、标准化的建设,有效降低了企业成本,提高了工作效率,推动了财务人员的角色转型,并实现了企业内部的有效控制。它的出现,通过搭建财务共享平台、数据中心等,为集团公司全面预算管理的发展提供了新的契机。如何借助云财务推动集团公司全面预算管理的顺利发展,已成为当下亟待解决的关键问题之一。

(一)云财务环境下集团公司全面预算管理的现状与变化分析

1.云财务有效提升集团公司预算管理效能

随着大数据、物联网、人工智能等高新技术的发展,云财务的应用影响了集团公司全面预算管理进程及效果,两者在一定程度上呈现出相辅相成的态势。

具体而言,一是集团公司借助云财务中的信息共享融合形成了一体化的预算管理模式。在传统预算管理模式下,由于集团公司业务部门、分支机构、下属公司多,分布广泛且相互间关联性差,难以实现预算任务的分解落实和有机调配。云财务的出现,使集团公司能够突破时间与空间的限制,实现信息共享与交换,进而实现预算一体化管理。在该种情况下,集团内各项资源实现了统一协调配置,进而推动预算编制水平迈上新台阶。

二是集团公司借助信息全方位对比分析实现了精准化预算编制。集团公司与云财务的有效融合,使企业财务运营信息在云技术的支持下,实现了与同行间的横向对比以及企业内部的纵向比较。这使得集团公司能够获取更为完整、精确且有效的预算结果及未来成本参数等预算信息数据。在此基础上,借助云端内存储的内外部全方位信息数据,集团公司能够得出更具前瞻性、柔性、弹性及更为精准的预算编制结果。

三是云财务应用与集团公司预算计划传达能力共同提升、相互促进。由上而下的层级式传递是集团公司传统预算管理计划的主要传递方式,在该种方式下传递效率和

[①] 王澍.云财务环境下集团公司全面预算管理体系重构研究——以洛钼集团为例[J].财会通讯,2022(7):136−141.

双向反馈速度均会因某一环节的意外停滞而受到阻碍，进而在一定程度上制约了集团公司全面预算管理系统在战略规划、运营控制、资源配置等工作方面的有效作用。集团公司引入云财务平台后，可在平台网络系统中实现集团内部预算计划的即时共享，迅速完成预算的上传下达。同时，云财务的综合应用能力也得到了显著提高，其独特作用得到了充分发挥，可谓相辅相成、相互融通。

2. 云财务推进集团公司预算管理流程优化

无法实现有机互联融通和通盘整体规划是集团公司传统预算管理模式存在的主要问题，导致预算流程无法与集团公司战略导向及运营发展规划同步。然而，随着云财务的引入，企业预算管理流程得到了优化的再造。结合企业战略规划及云端中枢数据库的具体数据信息，通过云平台处理系统，预算管理流程变得更加简洁、流畅及标准化。这不仅为集团公司节约了大量人力、物力及财力资源，还最大限度地释放了全面预算管理的功能作用。除此之外，云平台在权限内的公开透明检索调阅及信息数据的动态更新，进一步在数据和技术方面为集团公司预算流程信息数据高效快捷交换提供了帮助。云平台可第一时间针对不定时出现的资源错配和偏差谬误问题及时开展查错纠偏和调整改进，保证预算管理得以有效落地实施。

3. 云财务带动集团公司预算大数据中心的建设

随着云财务与全面预算管理的初步关联融合，大数据与云平台中存储数据的范围更加广，数据结构更为丰富。专注于集团公司内部数据的传统预算管理模式已难以满足数据爆炸式增长的处理需求。因此，建立与全面预算管理相配套的预算大数据中心变得尤为重要。预算大数据中心作为预算管理处理中枢，储存了外部相关预算参考指标和内部预算信息数据。它的设立基于集团公司实际发展现状、未来发展需求以及资本市场发展规律，有助于制定更契合集团公司价值链整体利益及企业战略导向的预算目标。随着预算大数据中心建设与云财务的进一步关联融合，集团公司全面预算管理具备了较强的数据动态更新能力。借助数据挖掘技术和数据库技术，不仅降低了预算编制成本，而且实现了对预算管理的事前、事中与事后监管。同时，预算大数据中心也促进了云财务在集团公司的应用实施，两者相辅相成。

（二）云财务环境下洛钼集团全面预算管理体系重构

1. 洛钼集团简介

洛阳栾川钼业集团股份有限公司（以下简称：洛钼集团）于1999年12月22日在河南省洛阳市成立，并分别于2007年4月26日和2012年10月9日成功登陆香港证券交易所（股票代码：03993）和上海证券交易所（股票代码：603993）。集团主要从事磷、铌、钴、钨、钼、铜等矿业的采选、冶炼、深加工等业务，拥有较为完整的一体化产业链条。集团拥有产品出口权,其产品远销东南亚、日本、韩国、欧洲、美国等国家和地区。洛钼集团现有4个分公司、5个子公司、5个控股公司、2个参股公司。总部设立监事会、董事会及党委会,以及资产管理部、安全环保与经济运行部、财务部、技术中心办公室、综合办公室等12个部门。

2.洛钼集团全面预算管理存在的问题分析

在全面预算管理方面,洛钼集团实行管理主体即责任主体的管理模式,董事会、总经理办公室和全面预算管理领导小组构成了集团的三个管理主体。其中,董事会是洛钼集团全面预算管理的最高决策机构,后两者则为集团全面预算管理的管理机构。这三个管理主体依据"纵向到底,横向到边"的原则,对集团全面预算管理的编制、执行、监督承担相应责任。集团预算执行机构则主要为业财部门和各个分子公司。然而,在此管理模式下,洛钼集团全面预算管理的实施存在以下几方面问题:

(1)预算编制烦琐。洛钼集团在预算编制过程中,为实现上传下达的功能,需要应对来自各部门的预算上报文件,还需要与预算管理结构和预算决策的战略部署相协调。洛钼集团共有11 000余名员工,在现有的预算编制模式下,全员参与的实施难度相对较大,会导致预算周期的延长且过程复杂。这不仅需要分解本年年度经营计划,需经过漫长的审核过程,而且在技术开发项目预算编制过程中,循环往复的审核和计算资金回报率会严重阻碍项目的推动。然而,编制周期越长对下级公司和部门的预算获取和执行影响越大,同时也增加了全面预算管理的成本负担。

(2)各分支机构预算数据的"信息孤岛"。在预算数据传达方面,洛钼集团很早就开始使用财务软件,但由于集团各分支机构的经营范围不同,通常会自主购买适合本企业业务的软件版本,而预算管理软件的使用差异则造成了集团内预算信息的分散,形成了"信息孤岛"。尽管洛钼集团各分支机构均从事磷、铌、钴、钨、钼、铜等矿业的采选、冶炼、深加工等业务,但由于产品种类繁多、各分支机构产品加工侧重点不同、业务语言多样化,导致母公司与分子公司、各分子公司之间相对独立,全集团信息化进度缓慢。

(3)预算中业财脱节。洛钼集团的预算管理工作连接着集团和各分子公司办公室、生产、销售、人力资源、经营发展、资产管理、财务及技术中心等诸多部门,集团虽具有预算管理委员会,但部门间的协调不足,导致业务与财务脱节。就财务部门而言,预算工作中业财语言的不同使得财务部门需要花费大量时间进行数据语言转化,而这需要频繁与业务部门针对数据展开交流与沟通。洛钼集团产品种类众多,进一步加剧了集团内财务部门的工作量。就业务部门而言,洛钼集团总部及各分子公司中业务部门众多,但多数部门缺乏相关经营计划和编制预算方案的知识,因此相关业务人员难以胜任预算流程中的数据资料、预算标准的获取与报送工作。这不仅会打消业务人员的工作积极性,还会增加集团整体的沟通和协调成本。此外,通过查看洛钼集团企业年报发现,在预算控制指标方面,洛钼集团对业务指标不够重视,仅构建了财务指标预算表。

(4)缺乏对预算的监督及调整。受市场环境不断变化的影响,洛钼集团采取半年一次的预算调整方式,该种方式虽在一定程度上使预算计划更加贴合集团发展现状,但难以实时掌控各分子公司的预算执行情况。同时,各个分子公司内部也存在无法有效监督各业务部门预算执行情况的问题。由于缺乏有效的信息技术支持,集团总部对各分子公司预算调整反馈及分子公司预算调整情况的上传存在时间延迟,导致集团内预算监督和调整形同虚设。这不仅不利于集团及其分子公司的统一控制和集中管理,还可能导致生产销售落后于市场行情,对企业利润造成负面影响。

3. 云财务环境下洛钼集团公司全面预算管理体系重构

信息化带动会计信息化和云财务的快速发展,也为解决洛钼集团传统全面预算管理中存在的问题提供了新思路。基于云财务,利用数据层、应用层等平台,从整体框架构建和流程设计两方面对洛钼集团的全面预算管理体系进行了重构,具体重构内容如下所述:

(1)整体框架构建

一是 IaaS 提供网络基础设施。云财务与全面预算管理的有效融合需要依赖基本的基础设备。洛钼集团为确保云财务软件及云计算的运行,采用了 IaaS(基础设施即服务)。该系统通过为洛钼集团提供虚拟化硬件服务器来隐藏集团内相关资源的异构性及复杂性。该系统的引入增加了集团内各硬件节点的负载能力,同时硬件资源虚拟化的实现,在一定程度上提高了财务共享中心、云计算、云财务软件等相关系统的安全性,进而有效满足了洛钼集团对云财务软件高可操作性、低成本、高可靠性及安全性的诸多需求。

二是 DaaS 提供数据资源库。洛钼集团为建设数据资源库及为相关业务提供数据云计算服务,采用了 DaaS(数据即服务),该系统是继 IaaS、PaaS、SaaS 之后又一个新兴的服务模式,它包含 PaaS、BPM(业务流程管理)、SOA(面向服务的架构)、数据集成、数据虚拟化等技术。DaaS 在洛钼集团的应用使系统不仅汇聚了集团磷、铌、钴、钨、钼、铜等产品生产、销售的具体数据,而且涵盖了集团各分子公司的数据资源。这些数据既有来自汇报文档、Excel 表格、图片或业务部门提供的非结构化数据,也有来自财务部门的结构化数据。这些数据通过云财务软件进入洛钼集团数据库,在数据处理方面采用 OLAP(联机分析处理)、数据挖掘等技术,有效地解决了洛钼集团各分支机构"信息孤岛"的问题。一般情况下,这些数据被存储在数据资源库中的人力资源、销售、成本等各个具体资源库模块中,需要时由各个部门独立下载使用。

三是 SaaS 提供全面预算管理应用服务。SaaS 云财务全面预算管理包括数据分析、交换、采集等模块。其中，数据分析模块与 DaaS 相结合，使得业务系统与财务系统之间的壁垒被打破，集团可以灵活地对业务指标、财务指标进行分析对比。数据交换模块则为洛钼集团与各分支机构、分支机构与各个部门之间的预算下达和数据审批提供技术支撑，同时可实现洛钼集团对各分支机构、各分支机构对各部门预算执行的实时监控。数据采集模块确保洛钼集团云财务平台内业务及财务数据得以及时更新，并与预算执行数据形成对比。在此基础上，集团管理人员可根据两者出现的误差或错误进行预算修复。

四是 PaaS 公共管理平台构建。作为云财务平台技术支撑，PaaS（平台即服务）在洛钼集团全面预算管理中发挥着至关重要的作用。PaaS 在洛钼集团中的应用，可实现集团财会系统和应用对接口数据控制的无缝衔接，相关员工可凭借特有权限对数据进行访问与下载，进一步为管理者及员工数据获取提供便利条件。除此之外，PaaS 还可用于集团各部门中各类应用系统的构建与整合，同时还可利用 PaaS 平台开发者提供的组件实现预算业务的拓展。例如，利用可视化和数据分析组件实现预算流程的透明化及可视化。

(2)流程设计

一是云财务全面预算的编制。在集团公司内，全体员工是否真正了解自己在预算中的任务和职责以及预算编制的依据是决定预算能否顺利执行的关键。为确保全面预算管理能够得到有效执行，洛钼集团借助云平台对预算进行讲解，并以员工或部门为单位细分集团年度经营计划、战略规划。为了让集团内每一位成员都能明确了解预算内容，集团规定了不同权限的员工所获得的平台资源不同，即为不同预算层级设置权限。洛钼集团的预算编制自每年的 10 月中旬开始，由各分子公司员工或各业财部门自行从云财务平台下载标准预算套表。员工按照上一年度财务预算、资本预算、管理及生产费用相关数据，进行下一年的预算编制。标准预算套表由集团按照年度经营计划及各业务部门经营任务设定。各分子公司以洛钼集团要求的预算格式，于 10 月底前将员工及部门预算的汇总结果上传至云平台，供预算管理委员会获取。在预算审批环节，集团的云财务预算管理系统中，具备审批权限的各分子公司负责人和预算管理委员会领导进行在线审核。同时，云财务平台根据审核结果自动生成并存储审核电子日记。云财务在洛钼集团全面预算管理中的应用，简化了人工传达的烦琐步骤，极大地缩减了预算编制周期。除此之外，洛钼集团的业务人员借助云财务平台实现了业务语言与财务语言的转化。如图 4-2 所示，借助 HPCC、Hadoop 等大数据技术，将复制在 ODS（业务同步复制库）中的业务语言转化为财务语言并录入数据中心。这样，业务人员无需花费较多的时间与财务部门进行数据沟通，从而有效降低了预算编制的时间成本,并使集团全面预算的编制更为便捷高效。

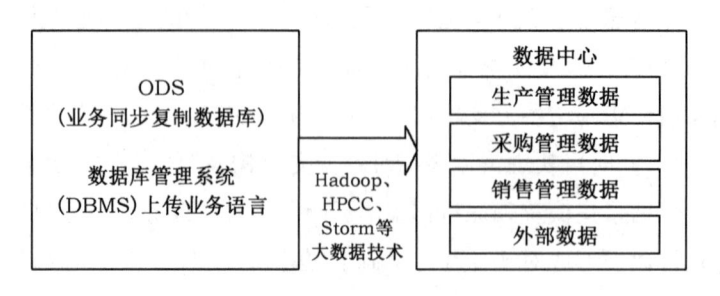

图 4—2 云财务数据转化图

二是云财务全面预算的执行与监督。洛钼集团在实行云财务全面预算管理后,为确保预算执行的整个过程均受到云财务系统的监控,集团将经过编制确定的数据录入系统中,作为"父值",并将实际发生额录入系统作为"子值"。这两者构成了预算执行及控制的基础,并始终受到云财务系统的监控。另外,针对洛钼集团预算指标多的特点,集团采用了相对与绝对相结合的预算监督方式。以生产费用为例,"相对控制"类别包括电力燃料费、设备折旧等,云财务预算管理系统在识别到某一项目达到预算临界值或超出预算时将及时发出预警;"绝对控制"类别包括员工薪酬、原材料费用、环保费、水费等生产成本费用,某一项目一旦超出预算,系统将自动被设置为不可入账。

在参与全面预算管理的过程中,洛钼集团可成立专门的监督小组,对预算的编制工作以及预算最后的执行情况进行有效的监督管理,以确保全面预算管理活动的顺利开展。由于集团预算流程复杂,需要设置预算监控的重要节点,包括预算审批、执行、对比及调整环节。在预算执行环节,云财务平台在识别到集团内预算执行无法入账或发生偏差触发预警系统时,自动启动偏差分析程序。在预算对比环节,相关负责人可以从云财务数据库中调取市场数据(如环保标准、消费者偏好、同期内同行业企业经营信息等)以及集团当期和历年财务、业务数据,为预算数据的横向及纵向对比提供数据支撑。在预算调整环节,全面预算方案一经批准,在洛钼集团内部即具有"法律效力",不得随意更改。预算执行单位若发现存在预算偏差,必须进行具体的分析,区分客观原因和主观原因。若为客观原因导致的偏差,如分子公司具体目标、编制人员、执行人员因预算编制与执行存在时间差而发生改变,导致公司整体预算出现偏差,应及时调整预算指标;若为主观原因造成则无需调整。

三是云财务全面预算的考核评价。由于洛钼集团分子公司、部门及员工数量众多,因此云财务全面预算考核评价应在考虑全面预算管理结果的基础上,将每个部门及员工考虑在内。因此,集团根据不同的考核主体编制了三类不同的预算评价模型,具体如下：

云财务下分子公司、集团层面预算评价模型。在参考洛钼集团去年考核指标的基础上，根据各分子公司管理需求和经营范围，为各分子公司量身定制包含业务和财务指标且符合企业发展现状的个性化预算评价模型。该模型涵盖了财务、客户、内部流程及学习与成长四个维度。在学习与成长维度中，增加了"员工职业健康检查率"指标；在客户维度中，增加了"供应商通过环境管理系统认证的比例"指标；在财务维度中，增加了"全年环境保护支出""安全培训投入"两个指标。为明确各指标权重，集团邀请了行业内外专家对具体考核指标的重要程度进行评估。

云财务下部门层面预算评价模型。因为洛钼集团产品种类较多，所以部门设置较为繁杂。以生产部门为例，在对其进行预算考评时，模型需提前设定考核标准和依据，并确定数据来源，即采用财务数据或业务数据。考评模型应包括某一具体产品从开始生产到结束的整个过程，生产部门层面的预算评价贯穿于整个生产流程。而且，业务及财务数据的选择不仅便于业务部门获取财务数据，还有利于财务部门下沉到业务。

云财务下员工层面预算评价模型。云财务下，洛钼集团员工层面的预算评价通常采用自我评价的形式。员工根据自身权限登录云财务预算评价体系，自行完成评价。一般情况下，上级领导评价和员工绩效考核是员工预算评价模型的主要内容。以生产车间员工预算评价为例，员工在自行填写专业职称、团队精神、出勤率、产品合格率等内容后，提交至主管进行审核。主管参考本期预算指标后，反馈自己意见并上交生产部门。

表 4－16　　云财务环境下洛钼集团分子公司、集团层面预算评价模型

维度	指标	预算目标	预算执行	预算差异	权重(%)	得分
财务	磷、铌等产品交易额				10	
	项目产值计划达成率				10	
	全面环境保护支出				20	
	应收账款回款率				20	
	净资产收益率				20	
	安全培训投入				20	

续表

维 度	指 标	预算目标	预算执行	预算差异	权重(%)	得 分
客户	供应商通过环境管理体系认证的比例				10	
	品牌形象和声誉				10	
	精细化客户满意度				20	
	磷、铌等产品客户满意度				20	
	磷、铌等产品客户忠诚度				20	
	市场份额				20	
内部流程	废水排气量同比下降				25	
	废气排放量同比变化率				25	
	SO_2 排放量同比变化率				25	
	外排废水达标率				25	
学习与成长	职业培训覆盖率				25	
	科技人员数量				25	
	年度授权专利数				25	
	员工职业健康检查率				25	

表 4—17　　　　云财务环境下洛钼集团生产部门层面预算评价模型

指 标	考核依据	考核标准	计算方式	权重(%)	得 分
安全防护				10	
流程改造率				10	
产量达成率				20	
产品质量合格率				20	
成本控制				20	
与其他部门的协调度				20	

4.云财务环境下洛钼集团全面预算管理体系应用成效

为证明云财务全面预算管理体系实施的有效性和可靠性,需对应用效果进行描述性分析,基于此,下面将从流程优化、目标管理和业财融合三个层面展开分析。

表 4—18　　　　云财务环境下洛钼集团生产车间员工层面预算评价模型

指 标	考核标准	计算方式	权重(%)	得 分
专业职称			10	

续表

指标	考核标准	计算方式	权重(%)	得分
团队精神			10	
出勤率			10	
产品合格率			20	
订单完成数量			20	
自评			10	
小计			10	
主管意见			10	

(1)流程优化层面的应用成效

首先,实现了数据的动态获取,洛钼集团能够实时借助数据层中的外部数据资源(如企业普遍人力成本、同行业持续经营状况等)及内部数据(如业务、财务等),并与审计部门和税务部门进行对接。这解决了传统全面预算管理模式中预算只编制不修复的硬性劣势。其次,实现了对预算节点的监控,使洛钼集团全面预算管理具备了实时更新性和信息透明性。为了监控预算流程中预算调整、执行、审批等重要节点,洛钼集团在多维数据模型及战略分析模型的基础上设置了预算执行超标预警系统,从而实现了对预算全过程的把控。最后,可提升预算效率。云财务下洛钼集团的全面预算管理因赋予了不同层面的员工不同的预算调整、审批、编制权限,明确了权责且实现了岗位分离,避免了人为因素造成的预算实施差错。同时,云平台具有共享和集成特点,一方面,集团分子公司及各部门通过云平台了解预算编制政策及企业战略规划,并将预算表上传至云平台;另一方面,预算管理委员会通过云平台向各部门、各分子公司下达个性化预算模板、生产经营计划和企业长期战略等。这种垂直化的上传下达在一定程度上提高了洛钼集团预算效率。

(2)目标管理层面的应用成效

一方面,云财务下的全面预算管理降低了"信息孤岛"效应。通过其共享和集成的优势,加强了各部门间、分子公司间、母子公司间的信息数据交流与沟通。同时,借助HPCC、Hadoop等大数据技术,实现了母子公司、业务语言与财务语言的转化,进一步打破了集团业务部门与财务部门之间的壁垒。这些改进能有效解决因业务、财务软件不同或缺少信息交流平台而造成的母子公司间、各部门间的"信息孤岛"问题。

另一方面,云财务的引入可实现战略和经营计划的细分。此前,洛钼集团的全面预算管理受传统财务会计的影响,其预算编制及运行方式偏财务化,导致各分子公司普遍对企业战略理解不够,不利于集团经营战略的延伸。云财务的加入改变了洛钼集

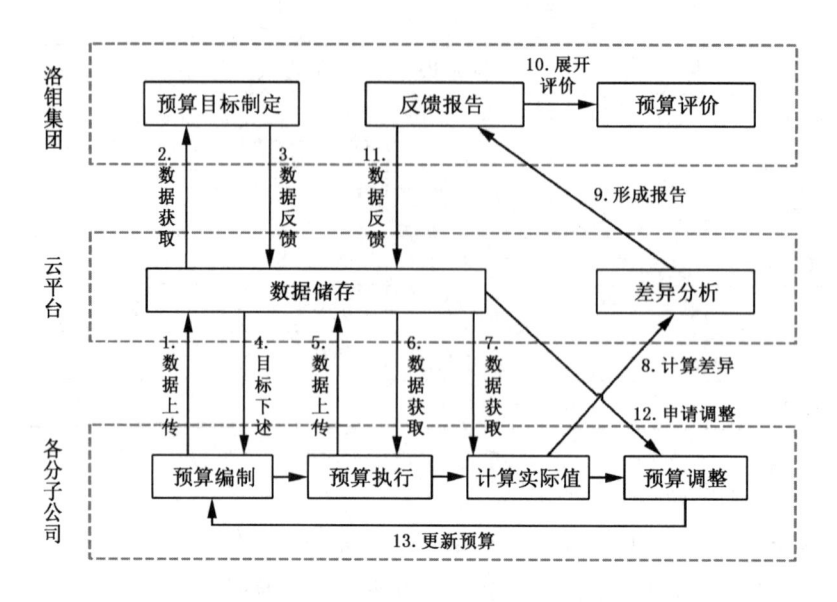

图4—3 云财务环境下洛钼集团全面预算管理流程

团全面预算管理模式,通过细分并下达经营计划和战略目标,增加了集团预算管理的战略导向性,使得战略部署的作用得以有效发挥。

(3)业财融合层面的应用成效

其一,实现了完整的业财融合指标选取。洛钼集团借助云财务平台数据中心,实现了对海量数据资源的多维度分析、分布处理及自动化甄别。这一数据分析过程主要从同行业、相关行业横向分析和集团历史数据纵向分析两方面展开,从而推动业财数据的更新。基于更新的业财数据,集团预算指标的选取需要在数据分析的基础上,确定与集团绩效、战略规划相吻合的业务指标和财务指标。

其二,促进了业财部门的一体化。云财务的引入使预算工作做到了集团各部门、各员工的全员参与,而不仅仅是财务部门的工作。此外,云平台的应用解决了业财语言不通的问题,为业务部门与财务部门交流沟通提供了具体平台。这不仅避免了不必要的时间成本浪费,还加快了洛钼集团业财部门一体化的进程。

(三)云财务环境下洛钼集团全面预算管理经验启示

通过上文对洛钼集团全面预算管理存在的问题、云财务下全面预算管理体系重构及应用成效的详细分析,本文将从以下几方面总结云财务下全面预算管理的经验启示。

1.保障系统数据信息安全

云财务的建立主要依托于大数据及互联网技术,因此面临网络安全性问题。为避免因网络安全问题而导致集团利益受损,集团应选择安全可靠的财务云服务商来构建全面预算管理云平台。具体而言:一是可采用更为先进的数据加密技术来构建云财务平台数据库,同时根据集团工作人员职务及级别设置不同的操作权限,对系统访问人员进行梳理和规范,以降低人为信息泄露风险;二是定期进行系统维护和数据备份,及时修复服务器安全漏洞并加强防火墙建设,以有效防治外在病毒的入侵;三是采用加密数据传送技术,按照错位乱序的形式传输用户所上传的原始预算数据,并采用分散存储的方式对预算数据进行分服务器存储,防止因某一服务器被入侵而造成大面积数据泄露问题的发生。

2. 优化全面预算管理流程

在云财务环境下,全面预算管理需要以云财务理念为基础,重新梳理并优化流程,使其更加简洁和标准化。预算管理流程标准化即进行系统优化和梳理改造,因此集团内部必须制定统一的预算业务制度来规范全面预算管理流程的实施。以洛钼集团为例,《全面预算管理办法》等一系列规范性文件的制定,为全员参与预算管理提供了制度依据,实现了整个集团上下全面预算制度的统一协调。除制度保障外,集团应明确预算管理流程再造是一个动态且持续的过程。集团员工不仅要具备持续改进预算管理流程的变革理念和优化意识,而且要自觉树立正确的全面预算管理意识,在了解集团战略规划及全面预算管理实施计划的基础上,从细节入手,配合集团对全面预算管理流程进行持续改进和提升。

3. 完善预算考核激励机制

集团应着眼于预算目标,在统筹考虑集团部门实际发展状况的基础上,制定科学合理的预算考核指标体系。通过云财务全面预算管理中对人员职责的划分来落实集团预算目标。同时,为激发员工参与全面预算管理工作的动力,集团可根据预算执行情况进行奖励或惩罚。一方面,预算考核应与部门及部门员工的绩效挂钩,同时引入全员持股制,对核心员工实行股份期权制,让员工在预算管理改革中有充分的发言权、监督权和参与决策权。这不仅能增强相关人员开展预算管理工作的积极性,还能激励他们严格执行预算控制。另一方面,将责任落实到人,实现预算过程责任、权责、利益和企业经营的有效统一,并将预算考核结果与具体责任人的绩效挂钩,以充分调动相关责任人参与预算管理的积极性和热情。

复习思考题与练习题

一、复习思考题

1. 什么是全面预算？
2. 全面预算有什么作用？
3. 业务预算包括哪些内容？如何编制？
4. 财务预算包括哪些内容？如何编制？

二、练习题

1. 资料：某公司计划期间第一季度的简略销售预算如表 4—19 所示：

表 4—19　　　　　　　　　第一季度销售预算表　　　　　　　　单位：元

月　份	1	2	3	合计
预计销售收入	50 000	75 000	90 000	215 000

若销售当月收回 60%的货款，次月收回 30%的货款，第 3 个月收回 10%的货款，计划年度期初应收账款余额 22 000 元，其中，包括上年度 11 月销售的应收账款 4 000 元，12 月销售的应收账款 18 000 元。

要求：

(1) 分别计算上年度 11 月及 12 月的销售额。

(2) 预计下一年第一季度各月的现金收入。

2. 资料：某企业着手编制 20×3 年 6 月的现金收支计划。预计 20×3 年 6 月初现金余额为 8 000 元，月初应收账款 4 000 元，预计月内可收回 80%；当月销货 50 000 元，预计月内收款比例为 50%；本月采购材料 8 000 元，预计月内付款 70%；月初应付账款 5 000 元，需在月内全部付清；月内以现金支付工资 8 400 元；本月制造费用等间接费用付现 16 000 元，其他经营性现金支出 900 元，购买设备支付现金 10 000 元。企业现金不足时可向银行借款，借款金额为 1 000 元的倍数，现金多余时可购买有价证券。要求月末现金余额不低于 5 000 元。

要求：

(1) 计算经营现金收入。

(2) 计算经营现金支出。

(3)计算现金余缺。

(4)确定最佳资金筹措或运用数额。

(5)确定现金月末余额。

3.资料:某公司甲车间采用滚动预算方法编制制造费用预算。已知20×2年各季度的制造费用预算如表4—20所示,20×2年3月31日,公司在编制20×2年第二季度至20×3年第一季度滚动预算时,发现未来的四个季度中将出现以下情况:

(1)间接人工费用预算工时分配率将上涨50%;

(2)设备租赁合同到期,公司新签订的租赁合同中设备年租金将降低20%;

(3)预计直接人工总工时如表4—20所示。假定水电与维修费用预算工时分配率等其他条件不变。

要求:

(1)以直接人工工时为分配标准,计算下一滚动期间的下列指标:

①间接人工费用预算工时分配率;

②水电与维修费用预算工时分配率。

(2)根据有关资料,计算下一滚动期间的下列指标:

①间接人工费用总预算额;

②每季设备租金预算额。

(3)计算填列20×2年第二季度至20×3年第一季度制造费用预算表中用字母表示的项目。

表4—20　　　　　　　　　　20×2年制造费用预算表　　　　　　　　　　单位:元

项　目	第一季度	第二季度	第三季度	第四季度	合　计
直接人工(小时)	11 400	12 060	12 360	12 600	48 420
变动制造费用					
间接人工费用	50 160	53 064	54 384	55 440	213 048
水电与维修费用	41 040	43 416	44 496	45 360	174 312
小　计	91 200	96 480	98 880	100 800	387 360
固定制造费用					
设备租金	38 600	38 600	38 600	38 600	154 400
管理人员工资	17 400	17 400	17 400	17 400	69 600
小　计	56 000	56 000	56 000	56 000	224 000
制造费用合计	147 200	152 480	154 880	156 880	611 360

表4—21　　　　　20×2年第二季度至20×3年第一季度制造费用预算表　　　　　单位:元

项　目	20×2年 第二季度	20×2年 第三季度	20×2年 第四季度	20×3年 第一季度	合　计
直接人工(小时)	12 100	(略)	(略)	11 720	48 420
变动制造费用					
间接人工费用	A	(略)	(略)	B	(略)
水电与维修费用	C	(略)	(略)	D	(略)
小　计	(略)	(略)	(略)	(略)	493 884
固定制造费用					
设备租金	E	(略)	(略)	(略)	(略)
管理人员工资	F	(略)	(略)	(略)	(略)
小　计	(略)	(略)	(略)	(略)	(略)
制造费用合计	171 700	(略)	(略)	(略)	687 004

第五章　短期经营决策

> **本章概述**

本章在概述短期经营决策的基础上,逐一分析了生产决策、定价决策和存货决策中使用的方法。同时,结合实务例题,对具体的短期经营项目决策进行了分析。此外,结合思政案例与延伸阅读,进行内容拓展。

> **思政目标**

本章旨在引导学生深刻理解产品定价问题对社会公正和消费者自我保护意识的影响。

> **育人元素**

本章注重培养学生的消费者自我保护意识,鼓励他们加强对产品定价的理性判断,增强维权意识,从而有效维护自身权益和社会公共利益。

第一节　短期经营决策概述

一、短期经营决策的概念

短期经营决策是指企业为有效地组织当前的生产经营活动,合理利用经济资源,以期在不远的将来取得最佳的经济效益而进行的决策。短期经营决策分析的决策结果主要影响或决定企业一年或一个经营周期的经营实践的方向、方法和策略,侧重于如何在资金、成本、利润等方面充分利用企业现有资源和经营环境,以取得尽可能大的经济效益。

从短期经营决策分析的定义中可以看出，在其他条件不变的情况下，判定某项决策方案优劣的主要标志是看该方案能否使企业在一年内获得更多的利润，或者为达到相应目标利润投入更少的资金。

二、短期经营决策的种类

短期决策的种类繁多，概括地说，主要包括生产决策、定价决策和存货决策三大类。

（一）生产决策

生产决策是指在短期内，针对生产领域中的关键问题做出决策，这些问题包括"生产什么？""生产多少？"以及"如何生产？"等，具体的生产决策包括"剩余生产能力如何运用？""亏损产品是否应该停产？""产品是否需要进一步加工？""生产批量的确定？"等。

具体地说，生产决策包括新产品开发的品种决策、亏损产品是否需要停产或增产的决策、是否接受特殊价格追加订货的决策、联产品是否深加工的决策、零部配件取得方式的决策、产品最优组合的决策、生产工艺技术方案的决策等。

（二）定价决策

定价决策是指短期内企业为实现其定价目标而科学合理地确定商品的最合适价格。影响定价的因素，主要包括竞争态势、品牌、销量或利润目标、生命周期四个方面。除此之外，还有一些因素影响定价，但它们处于相对次要、战术性地位。这种决策所经常采用的方法包括以成本为导向的定价决策、以需求为导向的定价方法、以特殊情况为导向的定价方法等。

（三）存货决策

存货决策是指如何将存货的数量控制在最优的水平，以及在什么情况下再订货和每次应订购多少数量以达到最经济的效果。具体决策包括两类：存货的控制决策和存货的规划决策。

三、短期经营决策的决策方案

决策过程实质上就是对各种方案进行分析并做出选择的过程。按照数量特征，决策方案可分为单一方案和多方案两种类型。

单一方案是指在确定决策目标之后仅设计一个决策方案，决策者需要做出接受或拒绝的选择。例如，亏损产品是否停产，是否接受特殊订货等。

多方案是指具有两个或两个以上的备选方案。根据这些方案的内在关系，可将多方案分为互斥方案、排队方案以及组合方案等。其中，互斥方案在短期经营决策中出现的频率最高。互斥方案是指所有备选方案之间存在着相互排斥关系，即决策者只能选取一个最优方案，例如新产品开发决策、零配件自制或外购决策等。

四、短期经营决策的常用方法

短期经营决策的常用方法包括单位资源边际贡献分析法、边际贡献总额分析法、差量损益分析法、相关损益分析法、相关成本分析法、成本无差别点法等。

（一）单位资源边际贡献分析法

单位资源边际贡献分析法是指以有关方案的单位资源边际贡献指标作为决策评价指标的一种方法。单位资源边际贡献是一个正指标，根据它做出决策的判断标准是：哪个方案的该项指标大，则该方案为优。这种方法常用于生产经营决策中的互斥方案决策。

在企业某项资源，例如原材料、人工工时、机器工时等受限制的情况下，可以采用单位资源边际贡献分析法。当企业生产只受到某一项资源（例如某种原材料、人工工时或机器台时等）的约束，并已知备选方案中各种产品的单位边际贡献和单位产品资源消耗额（例如材料消耗定额、工时定额）时，可以按照以下公式计算单位资源所能创造的边际贡献指标，并将其作为决策评价指标：

$$单位产品边际贡献 = 销售单价 - 单位变动成本$$

$$单位资源边际贡献 = \frac{单位产品边际贡献}{单位产品资源消耗定额}$$

（二）边际贡献总额分析法

边际贡献总额分析法是指以有关方案的边际贡献总额指标作为决策评价指标的一种方法。边际贡献总额是一个正指标，根据它做出决策的判断标准是：哪个方案的该项指标大，则该方案为优。边际贡献总额法不仅适用于对单项产品的生产进行分析、决策，而且适用于对多种产品的生产进行分析、决策。

当有关决策方案的相关收入不为零，且相关成本全部为变动成本时，可以将边际贡献总额作为决策评价指标。当开发新产品不存在专属成本时的品种决策判断标准如表5—1所示。

表 5—1　　　　　　　　　　　　　边际贡献总额分析表

项目＼方案	A 方案	B 方案
相关收入	R_A	R_B
相关成本	C_A	C_B
边际贡献	Tcm_A	Tcm_B

如果 $Tcm_A > Tcm_B$，则 A 方案优于 B 方案；如果 $Tcm_A < Tcm_B$，则 B 方案优于 A 方案；如果 $Tcm_A = Tcm_B$，则 A 方案与 B 方案相同。

（三）差量损益分析法

差量损益分析法是指在进行两个相互排斥方案（以下简称"互斥方案"）的决策时，以差量损益指标作为评价方案取舍标准的一种方法。根据差量损益 ΔP 与 0 的比较，选择最优方案。

由于此方法需要以各有关方案的相关收入和相关成本作为基本数据，因此，必须进行细致的相关分析，尤其要逐一列出相关成本项目具体的明细项目。

该法一般要通过编制差量损益分析表计算差量损益指标，其一般格式如表 5—2 所示。

表 5—2　　　　　　　　　　　　　差量损益分析表

项目＼方案	A 方案	B 方案	差异额（Δ）
相关收入	R_A	R_B	ΔR
相关成本	C_A	C_B	ΔC
差量损益			ΔP

注：$\Delta R = R_A - R_B$，$\Delta C = C_A - C_B$，$\Delta P = \Delta R - \Delta C$。

根据差量损益做出决策的判断标准是：如果差量损益为正数，即 $\Delta P > 0$，则前一个方案更优，A 方案优于 B 方案；如果差量损益为负数，即 $\Delta P < 0$，则后一个方案更优，B 方案优于 A 方案；如果 $\Delta P = 0$，则 A 方案与 B 方案的效益相同。

（四）相关损益分析法

相关损益分析法是指在进行短期经营决策时，以相关损益指标作为决策评价指标的一种方法。相关损益指标是一个正指标，是指某方案的相关损益是该方案相关收入与相关成本之差，根据它做出决策的判断标准是：哪个方案的相关损益最大，则该方案最优。相关损益分析法通常需要编制相关损益分析表，其格式如表 5—3 所示。

表 5—3　　　　　　　　　　　　　　相关损益分析表

项目＼方案	A 方案	B 方案	…	N 方案
相关收入	R_A	R_B	…	R_N
相关成本	C_A	C_B	…	C_N
相关损益	P_A	P_B	…	P_N

（五）相关成本分析法

相关成本分析法是指在短期经营决策中，当不考虑各备选方案的相关收入时，通过比较各方案的相关成本指标，做出方案选择的一种方法。相关成本是一个反指标，根据它做出决策的判断标准是：哪个方案的相关成本最低，则该方案最优。该方法实质上是相关损益分析法的特殊形式。相关成本分析法也可以通过编制相关成本分析表进行决策，其格式如表 5—4 所示。

表 5—4　　　　　　　　　　　　　　相关成本分析表

项目＼方案	A 方案	B 方案	…	N 方案
变动成本	C_{A1}	C_{B1}	…	C_{N1}
机会成本	C_{A2}	C_{B2}	…	C_{N2}
专属成本	C_{A3}	C_{B3}	…	C_{N3}
相关成本合计	$\sum C_A$	$\sum C_B$		$\sum C_N$

（六）成本无差别点法

成本无差别点法是指在各备选方案的相关收入均为零，且相关的业务量为不确定因素时，通过判断处于不同水平上的业务量与成本无差别点业务量之间的关系，做出互斥方案决策的一种方法。根据业务量与无成本差别点 X_0 的比较来确定最优方案。

成本无差别点法是以成本无差别点业务量作为最终的评价指标，根据成本无差别点所确定的业务量范围来决定方案取舍的一种决策方法。这种方法适用于只涉及成本，而且业务量未知的方案决策。

成本无差别点业务量是指能使两种方案总成本相等的业务量，又称成本分界点。其基本公式如下：

$$\text{成本无差别点业务量} = \frac{\text{两方案相关固定成本之差}}{\text{两方案单位变动成本之差}}$$

即：

$$X_0 = \frac{a_1 - a_2}{b_2 - b_1}$$

其中：X_0 表示成本无差别点的业务量；a_1 表示 A 方案的固定成本，b_1 表示 A 方案的单位变动成本；a_2 表示 B 方案的固定成本，b_2 表示 B 方案的单位变动成本。上式满足 $a_1 > a_2$、$b_1 < b_2$ 或者 $a_1 < a_2$、$b_1 > b_2$，这也意味着方案之间的相关固定成本水平与单位变动成本水平相互矛盾，比如第一个方案的相关固定成本大于第二个方案的相关固定成本，而第一个方案的单位变动成本小于第二个方案的单位变动成本。

根据该法做出决策的判断标准是：当业务量大于成本无差别点 X_0 时，固定成本较高的 A 方案优于 B 方案；当业务量小于成本无差别点 X_0 时，固定成本较低的 B 方案优于 A 方案；当业务量恰好等于成本无差别点 X_0 时，两个方案的成本相等，效益无差别。我们也可使用画图法进行分析。

第二节 短期经验决策应用

一、生产决策

（一）新产品决策

企业要在激烈的市场竞争中立于不败之地，就需要不断地开发新产品，促进产品的更新换代，以满足市场日益增长的需求，保持并扩大企业在市场中的份额。

新产品投产的决策问题，主要涉及新产品品种的选择。如果企业生产能力有限，新产品的生产会影响原有老产品的产量，则应考虑减产老产品的损失即机会成本问题。如果投产不同的新产品会发生不同的固定成本开支，决策时还应考虑这些专属固定成本。

1. 开发新产品不存在专属成本时的品种决策

当有关决策方案的相关收入不为零，且相关成本全部为变动成本时，可以将边际贡献总额作为决策评价指标。当新产品不存在专属成本时，可以采用边际贡献总额分析法。

【实务题 5-1】 宝升公司准备利用剩余生产能力开发新产品，有 A、B 两种产品可供选择，生产 A 产品的最大产量为 1 000 件，生产 B 产品的最大产量为 1 500 件。

A产品单位售价为50元,单位变动成本为35元。B产品单位售价为35元,单位变动成本为20元。开发新产品不需要追加专属成本。

要求:根据上述资料,分析宝升公司应开发哪个产品。

【解析】 A产品边际贡献总额＝(50－35)×1 000＝15 000(元)

B产品边际贡献总额＝(35－20)×1 500＝22 500(元)

因此,该企业应开发生产B产品。

2.开发新产品存在专属成本时的品种决策

在开发新产品存在专属成本的情况下,可以采用差量损益分析法。

【实务题5-2】 宝升公司可供选择的A、B两种产品分别需要追加专属成本6 000元和5 000元。

要求:根据上述资料,分析宝升公司应开发生产哪种产品。

【解析】 根据上述资料,编制A、B两种产品的差别损益分析表(见表5－5)。

表5－5　　　　　　　　A、B两种产品的差别损益分析表　　　　　　　单位:元

项目＼方案	开发A产品	开发B产品	差异额
相关收入	50×1 000＝50 000	35×1 500＝52 500	－2 500
相关成本	35×1 000＋6 000＝41 000	20×1 500＋5 000＝35 000	＋6 000
差别损益			－8 500

由表5－5可知,ΔP＝－8 500,因此,B产品优于A产品,宝升公司应开发生产B产品。

知识链接

专属成本是指可以明确归属于企业生产的某种产品,或为企业设置的某个部门而发生的固定成本。

3.企业某项资源受限制时的品种决策

企业生产仅受单一资源(例如原材料、机器工时、人工工时)限制,且已知备选方案中各种产品的单位边际贡献和单位产品资源消耗额的条件下,可以使用单位资源所创造的边际贡献作为决策评价指标。

【实务题5-3】 嘉易公司现有生产能力50 000机器小时,利用程度为95%,剩余的生产能力既可用来开发新产品甲,每件定额工时4小时,但需要追加专属成本2 000元;又可用来生产乙产品,每件定额工时5小时,预计有关资料如表5－6所示。

表 5—6 甲、乙产品价格成本资料 单位:元

项目\方案	开发甲产品	生产乙产品
单价	40	48
单位变动成本	22	28

要求:根据以上资料,做出该企业利用剩余生产能力生产哪种产品较为有利的决策。

【解析】 根据上述资料,确定剩余生产能力下甲、乙产品的产量,进一步确定。其计算过程见表5—7。

表 5—7 甲、乙产品的单位资源边际贡献分析表

项目\方案	开发甲产品	生产乙产品
总产能(小时)	\multicolumn{2}{c}{50 000}	
剩余产能(小时)	\multicolumn{2}{c}{50 000×(1−95%)=2 500}	
定额工时(小时/件)	4	5
最高产量(件)	2 500÷4=625	2 500÷5=500
边际贡献总额(元)	(40−22)×625−2 000=9 250	(48−28)×500=10 000
单位资源边际贡献(元/小时)	9250÷625÷4=3.7	(48−28)÷5=4

注:乙产品不涉及专属成本,可直接计算单位资源边际贡献,无需计算产量。

由表5—7可知,乙产品的单位资源边际贡献更高,因此应选择生产乙产品,放弃开发甲产品。

(二)亏损产品的生产决策

亏损产品的决策,是指在多品种生产经营的环境下,当其中一种产品为亏损产品(即其销售收入低于销售成本)时,企业所做出的是否按原规模继续生产或扩大规模生产该亏损产品的决策。

在对亏损产品是否继续生产做出决策前,首先要对该亏损产品进行分析。如果采用完全成本法进行分析,答案似乎很简单,既然产品不能为企业实现盈利,当然应当停产。但是,如果采用变动成本法进行分析,往往会得出相反的结论。但按照本量利分析的观点,产品销售收入扣除变动成本后即为边际贡献,边际贡献减去固定成本才得出利润。因此,亏损产品可细分为"实亏损"产品和"虚亏损"产品两类。"实亏损"产品是指销售收入低于变动成本,边际贡献为负数的产品。"虚亏损"产品是指销售收入高于变动成本,边际贡献为正数但小于固定成本的产品。

对于"实亏损"产品,由于其边际贡献为负数,生产越多亏损越多,除非特殊需要,一般不建议继续生产。而对于"虚亏损"产品,由于其边际贡献是正数,因此它对企业还是有贡献的。它之所以表现为亏损,是因为其边际贡献还不足以弥补全部固定成本,如果停止生产,由于固定成本依然存在,因此亏损不仅不能减少,而且会增加。因此,企业应想办法增加销量、扩大产量。

1.是否继续生产亏损产品的决策

由于亏损产品是否停产的决策并不影响企业的固定成本总额,因此这类决策问题一般采用边际贡献总额法进行分析。具体又分两种情况,即相对剩余生产经营能力无法转移、相对剩余生产经营能力可以转移。

(1)相对剩余生产经营能力无法转移时

相对剩余生产经营能力是指当停止按原有规模组织生产某一亏损产品时,企业所拥有的暂时闲置的生产经营能力。相对剩余生产经营能力无法转移,是指由于停产而导致的闲置能力无法被用于企业经营的其他方面,既不能转产也不能对外出租有关设备。

采用边际贡献来判定企业是否继续生产亏损产品,当满足下列条件时,则亏损产品为"虚亏损",应继续生产:单价>单位变动成本,收入>变动成本,单位边际贡献>0,边际贡献总额>0,边际贡献率>0,变动成本率<1。

继续生产这类能够提供正的边际贡献的亏损产品,有助于补偿一部分固定成本。因为固定成本属于沉没成本,如果停止生产该亏损产品,固定成本会转嫁给其他产品,导致企业损失相当于该亏损产品所能提供的边际贡献的利润。

知识链接

相对剩余生产经营能力是由于市场容量或经济效益原因的影响,决策规划的未来生产经营规模小于正常生产经营能力而形成的差量额,也可以理解为因临时转变经营方向而闲置的那部分生产经营能力。

知识链接

绝对剩余生产经营能力是指暂时未被利用的生产经营能力,它是企业最大生产经营能力与正常生产经营能力的差值,属于生产经营能力的潜力。

【实务题5-4】 A企业生产甲、乙、丙三种产品,年终结算,共实现盈利8万元。其中,甲产品盈利8万元,乙产品盈利2万元,丙产品亏损2万元。丙产品年销售收入为18万元,年变动成本为16万元,年固定成本为4万元,净亏损2万元。

要求:根据以上资料,分析该企业是否应停止丙产品。

【解析】 具体分析如下:

丙产品的边际贡献＝18－16＝2(万元)

由上式可知,边际贡献小于固定成本时,丙产品为"虚亏损"产品。应继续生产丙产品,因为如果停止丙产品的生产,其固定成本4万元因其是沉没成本,因此就要分摊到甲、乙两种产品中去,冲减利润4万元,使得企业的利润由原来的8万元降低到6万元,减少了2万元。由此可见,当其他产品不能增产,又不能安排生产其他有利的产品来代替丙产品时,继续生产丙产品对企业有利。因为丙产品虽然是亏损产品,但它可以提供2万元的边际贡献,相应地提高了企业的利润总额。

通过上面的分析,可以得出如下结论:保留亏损产品的决策域是其边际贡献大于0,这样,企业仍然有利可图;当边际贡献等于0时,盈亏两平,利润为0;当边际贡献小于0时,产品已属于绝对亏损产品,就应该停止该产品的生产,否则就会给企业带来经济损失。

(2)相对剩余生产经营能力可以转移

相对剩余生产经营能力可以转移,是指由于停产而导致的闲置能力可以被用于企业的其他经营活动。当相对剩余生产经营能力可以转移时,继续生产亏损产品的方案就会产生相关的机会成本,该机会成本就是其他经营活动可获得的边际贡献。

满足下列条件时,应继续生产该亏损产品:亏损产品的边际贡献＞相对剩余生产经营能力可以转移的机会成本。

满足下列条件时,应该停止该亏损产品的生产:亏损产品的边际贡献＜相对剩余生产经营能力可以转移的机会成本。

【实务题5-5】 A企业生产甲产品,其销售收入为1 000万元,变动成本为800万元,发生亏损200万元,如果甲产品停产后其相对剩余生产经营能力可以对外承揽加工业务,预计可获得250万元边际贡献。

要求:根据以上资料判断是否继续生产甲产品。

【解析】 该方案的机会成本为250万元,甲产品的边际贡献为200万元。由于亏损产品的边际贡献小于相对剩余生产经营能力可以转移的机会成本,因此,应停止生产甲产品,如果继续生产,会多损失50万元的利润。

2.亏损产品是否增产的决策

亏损产品是否增产的决策分为下列三种情况:(1)已具备增产能力且无法转移;(2)已具备增产能力但可以转移;(3)不具备增产能力。此类决策可以采用边际贡献总额分析法、差别损益分析法以及相关损益分析法等方法。

(1)已具备增产能力且无法转移时

企业已具备增产能力且无法转移,其中增产能力即为绝对剩余生产经营能力。

【实务题5-6】 20×1年,A企业甲产品销售量为1 000件,单位变动成本为80元,发生亏损10 000元,其销售收入为100 000元。假设20×2年A企业已具备增产30%甲产品的能力,且该增产能力无法转移,市场上有可以接受增产产品的容量且其他条件均不变。

要求:采用边际贡献总额分析法做出是否增产甲产品的决策。

【解析】 根据以上资料,编制边际贡献总额分析表(见表5—8)。

表5—8　　　　　　　甲产品是否增产边际贡献总额分析表　　　　　　单位:元

项目＼方案	增产甲产品	继续按原有规模生产甲产品
相关收入	100 000×(1+30%)=130 000	100 000
相关成本	80 000×(1+30%)=104 000	80 000
边际贡献	26 000	20 000

由表5—8可知,增产甲产品的边际贡献大于继续按原有规模生产的边际贡献,因此,A企业应该增产甲产品。

【实务题5-7】 承实务题5—6中的资料。

要求:使用差别损益分析法做出是否增产甲产品的决策。

【解析】 增产甲产品的相关业务量为300件(1 000×30%),甲产品单价为100元,根据以上资料,编制差别损益表(见表5—9)。

表5—9　　　　　　　甲产品是否增产差别损益表　　　　　　单位:元

项目＼方案	增产甲产品	不增产甲产品	差异额
相关收入	100×300=30 000	0	+30 000
相关成本	80×300=24 000	0	+24 000
其中:增量成本	80×300=24 000	0	—
差别损益			+6 000

差别损益为+6 000元>0,因此,应当增产甲产品,A企业可以多获得6 000元的利润。

【实务题5-8】 承实务题5—6,A企业在停产甲产品后,其相对剩余生产经营能力可以用于对外承包加工业务,预计可获得25 000元边际贡献。

要求:采用相关损益分析法做出是否增产甲产品的决策。

【解析】 根据以上资料,编制相关损益分析表(见表5—10)。

表 5-10　　　　　　　　　　　　　相关损益分析表　　　　　　　　　　　单位:元

方案 项目	增产甲产品	不增产甲产品	
		继续按原有规模生产甲产品	停产甲产品
相关收入	100×1 300=130 000	100 000	0
相关成本	104 000+25 000=129 000	80 000+25 000=105 000	0
其中:变动成本	80×1 000=80 000	80 000	0
增量成本	80×300=24 000	0	0
机会成本	25 000	25 000	0
相关损益	+1 000	-5 000	0

增产甲产品的相关损益+1 000 元最大,该方案最优,因此,A 企业应该增产甲产品。

企业已具备增产能力且无法转移时,应按照以下原则进行决策:

①如果某亏损产品不应该被停止生产,可利用边际贡献总额分析法和差别损益分析法来分析,判断是否应该增产该亏损产品。

②如果亏损产品能提供正的边际贡献,但这个边际贡献小于停产后释放的相对剩余生产经营能力转移的有关机会成本,那么应当运用相关损益分析法来比较"增产亏损产品"方案与"不增产且应当停产"方案。值得注意的是,增产方案的相关成本中应当考虑与停产后的相对剩余生产经营能力转移有关的机会成本,且增产方案的相关业务量应当为增产后的全部产量。

(2)已具备增产能力但可以转移时

当企业已具备增产能力但可以转移时,可以利用相关损益法来选择"增产亏损产品"方案或"停产亏损产品"方案。在决策时还要注意以下两点:

①增产亏损产品方案的相关成本中,除了增量成本,还包括两项机会成本:一是停止生产亏损产品形成的相对剩余生产能力转移有关的机会成本;二是与增产亏损产品绝对剩余生产能力转移的有关机会成本。

②增产亏损产品方案的相关业务量是增产后的全部产量。

【实务题5-9】　承实务题5-8,A 企业 20×2 年具备增产的 30% 的能力可以转移,且可以承揽对外加工业务,预计可获得边际贡献 10 000 元。

要求:采用相关损益分析法做出是否增产甲产品的决策。

【解析】　与相对剩余能力有关的机会成本=25 000(元)

与绝对剩余能力有关的机会成本=10 000(元)

根据以上资料,编制相关损益分析表(见表 5-11)。

表 5—11　　　　　　　　　　　　相关损益分析表　　　　　　　　　　单位:元

项目\方案	增产甲产品	不增产甲产品
相关收入	130 000	0
相关成本	104 000＋25 000＋1 000＝139 000	0
其中:变动成本	80×1 000＝80 000	80 000
增量成本	80×300＝24 000	0
与相对剩余能力有关的机会成本	25 000	0
与绝对剩余能力有关的机会成本	10 000	0
相关损益	−9 000	0

由表 5—11 可知,A 企业不应该增产甲产品。

(3)不具备增产能力时

当企业不具备增产能力时,若要达到增产亏损产品的目标,应该追加一定的专属成本。在此情境下,增产亏损产品的方案中的相关成本将包括增量成本、机会成本和专属成本。即使企业不具备增产能力时,也可以利用相关损益分析法来分析和判断各方案。

【**实务题5-10**】　20×1 年,A 企业甲产品销售量为 1 000 件,单位变动成本为 80 元,发生亏损 10 000 元,其销售收入为 100 000 元。A 企业在停产甲产品后,其停产后的相对剩余生产经营能力可以用于对外承包加工业务,预计可获得 25 000 元边际贡献。A 企业没有增产甲产品的能力,但为了满足市场需求,A 企业新购置了一台价值 11 000 元的设备,该设备每年折旧 1 000 元。购置新设备后,甲产品销售收入达到 140 000 元,变动成本达到 112 000 元。市场上可以接受增产甲产品的能力。

要求:采用相关损益分析法做出是否增产甲产品的决策。

【**解析**】　根据以上资料,编制相关损益分析表(见表 5—12)。

表 5—12　　　　　　　　　　　　相关损益分析表　　　　　　　　　　单位:元

项目\方案	增产甲产品	不增产甲产品
相关收入	140 000	0
相关成本	138 000	0
其中:变动成本	112 000	0
机会成本	25 000	0
专属成本	1 000	0
相关损益	＋2 000	0

由表 5-12 可知，A 企业应该增产甲产品，这样企业可多获得 2 000 元利润。

因此，是否增产亏损产品的决策可归纳为以下三种情况：

①企业已具备增产能力且无法转移，若边际贡献＞0，则可以增产。

②企业已具备增产能力且可以转移，若边际贡献－机会成本＞0，则可以增产。

③企业尚不具备增产亏损产品的能力，若边际贡献－专属成本＞0，则可以增产。

（三）半成品直接销售或进一步加工的决策

半成品，是指经过一定生产过程并已检验合格交付半成品仓库保管，但尚未制造完工成为产成品，仍需进一步加工的中间产品。这些中间产品通常可以中途出售，也可以经过加工后再出售。半产品之前的成本已经发生，属于沉没成本。将半成品加工成产成品需要追加一定的加工成本。因此，企业经常要对是否继续加工半成品或直接出售半成品做出决策。对于这类问题，企业决策时需要考虑半产品进一步加工后增加的收入是否超过增加的成本，通常可以采用差别损益分析法来判断。

针对半产品是否进一步加工决策的差别损益分析法运用，通常需要编制差别损益分析表（见表 5-13）。

表 5-13　　　　　　　　　　差别损益分析表

项目＼方案	继续加工为产成品	直接出售半产品	差异额
相关收入	产成品单价×产成品销售量	半成品单价×半成品销售量	差别收入
相关成本	以下各项合计	0	差别成本
其中:加工成本	单位加工成本×相关加工量	0	—
机会成本	已知	0	—
专属成本	已知	0	—
差别损益			ΔP

继续加工为产成品方案中的"相关成本"包括以下几个部分：按继续加工量计算的将半成品加工成产成品的加工成本；当企业不具备继续加工能力时，所需要形成继续加工能力而增加的专属成本，当企业具备可以转移的继续加工能力时，相关的机会成本。

【实务题 5-11】　A 企业生产甲半成品，单位成本为 80 元，售价为 100 元，年产量为 1 000 件。甲半成品经过继续加工可以成为乙产品，乙产品的市场售价为 200 元，每生产一件乙产品需要追加加工成本 80 元。

A 企业具备继续加工的能力，且凭借此能力可以对外承揽其他产品加工，预计可获得 15 000 元的边际贡献。

要求：采用差别损益分析法做出是否将甲半成品继续加工成乙产品的决策。

【解析】 根据以上资料,编制甲半成品的差别损益分析表(见表5-14)。

表 5-14　　　　　　　　　　　　　差别损益分析表　　　　　　　　　　　单位:元

项目＼方案	继续加工为乙产品	直接出售甲半成品	差异额
相关收入	200×1 000＝200 000	100×1 000＝100 000	＋100 000
相关成本	95 000	0	＋95 000
其中:加工成本	80×1 000＝80 000	0	—
机会成本	15 000	0	—
差别损益			＋5 000

由表5-14可知,将甲半成品继续加工成乙产品,能使企业多获得5 000元的利润。

【实务题5-12】 A企业生产甲半成品,单位成本为80元,售价为100元,年产量为1 000件。甲半成品经过继续加工可以成为乙产品,乙产品的市场售价为200元,每生产一件乙产品需要追加加工成本80元。

A企业不具备继续加工的能力,因此,购进一项设备,该设备成本为400 000元,每年折旧25 000元。

要求:采用差别损益分析法做出是否将甲半成品继续加工成乙产品的决策。

【解析】 根据以上资料,编制甲半成品的差别损益分析表(见表5-15)。

表 5-15　　　　　　　　　　　　　差别损益分析表　　　　　　　　　　　单位:元

项目＼方案	继续加工为乙产品	直接出售甲半成品	差异额
相关收入	200×1 000＝200 000	100×1 000＝100 000	＋100 000
相关成本	105 000	0	＋105 000
其中:加工成本	80×1 000＝80 000	0	—
专属成本	25 000	0	—
差别损益			－5 000

由表5-15可知,当A企业继续加工甲半成品每年需要增加专属成本25 000元时,应该直接出售甲半成品。

(四)联产品生产的决策

联产品是指用同一种原料,经过同一个生产过程,生产出两种或两种以上的不同性质和用途的产品。

企业的原材料，经过同一生产过程以后，从中分离出各种联产品。而联产品分离的这个点，称为分离点。联产品在分离以前发生的费用称为联合成本，分离以后有的可直接销售，有的需要进一步加工后再销售。而进一步加工的成本称为可分成本。

如果已知各种产品在不同价格下的需求情况，那么就需要确定这些联产品的产量和价格，使企业获得的利润最大化。联产品是否继续加工为最终产品或直接出售联产品的决策，可以运用差别损益分析法来判断。差别损益分析法的判断标准如表5-16所示。

表5-16　　　　　　　　　　　差别损益分析表

项目＼方案	继续加工为最终成品	直接出售联产品	差异额
相关收入	最终产品单价×最终产品销售量	联成品单价×联成品销售量	差别收入
相关成本	以下各项合计	0	差别成本
其中：可分成本	单位可分成本×最终产品销售量	0	—
机会成本	已知	0	—
专属成本	已知	0	—
差别损益			ΔP

【实务题5-13】　A企业对同一种原料进行加工，可同时生产出甲、乙、丙三种联产品，年产量分别为2 500千克、1 500千克、1 000千克。全年共发生450 000元联合成本，每种联产品承担的联合成本分别是225 000元、135 000元、90 000元。其中，丙联产品可直接出售。企业已经具备将80%的丙联产品深加工为丁产品的能力，且无法转移。每深加工1千克丙产品需额外追加可分成本20元。丙联产品与丁产品的投入产出比例为1∶0.7。如果企业每年额外支付22 000元租金租入一台设备，可以使深加工能力达到100%。甲、乙、丙三种联产品的单价分别是200元、210元和135元，丁产品的单价为240元。计划年度企业可以在以下三个方案中做出选择，即：将全部丙联产品深加工为丁产品、将80%的丙联产品深加工为丁产品和直接出售全部丙联产品。

要求：采用相关损益分析法做出丙联产品是否深加工为丁产品的决策。

【解析】　根据以上资料，企业可选的三个方案如下：

方案一：将全部丙联产品深加工为丁产品

确认相关收入的相关业务量就是丁产品的产销量，为700千克(1 000×0.7)。相关收入为168 000元(240×700)，该方案确认可分成本的相关业务量是丙联产品的产量，为1 000千克。可分成本为20 000元(1 000×20)，专属成本为22 000元。

方案二：将80%的丙联产品深加工为丁产品

确认相关收入的相关业务量包括丁产品的产销量和直接出售的丙联产品销量，丁产品的产销量为 560 千克(1 000×0.7×80%),直接出售的丙联产品销量为 200 千克[1 000×(1－80%)]。相关收入为 161 400 元(240×560＋135×200)。该方案确认可分成本的相关业务量是丙联产品的产量,为 1 000 千克。可分成本为 16 000 元(1 000×20×80%)。

方案三:直接出售全部丙联产品

相关业务量为 1 000 千克,相关收入为 135 000 元(1 000×135),相关成本为 0 元。

根据以上分析,编制相关损益分析表(见表 5-17)。

表 5-17　　　　　　　　　　　　相关损益分析表　　　　　　　　　　　　单位:元

项目 \ 方案	将丙联产品继续加工为丁产品 100%继续加工	80%继续加工	直接出售丙联产品
相关收入	168 000	161 400	135 000
相关成本	42 000	16 000	0
其中:可分成本	20 000	16 000	0
专属成本	22 000	0	0
相关损益	126 000	145 400	135 000

由表 5-17 可知,A 企业应将 80%的丙联产品加工为丁产品。

(五)产品组合最优决策

产品组合最优决策适用于多品种产品生产的企业。在这些企业中,一些资源如人工、原材料和机器设备等,可以同时支持多种产品的生产,然而这些资源是有限的。因此,企业面临着如何合理分配这些资源以达到生产组合最优化的问题。在产品组合最优化决策方法中,常用的有逐次测算法和图解法两种。

1.逐次测算法

逐次测算法是根据企业有限的各项生产条件、各种产品的情况以及各项限制因素等数据资料,分别计算单位限制因素所提供的边际贡献并加以比较,在此基础上逐步测试,以达到最优的产品组合。

【实务题 5-14】　某企业生产甲、乙两种产品,共用机器设备工时总数为 18 000 小时,共用人工工时总数为 24 000 小时。经过调研分析,预测下一年度,甲产品销量为 3 000 件,乙产品销量为 2 400 件。其他资料如表 5-18 所示。

表 5-18　　　　　　　　　　　　甲、乙产品相关资料

项目	甲产品	乙产品
单位产品所需设备工时	3 小时	5 小时

续表

项目	甲产品	乙产品
单位产品所需人工工时	5 小时	6 小时
单位边际贡献	42 元	60 元

要求：分析甲、乙产品的最优组合分别为多少。

【解析】 （1）计算比较两种限制资源的单位资源边际贡献，如表5—19所示。

表 5—19　　　　　　　　甲、乙产品单位资源边际贡献

项目	甲产品	乙产品	限制因素
单位设备工时边际贡献	14 元	12 元	1 800 小时
单位人工工时边际贡献	8.4 元	10 元	2 400 小时

甲产品单位设备工时边际贡献高于乙产品，但是，单位人工工时边际贡献低于乙产品。这表明，在决策受到多种资源限制时，无法使用单位资源边际贡献法进行决策。

（2）进行第一次测试，计算产品边际贡献总额。优先安排甲产品，剩余资源用于生产乙产品。如表5—20所示，生产3 000件甲产品，剩余资源最多可生产1 500件乙产品。

表 5—20　　　　　　　甲、乙产品边际贡献计算（第一次测试）

项目	设备工时（小时） 总产量	设备工时（小时） 单位产量	人工工时（小时） 总产量	人工工时（小时） 单位产量	边际贡献（元） 总产量	边际贡献（元） 单位产量
甲产品	9 000	3	15 000	5	126 000	42
乙产品	7 500	5	9 000	6	90 000	60
合计	16 500		24 000		216 000	
限制	18 000		24 000			
剩余	1 500		0			

（3）进行第二次测试，计算产品边际贡献总额。优先安排乙产品，剩余资源用于生产甲产品。如表5—21所示，生产2 400件乙产品，剩余资源最多可生产1 920件甲产品。

表 5—21　　　　　　　甲、乙产品边际贡献计算（第二次测试）

项目	设备工时（小时） 总产量	设备工时（小时） 单位产量	人工工时（小时） 总产量	人工工时（小时） 单位产量	边际贡献（元） 总产量	边际贡献（元） 单位产量
甲产品	5 760	3	9 600	5	80 640	42

续表

项目	设备工时(小时) 总产量	设备工时(小时) 单位产量	人工工时(小时) 总产量	人工工时(小时) 单位产量	边际贡献(元) 总产量	边际贡献(元) 单位产量
乙产品	12 000	5	14 400	6	144 000	60
合计	17 760		24 000		224 640	
限制	18 000		24 000			
剩余	240		0			

根据以上测试结果可知,第二次测试比第一次测试的边际贡献总额多了8 640元,因此选择产品组合方式为生产甲产品1 920件,乙产品2 400件。

2.图解法

图解法比较直观,易于理解。

【实务题5-15】 参见实务题5-14中的资料。

要求:使用图解法分析最佳产品组合。

【解析】 设 x 为甲产品产量,y 为乙产品产量,s 为可获得的边际贡献,则目标函数与约束条件可表示如下:

$$约束条件:\begin{cases} 5x+6y \leqslant 24\ 000 & L_1 \\ 3x+5y \leqslant 18\ 000 & L_2 \\ x \leqslant 3\ 000 & L_3 \\ y \leqslant 2\ 400 & L_4 \\ x,y \geqslant 0 & L_5 \end{cases}$$

目标函数 $s=42x+60y$。求最大值。

根据上述条件,可作图(见图5-1)。

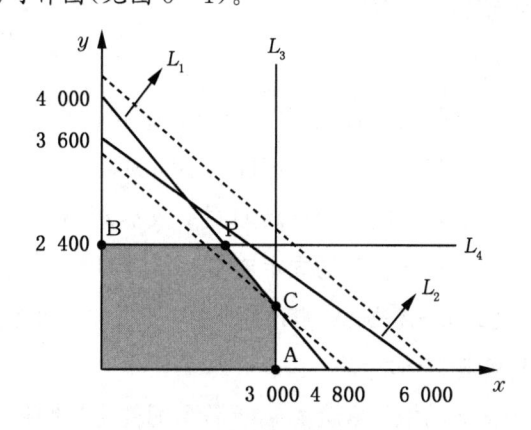

图5-1 图解示意

约束条件中的每一个不等式表示一定的区域,满足所有约束条件的区域则是图中的阴影区域。因此,阴影部分中的任意一点所对应的产量组合都满足约束条件,都是可行的。

(1)根据目标函数 $s=42x+60y$ 绘出等利润线。

从目标函数可以看出,$x=60$ 时的边际贡献额等于 $y=42$ 时的边际贡献额。因此,连接 x 轴上 60 的点与 y 轴上 42 的点所得到的直线,就称为等利润线。等利润线有无数条,凡在阴影区域内与等利润线平行的直线,都称为等利润线。

以虚线表示的等利润线的纵截距越大,所提供的边际贡献就越多。从图 5—1 中可直观地看出,通过 L_1 和 L_4 的交点 P 处的那条等利润线距原点的距离最大,所获得的利润也最大。

(2)将阴影区域中的外凸点 A、B、C、P 所代表的产品组合代入目标函数进行试算,求出最大值,相应的组合即为最优组合,如表 5—22 所示。

表 5—22　　　　　　　　　　　　边际贡献额的计算

凸 点	产品组合 x	产品组合 y	目标函数 $s=42x+60y$	边际贡献(元)
A	3 000	0	42×3 000	126 000
B	0	2 400	60×2 400	144 000
C	3 000	1 500	42×3 000+60×1 500	216 000
P	1 920	2 400	42×1 920+60×2 400	224 640

比较试算结果,当 $x=1\,920$、$y=2\,400$ 时,获得的目标函数 s 值最大,是产品组合决策的最优解,这个结果与逐次测算法所得到的结果相同。

(六)生产组织最优决策

1. 生产工艺决策

生产工艺是指加工制造产品或零件所使用的机器、设备及加工方法的总称。不同的生产工艺会导致单位变动成本和固定成本不同的组合。当采用先进的生产工艺时,往往会导致较低的单位变动成本和较高的固定成本;当采用传统的生产工艺时,往往会有较高的单位变动成本和较低的固定成本。不同的生产工艺产生的经济效益不同。因此,我们可以通过成本无差别法判断哪种生产工艺对企业最有利。

2. 零部件的外购与自制决策

企业在生产经营活动中经常会面临所需零配件是自制还是外购的决策问题。对于相同的零配件,无论是外购还是自制,对企业的产品并没有影响。如果企业拥有自制零配件的生产能力,则自制零配件的固定成本属于无关成本,无需纳入考虑范围。无论是自制还是外购,两者都不会影响产品的销售收入,我们只需要考虑两种方案的成本,选择成本较低的方案作为最优方案。

企业零部件外购与自制的决策中一般会出现两种情况:一种情况是零部件需用量固定且可知;另一种情况是零部件需用量不确定。下面将具体分析两种情况下的成本决策问题。

(1)零部件需用量固定且可知时

零部件需用量固定时,需要考虑企业的零部件自制能力是否能够转移的问题。

①当企业的零部件自制能力无法转移,即当企业的自制能力无法用于其他可为企业带来经济利益的活动时,自制零部件的相关成本只包括按需用量计算的变动生产成本。

当满足"自制零部件变动生产成本＜外购零部件单价"时,企业将采取自制零部件的决策;当满足"自制零部件变动生产成本＞外购零部件单价"时,企业将采取外购零部件的决策。

【实务题 5-16】 A 企业第一车间每月需要甲零件 2 000 件,该零件既可以由企业自制,也可以外购。如果选择自制,每件零件的直接材料成本为 20 元,直接人工成本为 5 元,变动制造费用为 4 元。如果选择外购,甲零件外购单价为 30 元。

要求:根据以上资料,做出自制或外购的决策。

【解析】 根据以上资料可知:

自制甲零件的变动生产成本＝20＋5＋4＝29(元)

由于"自制甲零件的变动生产成本＜外购单价",因此,A 企业应选择自制甲零件。

②当企业零部件自制能力可以转移时,此时应该考虑与自制能力可以转移有关的机会成本。这种情况下,企业可以利用相关成本分析法进行决策。

【实务题 5-17】 A 企业第一车间每月需要乙零件 10 000 件,该零件可以利用企业剩余生产能力自制,也可以外购。如果选择自制,每件零件的直接材料成本为 1 元,直接人工成本为 1.5 元,变动制造费用 4 000 元。另外,企业还需购置一个专属模具,价值 3 500 元。如果选择外购,单价为 3.5 元,剩余生产能力出租设备可得租金 2 000 元。

要求:根据以上资料,做出自制或外购的决策。

【解析】 根据以上资料,单位产品变动制造费用为 0.4(4 000÷10 000)元/件,编制乙零件是自制还是外购的相关成本分析,如表 5－23 所示。

表 5-23　　　　　　　　　　相关成本分析表　　　　　　　　　　单位：元

方案 项目	自制乙零件	外购乙零件
变动成本	(1+1.5+0.4)×10 000＝29 000	3.5×10 000＝35 000
机会成本	2 000	—
专属成本	3 500	—
相关成本合计	34 500	35 000

根据以上分析，可以得出，外购成本更高，因此企业应选择自制乙零件。

③零部件需用量不确定时。当零部件的需用量不确定时，企业需要确定不同方案的最佳零部件需用量区间，即分别求出采取自制的零部件需用量范围，采取外购的零部件需用量范围。企业可采用成本无差别点法来帮助决策。

【实务题 5-18】 A 企业第二车间每月需要丙零件，用量未知，该零件既可以由企业自制，又可以外购。企业自制零件的单价为 1 元/件，并需购置一台年折旧额为 2 200 元的设备。若选择外购，供应商规定一次购买量在 3 000 件以下时，零件的单位售价 2 元；若超过 3 000 件，单位售价降至 1.55 元。

要求：根据以上资料，做出自制或外购的决策。

【解析】 根据以上资料，我们可以分两阶段进行分析：

①设自制方案的成本与一次购买量在 3 000 件以下的成本分界产量为 x_1，则：
2 200＋x_1＝2x_1，可求得 x_1＝2 200÷(2－1)＝2 200(件)

②设自制方案的成本与一次购买量在 3 000 件以上的成本分界产量为 x_2，则：
2 200＋x_2＝1.55x_2，可求得 x_2＝2 200÷(1.55－1)＝4 000(件)

因此，整个需用量被划分为以下四个区域：2 200 件以下、2 200～3 000 件、3 000～4 000 件、4 000 件以上。

根据成本无差别点法进行决策，当零件需用量低于 2 200 件或为 3 000～4 000 件时，外购成本低，外购比较有利；当零件需用量为 2 200～3 000 件或在 4 000 件以上时，自制成本低，自制比较有利。

二、定价决策

(一) 以成本为导向的定价决策

成本是企业生产和销售产品所发生的各项费用的总和，是产品价格的重要构成因素。以成本为基础制定产品价格，既能够补偿生产中产生的成本，也能够保证企业的利润。

1. 成本加成定价法

成本加成定价法是按产品单位成本加上一定比例的利润来制定产品价格的方法。定价所依据的成本可以是按制造成本法计算的制造成本，也可以是按变动成本法计算的变动成本。

(1) 成本利润率加成法

成本利润率加成法是指在制造成本的基础上，加上按成本利润率计算的利润，并考虑税费的因素，以确定产品价格的一种方法。

$$产品价格 = \frac{单位预测成本 \times (1 + 成本利润率)}{1 - 销售税率}$$

$$成本利润率 = \frac{该产品预测利润总额}{该产品预测总成本} \times 100\%$$

(2) 资金利润率加成法

资金利润率加成法是指在制造成本的基础上，加上按资金利润率计算的利润，以确定产品价格的一种方法。

$$产品价格 = 单位成本 + \frac{资金占用额 \times 资金利润率}{产品数量}$$

$$资金利润率 = \frac{该产品预测利润总额}{该产品资金平均占用额} \times 100\%$$

(3) 销售利润率定价法

销售利润率定价法是指在制造成本的基础上，加上按销售利润率计算的利润，以确定产品价格的一种方法。

$$产品价格 = \frac{单位成本}{1 - 销售利润率 - 销售税率}$$

$$销售利润率 = \frac{该产品预测利润总额}{该产品预测销售收入} \times 100\%$$

2. 边际贡献率法

边际贡献率法是指按照产品的变动成本和边际贡献率来确定产品价格的一种方法。其中，产品的边际贡献率等于产品的单位边际贡献除以产品的单价。

$$边际贡献率 = \frac{单价 - 单位变动成本}{单价} = 1 - \frac{单位变动成本}{单价}$$

根据上式可推导出产品单价：

$$产品单价 = \frac{单位变动成本}{1 - 边际贡献率}$$

采用边际贡献率法制定价格时，若产量少了，则会有亏损的风险；若产量多了，则利润明显增加。它不像成本利润率加成法和资金利润率加成法，这两种方法下，不管产量多少,企业总是有利润的,产量的增加、减少对利润的影响不大。因此,边际贡献率法更有利于调动企业增产的积极性。

3. 损益平衡法

损益平衡法是指运用损益平衡原理来制定产品价格,能向企业提供获得必要利润时的最低价格。损益平衡点的销售量为:

$$Q_0 = \frac{F}{P_0(1-T_r)-V}$$

其中:Q_0 为损益平衡点的产品销售量,F 为固定费用,P_0 为产品价格,V 为产品单位变动成本,T_r 为销售税率。

由上式可得损益平衡点价格的计算公式:

$$P_0 = \frac{F+VQ_0}{Q_0(1-T_r)}$$

损益平衡点价格,又称保本价格,是产销量一定时产品价格的最低限度。企业可依据保本价格适当地调整产品价格水平。在目标利润 Y 已确定的情况下,销售量的计算公式为:

$$Q = \frac{F+Y}{P(1-T_r)-V}$$

可得产品销售价格为:

$$P = \frac{F+Y+QV}{Q(1-T_r)}$$

利用上式可以预测产品的销售价格。

4. 特别订货定价

在特定条件下,企业利用暂时闲置的生产能力而接受的临时订货,称为特别订货。当企业在满足正常渠道的销售后,若生产能力仍有剩余,可能会遇到一些出价特别低的订货。由于这些订单的价格一般低于正常生产产品的售价,甚至低于产品的制造成本,因此,需要运用一定的方法,做出正确的分析判断。一般而言,在决定是否接受特殊订货时,要注意两个方面的问题:一是该项特殊订货的价格是否会对企业的正常销售产生影响;二是特殊订货的价格是否高于产品的单位变动成本。特别订货定价,可视不同情况而定。

(1)特别订货不占用正常生产能力也不减少正常销售

当特别订货价格大于单位变动成本时,接受特别订货便能增加企业利润。因为无论是否接受订货,固定成本都不会发生变动,特别订货所提供的边际贡献(即价格减去变动成本)将直接转化为利润,从而增加企业利润总额。

增加利润=特别订货单位边际贡献×特别订货数量

如果特殊订货和正常订单是在两个相互独立的市场上销售,且特殊订货的价格高于产品的单位变动成本,企业就应该接受该特殊订货。因为此特殊订货是在利用企业的剩余生产能力。企业在正常销售中创造的边际贡献已全部补偿了固定成本,这笔特殊订货所增加的边际贡献是净增加的利润额。

(2)特别订货占用正常生产能力且减少正常销售量

当下面的条件成立时,接受特殊定价能使企业增加利润:

$$特别订货价格 > 单位变动成本 + \frac{因减少正常销售而损失的贡献毛益}{特别订货数量}$$

由于在这种情况下,特别订货冲击了正常销售,减少了正常销售的边际贡献,因此,特别订货价格在补偿单位变动成本之后,还应该补偿因减少正常销售所损失的边际贡献,并且在补偿完上述两项后还有剩余,才能为企业新增利润。增加的利润为:

$$增加的利润 = 特别订货单位边际贡献 \times 特别订货数量 - 因减少正常销售而损失的边际贡献$$

(3)特别订货为其他产品需要增加专属固定成本

当下面的条件成立时,接受特殊定价能使企业增加利润。

$$转产产品价格 > 单位变动成本 + \frac{新增专属固定成本}{转产产品数量}$$

在转产其他产品需增加专属固定成本的情况下,要使转产产品为企业增加利润,转产产品价格必须在补偿单位变动成本和因转产而增加的固定成本后仍有富余。增加的利润为:

$$增加的利润 = 转产产品单位边际贡献 \times 转产产品数量 - 新增专属固定成本$$

(二)以市场需求为导向的定价决策

在以市场和需求为导向的定价政策中,产品定价应考虑市场需求与价格弹性,分析销售收入、成本利润与价格之间的关系,从中寻找最优价格点,该价格点应是企业取得最大利润或产销收入时的价格。

1. 以市场为导向的定价原理

当边际收入等于边际成本,即 $MR=MC$,或边际利润等于零时,企业的总利润最大,这时的销售单价和销售数量就是产品的最优售价和最优销售量。

边际收入(Marginal Revenue,MR),是指当业务量以一个可计量单位增加时所引起的总收入的增加量。边际成本(Marginal Cost,MC),是指当业务量以一个可计量单位增加时所引起的总成本的增加量。边际利润是边际收入减去边际成本的差额。

最优销售价格,既不是水平最高的价格,也不是水平最低的价格,而是能使销售总收入和销售总成本的差额达到最大值时的价格,也就是能使企业获得最大利润时的价格。

2.完全竞争市场结构定价原理

在完全竞争条件下,买卖双方只能是"价格的接受者",而不是"价格的决定者"。根据完全竞争市场结构的特征,市场的价格水平由市场供求关系决定。供给曲线和需求曲线相交的点就是完全竞争市场结构下的市场价格或均衡价格。

在实践中,如果要采用这种定价策略,就需要估计不同价格水平下的需求量。然而,要做出准确的需求量估计通常很难,因为价格只是众多影响需求因素中的一项。尽管如此,一些大企业(如石油公司),还是要努力去估计其产品或服务在不同价格水平时的需求量。

例如,一家大型运输企业可能会考虑提高公共汽车或地铁的票价。提价对企业收入和利润的影响效果可以通过了解不同价格水平下的运输服务需求量进行估计。如果单价提高会导致需求量大幅度减少,那么其总收入和总利润也会随之下降。然而,如果单价提高只引起需求量小幅度变化(如某条路线有固定乘坐顾客),那么提价会导致企业总收入上升。因为运输企业的成本对运营量(顾客里程)来说是固定的,提价也会导致利润的增加。

3.非完全竞争市场结构及产品定价原理

在现实经济活动中,绝大多数产品处于非完全竞争市场结构中。因此,除了完全竞争之外,在非完全竞争市场条件下,企业必须对产品制定适当的价格。销售总收入和销售总成本在坐标图上都表现为曲线,即它们的函数至少都是二次方程。

由于收入和成本函数有连续型和离散型之分,因此,最优价格的确定有公式法和列表法两种。

(1)公式法

由于供求规律的作用,产品的价格随着销售量而反向变动。显然,价格是销售量的函数。而销售收入是价格和销售量的乘积,所以,如果价格函数是一次函数的话,销售收入就是关于销售量的二次函数,在坐标图上则表现为一条二次曲线。因此,我们可以分别对销售收入曲线(S 曲线)的函数和销售成本曲线(C 曲线)的函数求微分,再令它们的微分相等即可求出最佳销售量。将最佳销售量代入价格函数式,即可求得最优价格。

以公式法求最佳销售量和最优价格,就是求边际利润为零时的销售量和销售价格,或求边际收入等于边际成本时的销售量和销售价格。

首先,假设:

$x=$销售量

价格函数 $P=f(x)$

销售收入函数 $S=g[f(x)]$

销售成本函数 $C=h(x)$

分别计算销售收入对销售量的微分,以及销售成本对销售量的微分。

其次,令:

$$\frac{dS}{dx}=\frac{dC}{dx}$$

求 x 的值,即为最佳销售量。

最后,将 x 的值代入价格函数式,即为最优价格。

我们也可以直接用对利润函数求微分的方法来求最优价格:设利润为 G,则 $G=S-C$,然后通过对 G 求导来求 x 的值。

【实务题5-19】 A产品的价格函数 $P=174-3x$,销售成本函数 $C=-3x^2+30x+100$,

要求:使用公式法求出最优价格。

【解析】 A产品的最佳销售量和最优价格计算如下:

A产品的销售收入函数为:

$S=(174-3x)x=174x-3x^2$

$\frac{dS}{dx}=174-6x$

$\frac{dC}{dx}=x^2-6x+30$

令:

$$\frac{dS}{dx}=\frac{dC}{dx}$$

可得:

$174-6x=x^2-6x+30$

求得 $x=\pm12$,销售量只能取正数,最佳销售量应是12件。将12代入价格函数 $P=174-6x$,可得最优价格 $P=102$(元)。

(2)列表法

当收入函数或成本函数是离散型函数时,一般采用列表法来比较边际收入和边际成本,计算边际利润的值来求得最佳销售量和最优价格。

【实务题5-20】 假定某企业产品的价格与销售量的关系如表5-24所示,单位变动成本为50元,固定成本为1 000元。

表5—24 　　　　　　　　　某产品的销售单价与预计销售量

销售单价(元)	100	95	90	85	80	75	70	65
预计销售量(件)	900	1 400	1 900	2 400	2 800	3 100	3 300	3 400

要求：分析企业应定价多少，才能使利润最优？

【解析】　由于以上价格函数是离散型函数，收入函数也是离散型函数，因此，可按列表法来求得最佳销售量和最优价格。根据上述资料，可编制产品边际利润计算表(见表5—25)。

表5—25　　　　　　　　　　　某产品边际利润计算表　　　　　　　　　　单位：元

销售单价	预计销售量(件)	销售收入	变动成本	固定成本	边际收入	边际成本	边际利润	利润
100	900	90 000	45 000	1 000	—	—	—	44 000
95	1 400	133 000	70 000	1 000	43 000	25 000	18 000	62 000
90	1 900	171 000	95 000	1 000	38 000	25 000	13 000	75 000
85	2 400	204 000	120 000	1 000	33 000	25 000	8 000	83 000
80	2 800	224 000	140 000	1 000	20 000	20 000	0	83 000
75	3 100	232 500	155 000	1 000	8 500	15 000	−6 500	76 500
70	3 300	231 000	165 000	1 000	−1 500	10 000	−11 500	65 000
65	3 400	221 000	170 000	1 000	−10 000	5 000	−15 000	50 000

由表5—25可知，当边际利润为零时，销售量为2 800件，销售单价为80元，利润为83 000元。但当销售量为2 400件、单价为85元时，利润也是83 000元，到底哪一个才是最佳销售量和最优价格呢？表5—25中的边际收入、边际成本和边际利润，实际上都不是真正意义上的边际收入、边际成本和边际利润，而是增量收入、增量成本和增量利润，即当销售量增加一定数量时增加的收入、成本和利润。这里是在利用连续型函数的概念、方法来解决离散型函数的问题。因此，正确的结论是，对于离散型函数，当边际利润(即增量利润)为大于零的最小值时，具有最佳销售量和最优价格。在此例中，最佳销售量是2 400件，最优价格是85元。

列表法从理论上看比较科学，但在实际中实施有很大难度。实际中，管理人员很少计算边际收入和边际成本，而是根据判断来估计预计增加的生产和销量对利润的影响。他们通常会考虑选定的数量而不是全部可能的数量，以简化决策过程。

> **知识链接**
>
> 定价决策也可根据价格弹性确定。价格弹性,又称需求价格弹性,是指需求数量变动率与价格变动率之比,反映了价格变动引起需求变动的方向和程度。需求价格弹性的大小取决于产品需求程度、可替代性和费用占消费者比重等。必需品的弹性一般小于奢侈品,低档产品的弹性小于高档产品,无替代物的产品的弹性小于有替代物的产品。企业可以通过测定价格弹性制定产品价格,这种方法称为弹性价格法。

三、存货决策

(一)存货控制的概念和目的

1. 存货控制的概念

存货控制是实施一项存货政策的系统化程序。存货控制的责任是要测定特定地点现有存货的单位数,并跟踪其增减变动。这种测量和跟踪可以手工完成,也可以通过计算机技术完成。其主要的区别是速度、精确性和成本。为了实施期望的存货管理政策,必须对控制程序进行设计。这些程序用于明确经常性检查存货水平的要求,并与有关存货参数进行对照,以确定何时订货以及订货数量。存货控制范围包括原料、备品备件、在制品、产成品、包装材料、设备器具等。

2. 存货控制的目的

存货控制本身不能直接创造利润,但通过减少管理费用和劳务费用的方法,可以达到降低成本、提高效益的目的。存货控制的目的是:

(1)达到最经济的订购量;

(2)在最适当的时间订购物料;

(3)把存货量控制在一个适当的范围。

简言之,存货控制的目的是配合生产,以最少的费用维持对生产或客户服务的连续性。

(二)存货成本

存货成本是存货在订货、购入、运输、储存过程中所发生的各种费用,以及存货短缺造成的经济损失。它一般包括:

1. 采购成本

采购成本也称购置成本,是指购买货物、取得货物所有权所花费的费用,通常包括购买价款、相关税费、运输费、装卸费、保险费以及其他可归属于存货采购成本的费用。

具体来说,购入的存货,其成本包括:买价、运杂费(包括运输费、装卸费、保险费、包装费、仓储费等)、运输途中的合理损耗、入库前的挑选整理费用(包括挑选整理中发生的工、费支出和挑选整理过程中所发生的数量损耗,并扣除回收的下脚废料价值)以及按规定应计入成本的税费和其他费用。它主要取决于购货数量和单位采购成本两个因素。

2. 订货成本

订货成本是指订购货物所发生的有关费用,包括采购部门费用、订货过程中的文件处理费、邮电费等。这些成本可用一定的方法将其分为变动性和固定性两部分,其中,变动性订货成本是与订货次数直接相关的费用,固定性订货成本是维持采购部门正常活动所必需的费用。

3. 储存成本

储存成本是指在储存过程中所发生的费用,包括仓库房屋的折旧费、修理费、保险费和占用资金的利息等。这些成本也可用一定的方法将其分为变动性和固定性两部分,其中,变动性储存成本是指与储存数量直接相关的费用,固定性储存成本则是维持一定的储存能力所必需的费用。储存成本可以由付现成本与资本成本共同构成。

4. 缺货成本

缺货成本是指由于存货存储不足,不能满足企业生产和销售需要而发生的损失成本,包括订购数量优惠折扣的丧失、停工待料造成的损失、紧急订货追加的成本损失、停工后增加的工资费用,以及失去销售所损失的贡献毛益与企业信誉等。

缺货成本大多属于机会成本,由于单位缺货成本往往大于单位储存成本,因此,尽管其计算比较困难,也应采用一定的方法估算单位缺货成本(即短缺一个单位存货一次给企业带来的平均损失),以供决策之用。

在允许缺货的情况下,缺货成本是与决策相关的成本。但在不允许缺货的情况下,缺货成本是与决策无关的成本。

(三)经济订货批量的基本模式

经济订货批量,简称经济批量(Economic Lot Size),是指在保证生产或销售需要的前提下,从耗费成本最小这一目标出发所确定的每批材料的采购数量或产品的投产数量。

订货批量是指每次订购货物的数量。在年需求量既定的情况下,订货批量与订货批次呈反向变动关系。减少订货批量,会使存货的储存成本(变动储存成本)随平均储存量的减少而下降,订货批量的下降必然会使订货批次增加,从而导致订货成本(变动订货成本)则随订货次数的增加而增加;反之,订货批量的增加会提高储存成本,但随着订货批次的下降也会使订货成本下降。由此可见,存货的决策目的就是使这两种成本总额最低时的订货批量,即经济订货批量。经济订货批量如图5-2所示。

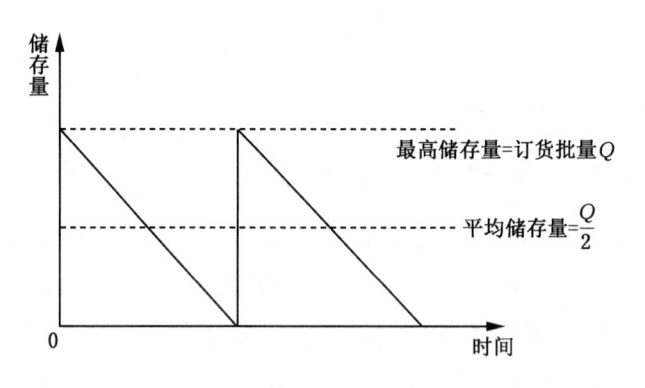

图5-2　经济订货批量图

为了用数学模型解决这一存货决策问题,需要设立一些基本假设,在此基础上建立经济订货批量模型。

经济订货批量基本模型需要设立的假设条件包括:

(1)企业能够及时补充存货,即需要订货时便可立即取得存货。

(2)存货能集中到货,而不是陆续入库。

(3)不允许缺货,即无缺货成本,这是因为良好的存货管理本来就不应该出现缺货成本。

(4)需求量稳定,并且能预测。

(5)存货单价保持不变。

(6)企业现金充足,不会因现金短缺而影响进货。

(7)所需存货市场供应充足,不会因买不到需要的存货而影响进货。

为了推导计算经济订货批量的数学模型,对各符号做如下界定:

A——某种存货全年需要量;

Q——订货批量;

Q^*——经济订货批量;

$\dfrac{A}{Q}$——订货批次;

$\dfrac{A}{Q}^*$——经济订货批次;

P——每批订货成本;

C——单位存货年储存成本；

T——年成本合计(年订购成本和年储存成本的合计)；

T^*——最低年成本合计。

由于年成本合计等于年订货成本与年储存成本之和，因此有：

$$T=\frac{Q}{2}\cdot C+\frac{A}{Q}\cdot P$$

在经济订货批量模型中：

$$存货总成本函数\ T=订货成本函数\frac{Q}{2}\cdot C+储存成本函数\frac{A}{Q}\cdot P$$

其中，当 Q 增大时，订货成本减少，储存成本函数呈递增状态；当 Q 减少时，订货成本增加，而储存成本减少。由此可知，存货总成本，即订货成本与储存成本函数之和必有最小值，而存货总成本最小时的存货批量 Q 就是存货的经济批量。

年订货成本、年储存成本及年成本合计的关系如图 5－3 所示。

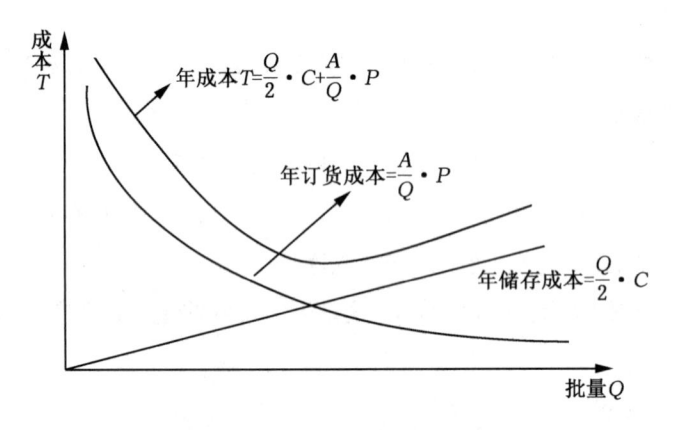

图 5－3　成本与批量关系示意图

从图 5－3 可以看出，年成本存在最小值，根据数学原理可知，当 $\frac{Q}{2}\cdot C=\frac{A}{Q}\cdot P$ 时，$\frac{Q}{2}\cdot C+\frac{A}{Q}\cdot P$ 可以取得最小值，可得：

$$经济订货批量(Q^*)=\sqrt{\frac{2AP}{C}}$$

则，代入可知：

$$经济订货批次\left(\frac{A}{Q^*}\right)=\sqrt{\frac{AC}{2P}}$$

$$T^* = \frac{Q^*}{2}C + \frac{A}{Q^*}P = \frac{1}{2}C\sqrt{\frac{2AP}{C}} + \frac{AP\sqrt{\frac{2AP}{C}}}{\frac{2AP}{C}} = C\sqrt{\frac{2AP}{C}} = \sqrt{2APC}$$

即,年最低成本合计$(T^*) = \sqrt{2APC}$。

【实务题5-21】 某企业全年需要某种商品总价值为360 000元,每次订货成本为2 500元,单位商品年储存成本为0.125元。

要求:计算经济订货批量。

【解析】 经济订货批量$(Q^*) = \sqrt{\frac{2 \times 360\ 000 \times 2\ 500}{0.125}} = 120\ 000(元)$

经济订货批次$\left(\frac{A}{Q^*}\right) = \sqrt{\frac{360\ 000 \times 0.125}{2 \times 2\ 500}} = 3(批)$

最低年成本合计$(T^*) = \sqrt{2 \times 360\ 000 \times 2\ 500 \times 0.125} = 15\ 000(元)$

【实务题5-22】 某公司每年甲材料使用量为7 200吨。该材料储存成本中的付现成本为4元吨,单位采购成本为60元。该公司的资本成本为20%,订购该材料一次的成本为1 600元。

要求:计算经济订货批量。

【解析】 总需求量A为7 200吨,每次订购成本为1 600元,每吨储存成本C为16元$(4+60\times20\%)$,故代入公式可得,

经济订货批量$Q^* = \sqrt{\frac{2\times7\ 200\times1\ 600}{16}} = 1\ 200(吨)$

经济订货批次$\frac{A}{Q^*} = \sqrt{\frac{7\ 200\times1\ 600}{2\times16}} = 6(次)$

年最低成本合计$T^* = \sqrt{2\times7\ 200\times1\ 600\times16} = 19\ 200(元)$

在经济批量决策中,关键是选择并确定与决策相关的成本。在为存货模型编制数据时,应观察所掌握的每一项成本是否随存货的数量、购入的数量或1年内发出的订单数而发生变化。

(四)经济订货批量模型相关问题

1.订货提前期

在使用经济批量模型时,为了确保存货耗尽时新的存货恰巧入库,从而保证生产和销售的顺利进行,需要在存货用完之前进行订货。这种为保证库存不缺货而提前订货的期间就是订货提前期。例如,如果从开始订货到订购的货物入库需要6天,那么根据原有库存的耗费情况,应在原有材料预计耗尽的6天前订货,以确保前方的生产

需要。订货提前期的考虑并不影响经济批量,如图5—4所示。

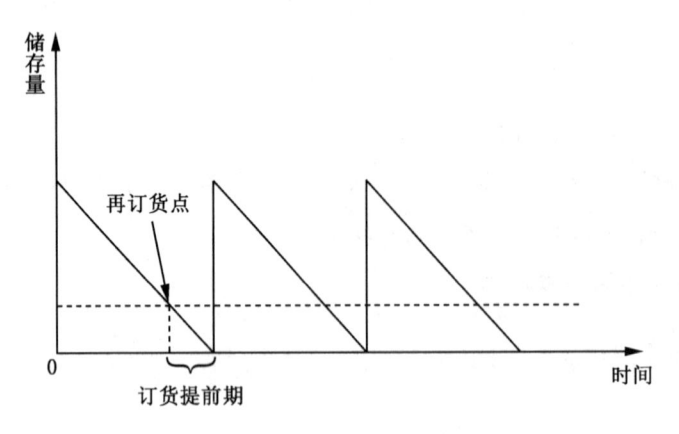

图5—4 订货提前期

2.安全库存量

在存货耗用率和采购间隔期稳定不变时(如图5—5所示),企业可以按经济订货批量订购,及时发出订单,在原有存货耗尽之时新的存货恰好入库。但如果存货的耗用比预计快,或者订购的存货比预计晚到,就会产生原有存货库存为零而新的存货还未到达的情况,从而使生产中断,影响企业的生产经营效率与效果,如图5—5和图5—6所示。

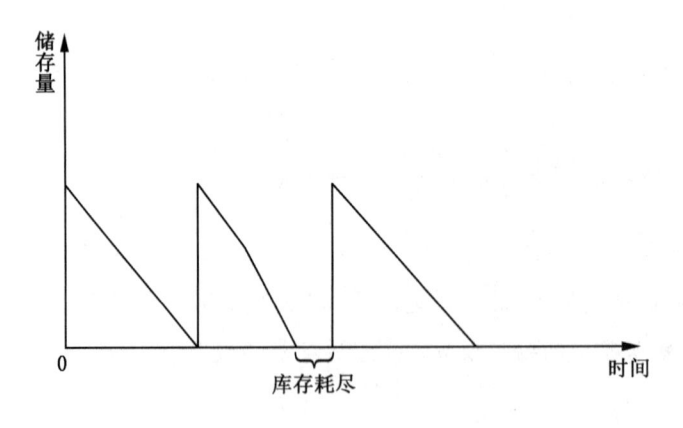

图5—5 存货提前耗尽的情况

为了避免上述两种情况的发生,企业应建立保险储备并确定安全库存量。安全库存是一种额外持有的库存,它作为一种缓冲器来补偿在订货提前期内实际需求超过期望需求量或实际提前期超过期望提前期所产生的需求。为了防止上述不可预测的波动,仓库中应经常保持一个最低库存量作为安全库存量。安全库存量的计算公式如下:

安全库存量=(预计每天最大耗用量—平均每天正常耗用量)×提前期天数

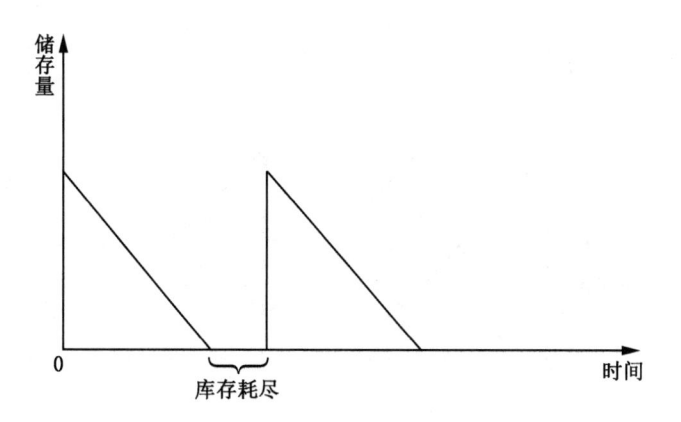

图 5－6　采购间隔期延长的情况

【实务题5－23】　甲企业材料的经济订货批量为4 200千克，每间隔30天订货一次，订货提前天数为8天，每天最大消耗量为正常消耗量的120%。

要求：求安全库存量。

【解析】　平均每天正常消耗量＝$\frac{4\,200}{30}$＝140(千克)

每天最大的消耗量＝140×120%＝168(千克)

安全库存量＝(168－140)×8＝224(千克)

考虑了安全库存量后的情况如图5－7与图5－8所示。

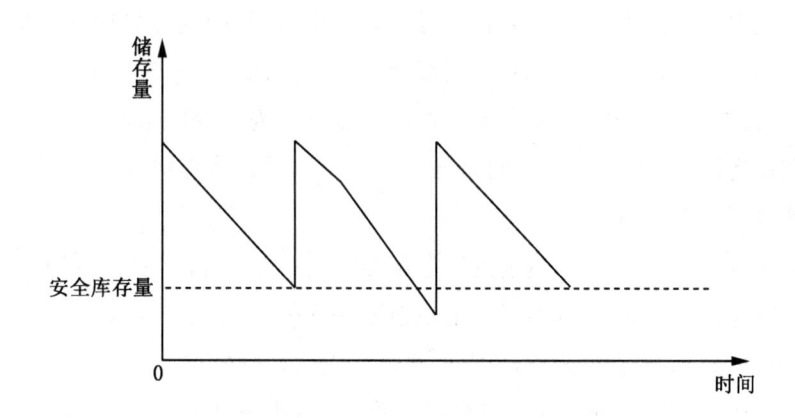

图 5－7　安全库存量下库存消耗加快的情况

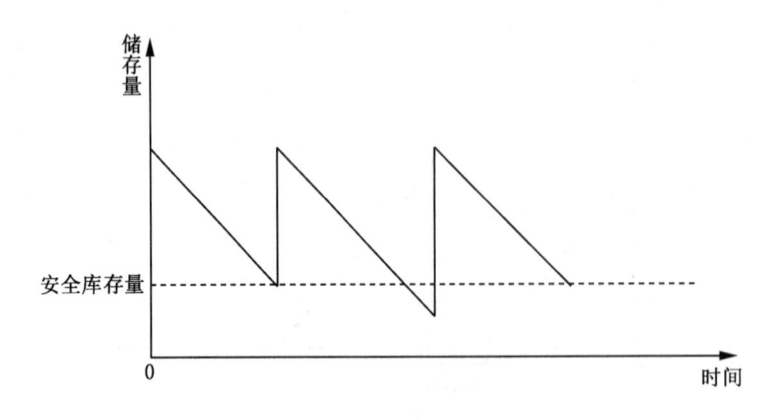

图 5-8 安全库存量下采购间隔期延长情况

为了确定最佳的安全库存量,就要考虑影响安全库存量的以下两个因素:

一是存货需求量的变化、订货间隔期的变化以及交货延误期的长短。预期存货需求量变化越大,企业的安全库存量越大;同理,订货间隔期、订货提前期的不确定性越大,存货中断风险就会提高,那么安全库存量也应越高。

二是存货的短缺成本和储存成本。一般情况下,企业的短缺成本的发生概率越高,安全库存量越大。随着安全库存量的增加,储存成本也会增加。因此,在实际环境中,企业要综合考虑这两项成本,使两者之和最小。

3.再订货点

在应用经济订货批量模型时,要考虑订货提前期,即确定订货点。在确定安全库存量时,订货时间点也需要确定。当存货库存量消耗至某一特定水平时,企业就要订货,而不管是否已达到订货提前期。再订货点是指为了保证生产与经营的连续性,企业应在存货耗用完之前再一次订货的存货存量。再订货点决策所要面临的问题则是如何使各项成本之和最小。

一般情况下,再次订购货物的库存量等于达到订货提前期的库存量与安全库存量之和。在这种情况下,当库存货物消耗至这一水平时,企业开始订货。当库存量达到安全库存量时,新的存货入库。因此,再订货点的计算公式如下:

$$再订货点=(平均每天正常耗用量\times 订货提前期天数)+安全库存量$$
$$=预计每天最大正常耗用量\times 订货提前期天数$$

【实务题5-24】 某种商品的安全库存量为200件,采购间隔期为12天,年度耗用总量为12 000件,假设每年有300个工作日。

要求:求该商品的再订货点。

【解析】 该商品的再订货点 $=\dfrac{12\ 000}{300}\times 12+200=680(件)$

（五）经济订货批量基本模型的扩展

1. 允许缺货条件下的经济批量控制模型

建立基本模型的前提之一是不允许出现缺货现象。但是在实际生产经营活动中，由于供货方、运输系统等其他原因，导致采购的货物不能按时到达企业，从而出现缺货现象。在这种情况下，缺货成本应作为决策相关成本来加以考虑。

(1) 平均库存量的计算

实际生产经营中，在出现缺货这一情况下，假设缺货量为 K，材料的最高储存量为一次采购批量 Q 减去允许缺货量，则材料的平均库存量可按下列公式计算：

$$平均库存量\ Q_{平} = \frac{(Q-K)^2}{2Q}$$

具体推导过程如下，假设 t 代表两次采购间隔时间，t_1 代表库存量为正数的时间，t_2 代表库存量为零的时间，d 代表材料的日需用量。

由于：

$$t = t_1 + t_2 = \frac{Q}{d}$$

$$t_1 = \frac{Q-K}{d}$$

$$t_2 = \frac{K}{d}$$

因此：

$$t_1\ 期间平均库存量 = \frac{Q-K}{2}$$

$$t_2\ 期间平均库存量 = 0$$

$$t\ 期间平均库存量 = \frac{\frac{Q-K}{2} \times t_1 + 0 \times t_2}{t} = \frac{\frac{Q-K}{2} \times \frac{Q-K}{d}}{\frac{Q}{d}} = \frac{(Q-K)^2}{2Q}$$

【实务题 5-25】 20×1 年，A 企业 Z 材料订货批量为 600 件，允许缺货量为 200 件。

要求：根据以上资料，求平均库存量。

【解析】 平均库存量 $= \frac{(600-200)^2}{2 \times 600} = 133$（件）

(2) 平均缺货量的计算

根据平均库存量计算的原理，按上述方法，得出 t 期间平均缺货量的计算公式如下：

$$t\text{ 期间平均缺货量}=\frac{0\times t_1+\frac{K}{2}\times t_2}{t}=\frac{K^2}{2Q}$$

【实务题 5-26】 沿用实务题 5-27 的资料。

要求:将上述相关数据代入,求平均缺货量。

【解析】 平均缺货量 $=\dfrac{200^2}{2\times 600}=33$(件)

(3)缺货情况下经济订货批量、缺货量和总成本的计算

以上两种情形说明的是已知订货批量和允许缺货的情况,求解平均库存量和平均缺货量。已知订货量和允许缺货量并不一定是允许缺货情况下的经济订货批量和最大允许缺货量。如果求缺货情况下经济订货批量、最大允许缺货量和最低费用,仍应通过对总成本求导的方式来解决。

如果用 S 表示单位缺货年均成本,则:

$$\text{缺货总成本 } TS=S\times Q_\text{平}=S\times \frac{K^2}{2Q}$$

因此,在允许缺货的条件下,相关年成本总和(T)的公式为:

$$T=\frac{A}{Q}\cdot P+C\cdot \frac{(Q-K)^2}{2Q}+S\cdot \frac{K^2}{2Q}$$

根据公式,分别对 Q 与 K 求偏导数并令之为零,则有关模型为:

$$Q^*=\sqrt{\frac{2PA}{C}}\cdot \sqrt{\frac{C+S}{S}}$$

$$K^*=\sqrt{\frac{2PA}{S}}\cdot \sqrt{\frac{C}{S+C}}$$

$$T^*=\sqrt{2PA}\cdot \sqrt{\frac{S}{S+C}}$$

【实务题 5-27】 某制造企业全年需要某种材料 40 000 千克,每次订货的订货成本为 25 元,单位材料平均年储存成本为 8 元,该企业允许出现缺货现象,因采取补救措施而发生的单位缺货年均成本的经验数据为 24.8 元。

要求:计算在不存在商业折扣,每批订货均能一次到货,但允许出现缺货现象的情况下的经济订货批量、允许最大缺货量和最低的相关总成本。

【解析】 根据题意,$A=40\,000$,$P=25$,$C=8$,$S=24.8$。

则:

$$Q^*=\sqrt{\frac{2\times 25\times 40\,000}{8}}\times \sqrt{\frac{8+24.8}{24.8}}=500\times 1.15=575(\text{千克})$$

$$Q_1^* = \sqrt{\frac{2\times 25\times 40\ 000}{24.8}}\times \sqrt{\frac{8}{8+24.8}} = 283.98\times 0.493\ 9\approx 140(千克)$$

$$最低相关总成本(TC^*) = \sqrt{2\times 25\times 40\ 000\times 8}\times \sqrt{\frac{24.8}{8+24.8}}$$
$$= 4\ 000\times 0.869\ 5\approx 3\ 478(元)$$

2. 存在商业折扣时的经济批量控制模型

在基本模型中,由于假定没有数量折扣,价格与采购批量无关,因而没有将采购成本纳入相关成本。但在规定了商业折扣条款的材料采购控制中,就必须将采购成本纳入相关成本,因为这时采购批量的大小直接决定采购价格的高低,进而影响采购成本水平。

在存在商业折扣时,如何计算其经济批量控制模型,一般可按下列步骤计算求得:

(1)计算享受折扣后的经济订货批量

如果计算得出的享受折扣后的经济订货批量大于采购数量的折扣起点,则计算得出的批量即为最优解。

假定原经济订货批量为Q_1,原材料单位成本为C_1,折扣起点为Q_m,折扣后的材料单位成本为C_2,折扣后的经济订货批量为Q_2,则:

$$Q_1 = \sqrt{\frac{2PA}{C_1}}$$

$$Q_2 = \sqrt{\frac{2PA}{C_2}}$$

如果$Q_2 > Q_m$,则Q_2为最优解。如果$Q_2 < Q_m$,则Q_m为订货批量,但是否为最优解还要进行第二步的计算。

(2)计算以Q_m为订货批量时新的成本

如果计算出的以Q_m为订货批量时新的总费用小于原总费用,则Q_m为最优解。假定原成本总额为T_1,新的成本为T_2,则:

$$T_1 = \frac{Q_1}{2}\times C + \frac{A}{Q_1}\times P$$

$$T_2 = \frac{Q_m}{2}\times C + \frac{A}{Q_m}\times P$$

如果$T_1 < T_2$,则Q_m为最优解。如果$T_2 > T_1$,则需要进行第三步的计算。

(3)比较购买材料的成本降低额与总成本的超支额

如果材料成本购买的降低额大于总成本的超支额($T_2 - T_1$),则Q_m为最优解;反之,应放弃享受折扣的条件,这样更有利。

【实务题5-28】 某企业甲材料年需求量为1 200件,每次的订货成本为300

元,单位材料采购成本为10元,变动储存费用率为20%。如果企业采购1 000件,可享受5%的价格优惠,即每件9.5元。

要求:试分析是否需要享受这个折扣优惠。

【解析】 第一步:计算没有折扣优惠时的经济订货批量Q_1以及享受折扣后的经济订货批量。

$$Q_1 = \sqrt{\frac{2 \times 1\,200 \times 300}{10 \times 20\%}} = 600(件)$$

$$Q_2 = \sqrt{\frac{2 \times 1\,200 \times 300}{9.5 \times 20\%}} = 616(件)$$

由于Q_2(616件)<折扣起点Q_m(1 000件),因此需要进行第二步的计算。

第二步:计算折扣起点Q_m为1 000件时的新费用:

$T_1 = \sqrt{2 \times 1\,200 \times 300 \times 10 \times 20\%} = 1\,200(元)$

$T_2 = 1\,200 \times 300 \div 1\,000 + 1\,000 \times 9.5 \times 20\% \div 2 = 1\,310(元)$

经计算可知$T_2 > T_1$,因此需要进行第三步的计算。

第三步:比较在年需求量为1 200件的情况下,材料购买成本降低额和总成本超支额:

材料购买成本降低额=1 200×(10-9.5)=600(元)

总成本超支额=1 310-1 200=110(元)

材料购买成本降低额>总费用超支额,表明折扣起点Q_m是有利的,即采购批量1 000件是最优解。

3. 每批订货陆续到货时的经济批量控制模型

如果每次订货的货款都是一次支付,而货物又不能一次到达,则属于陆续到货的情况。陆续到货会使材料年均储存量发生变动,进而使储存成本模型有所改变。若设材料每日到货量为e,每日耗用量为f,则材料年均储存量$Q_平$和相关储存成本T_C的计算公式分别为:

$$Q_平 = \frac{Q\left(1-\frac{f}{e}\right)}{2}$$

$$T_C = C \times \frac{Q\left(1-\frac{f}{e}\right)}{2}$$

陆续到货的相关成本模型为:

$$T = P \times \frac{A}{Q} + C \times \frac{Q\left(1-\frac{f}{e}\right)}{2}$$

按微分极值原理进行处理,可得到以下模型:

$$Q^* = \sqrt{\frac{2PA}{C}} \times \sqrt{\frac{e}{e-f}}$$

$$T^* = \sqrt{2PAC}\sqrt{\frac{e-f}{e}}$$

【实务题 5-29】 某制造企业全年需要某种材料 40 000 千克,按经验数据,每次订货的变动订货成本为 25 元,单位材料年平均变动储存成本为 8 元。企业订货陆续到货,每日到货量为 198 千克。

要求:计算在不存在商业折扣,不允许出现缺货现象,但每批订货不能一次到货情况下的经济订货批量和最低的相关总成本。

【解析】 根据题意,$A=40\,000$,$P=25$,$C=8$,$e=198$。

$$f = \frac{40\,000}{365} = 110(千克)$$

$$Q^* = \sqrt{\frac{2 \times 25 \times 40\,000}{8}} \times \sqrt{\frac{198}{198-110}} = 750(千克)$$

$$T^* = \sqrt{2 \times 25 \times 40\,000} \times \sqrt{\frac{198-110}{198}} = 4\,000 \times 0.666\,7 \approx 2\,667(元)$$

4.经济订货批量在生产中的应用

经济订货批量也可用于生产管理,如用于确定自制材料、产品投产的最优批量。最优生产批量控制是指成批生产的企业全年应分几批组织生产,每批应生产多少件产品才最为经济合理的控制问题。

在最优生产批量控制过程中,主要考虑相关的调整准备成本和储存成本两个相关成本因素。生产过程中发生的直接材料、直接人工等变动成本,属于无关成本,在控制过程中可不予考虑。

(1)调整准备成本

调整准备成本是指每批产品投产前为做好准备工作而发生的成本。这类成本的每次发生额基本相等,它与生产数量没有直接联系,而与每年生产的次数(以下简称"生产批次")成正比:生产批次越多,调整准备成本就越高;反之,就越低。

若设每批调整准备成本为 S,生产批次为 n,全年调整准备成本为 T_S,则有:

$$T_S = 每批调整准备成本 \times 批次 = S \cdot n$$

(2)储存成本

储存成本是指单位产品或零部件在储存过程中所发生的年成本。这类成本与生产批次的多少没有直接关系,而与生产批量成正比:批量越大,年储存成本越高;反之,就越低。

假定全年单位储存成本为 C，生产批量为 Q，平均每天生产量为 p，平均每天发出量为 d，全年储存成本为 T_C，则有：

$$T_C = 单位储存成本 \times 年平均储存量$$

$$= 单位储存成本 \times \frac{1}{2} \times 每批生产终了时的最高储量$$

$$= 单位储存成本 \times \frac{1}{2} \times \frac{生产批量}{每天产量} \times (每天生产量 - 每天发出量)$$

$$= 单位储存成本 \times \frac{1}{2} \times 生产批量 \times \left(1 - \frac{每天发出量}{每天生产量}\right)$$

$$= \frac{CQ}{2} \cdot \left(1 - \frac{d}{p}\right)$$

(3) 单一品种下的最优生产批量控制

在单一品种条件下，成批生产时全年产量一般是固定的，设为 A，这就决定了生产批量 Q 与批次 n 成反比：批量越大，批次越少；反之，就越多。其关系可用如下公式表示：

$$n = \frac{A}{Q}$$

与生产批量有关的全年总成本 T 的计算公式为：

$$T = S \cdot n + \frac{CQ}{2} \cdot \left(1 - \frac{d}{p}\right)$$

对上式求导，并令其等于零，得出储存成本与年调整准备成本相等时，全年相关总成本最低。通过计算可知：

$$最优生产批量(Q^*) = \sqrt{\frac{2AS}{C \cdot \left(1 - \frac{d}{p}\right)}}$$

$$最低相关总成本(T^*) = \sqrt{2AS \cdot C \cdot \left(1 - \frac{d}{p}\right)}$$

$$最优生产批次 n^* = \frac{A}{Q^*}$$

【实务题 5-30】 某企业每年生产 3 600 件甲产品，每件储存成本为 6 元，每件调整准备成本为 800 元，每天生产量为 30 件，每天发出 10 件。

要求：根据以上资料，计算最优生产批量，并计算最低相关总成本和最优生产批次。

【解析】 最优生产批量 $Q^* = \sqrt{\dfrac{2 \times 3\,600 \times 800}{6 \times (1 - 10 \div 30)}} = 1\,200(件)$

最低相关总成本 $T^* = \sqrt{2 \times 3\,600 \times 800 \times 6 \times (1-10 \div 30)} = 4\,800$(元)

最优生产批次 $n^* = \dfrac{3\,600}{1\,200} = 3$(批)

(4)几种产品或零配件轮换分批生产的最优生产批量控制

在实际生产中,企业往往通过同一条生产线轮换分批生产多种产品或零部件。在这种情况下,不能分别按每种产品或零部件的公式直接计算,因为它们的最优批数各不相同,所以企业无法据此在同一设备上安排生产。

企业可以根据各种产品或零部件的年调整准备之和与年储存成本之和相等时年总成本合计最低的原理,来确定其共同的最优生产批次 N^*。

通过计算推导,可得出如下公式:

$$N^* = \sqrt{\dfrac{\sum A_i C_i \left(1 - \dfrac{d_i}{p_i}\right)}{2\sum S_i}}$$

$$Q^* = \dfrac{A_i}{N^*}$$

【实务题5-31】 某企业有一台设备分别轮换生产甲、乙两种零件,有关资料如表5-26所示。

表5-26　　　　　　　　　甲、乙相关资料

零件	全年需用量 (A_i)(件)	每次调整准备成本(S_i)(元)	单位储存成本(C_i)(元)	每天生产量(p_i)(元)	每天发出量(d_i)
甲	1 200	120	1.5	30	15
乙	2 400	230	2.0	15	9

要求:试根据以上资料,确定甲、乙两种零件的最优生产批量。

【解析】 $N^* = \sqrt{\dfrac{1\,200 \times 1.5 \times (1-15 \div 30) + 2\,400 \times 2 \times (1-9 \div 15)}{2 \times (120+230)}} = 2$(批)

$Q_1^* = \dfrac{1\,200}{2} = 600$(件)

$Q_2^* = \dfrac{2\,400}{2} = 1\,200$(件)

共同最优生产批次是2批,轮换生产时,每批应安排生产甲零件600件,乙零件1 200件。

第三节　本章课程思政案例及延伸阅读

为增强对本章内容的理解,本章课程思政案例侧重于定价决策的学习和拓展,并结合实际经济环境中的定价决策案例进行分析,旨在深度剖析影响定价的因素。

一、本章课程思政案例

(一)案例主题与思政意义

【案例主题】

从特斯拉不断降价、扩充市场规模的案例[①],分析新能源汽车定价决策的影响因素。

【思政意义】

结合案例,我们深刻认识到了解内外部环境的重要性。在面临生活、学习当中的重大选择时,我们首先要了解分析外部环境,同时合理评估内部环境(即自身条件),在此基础上做出相对较好的选择。此外,通过本案例,我们认识到环境保护的重要性。

(二)案例描述与分析

【案例描述】

特斯拉(Tesla)是一家总部位于美国帕洛阿托(Palo Alto)的电动汽车及能源公司,市值达 2 100 亿美元。公司主要生产和销售电动汽车、太阳能板及储能设备。特斯拉于 2003 年 7 月 1 日由马丁·艾伯哈德和马克·塔彭宁共同创立,创始人将公司命名为"特斯拉汽车",以纪念物理学家尼古拉·特斯拉。特斯拉的愿景是"加速全球向可持续能源的转变"。

【案例分析】

据界面数据不完全统计,特斯拉自 2013 年 12 月进入中国市场以来,截至 2020 年底,其 Model S、Model X、Model 3 及 Model Y 四款车型官方售价区间调整共计约 59 次(注:同时调价情况重复统计)。其中,Model S 的售价区间调整最多,达约 24 次。

近几年,特斯拉这四款车型价格区间的累计调整次数均超过 10 次。其中,2019

---

① 界面新闻. 特斯拉入华后价格调整近 60 次,Model 3 价格腰斩[EB/OL]. (2020—10—21)[2024—02—15]. http:jiemian.com/article/5133567.html.

年价格变动最为频繁，四款车型累计调价达约 15 次。2020 年 5 月至 2020 年底，四款车型价格区间已累计调整约 9 次，其中 7 次为降价。

电池是电动汽车最昂贵的元件之一。一般情况下，电池元件在多家不同工厂中生产。例如，一家工厂负责使用原材料制造电极，另一家负责组装电池颗粒，还有一家负责组装电池模组。而特斯拉的"超级工厂"将涵盖所有这些制造环节。超级工厂将帮助他们实现电池模组成本的大幅下降，并加速电池创新的速度。通过与供应商合作，他们计划在同一家工厂中整合原材料、电池颗粒和电池模组的生产。通过这样的工厂，他们在 3 年内开发出有吸引力、价格容易承受的电动汽车。

1. 价格覆盖区间大幅扩大

2014 年特斯拉刚进入中国市场时，其 Model S 售价区间为 73.4 万～108.45 万元。随着产品线的不断丰富，相继推出 Model X、Model 3、Model Y 车型，特斯拉的价格覆盖区间也越来越大。目前，特斯拉各系列的整体价格区间为 26.97 万～117.49 万元，区间跨度较最初增加了 55.47 万元。

2. 全系车型都有大幅降价

价格最便宜的 Model 3，自 2018 年 11 月公布官方售价以来，截至目前售价区间已调整约 13 次，其中 9 次为降价，包括因 Model 3 各车型加入国产行列而引起的价格下调。Model 3 的最低售价由 54 万元下调至目前的 26.97 万元（补贴前），下调幅度达 50%，补贴后目前官网售价为 24.99 万元。Model 3 的最高售价也由公布时的 59.5 万元降至目前的 41.98 万元，下调幅度近 30%。

作为上市时最高售价的车型，Model X 自 2016 年以来，其售价区间经过几轮下调和上涨后，最低价由 96.1 万元最终降至 77.29 万元，最高价也由 117.18 万元降至目前的 87.29 万元，下调近 30 万元，降幅达 25%。

Model S 最初引进时售价区间为 73.4 万～108.45 万元。2018 年 7 月，其售价区间最高价上涨至 147.32 万元，最低价也涨至近 85 万元。同年 11 月，Model S 价格全线下调，后经数次调整，到 2020 年 7 月最高价降至 85.69 万元。2020 年 9 月，Model S Plaid 车型开始预定后，其售价区间最高价提升至 117.49 万元。

价格下降的同时，特斯拉市值也在大幅增长。截至 2020 年 10 月 20 日，特斯拉股价相比刚进入中国市场时（2014 年 1 月 1 日）的 36.28 美元，上涨近 11 倍，市值已达到 4 014.51 亿美元。与 2017 年特斯拉以超过 510 亿美元成为美国市值最高的车企时相比，3 年多时间市值上涨近 700%。2020 年 6 月，特斯拉以 1 837 亿美元市值超过丰田，成为全球市值第一的车企，同年 8 月 31 日，特斯拉市值突破 4 600 亿美元，达到丰田市值的近 2.5 倍。

表 5-27　　　　　　　　　　Tesla Model 3 Performance 价格变化走势

时间节点	价格(万元)	幅度(万元)	备注
2020 年 4 月 10 日	41.98	—	补贴前预售价
2021 年 1 月 1 日	33.99	降 7.9	
2022 年 3 月 10 日	34.99	涨 1.0	俄乌危机材料涨价
2022 年 3 月 15 日	36.79	涨 1.8	原材料继续涨价

特斯拉 Model 3 从 2019 年进入中国市场后，经历了多轮价格调整，受国际局势影响，3 月又接连涨价。表 5-28 和表 5-29 为国产特斯拉 Model 3 发布的价格变化。

表 5-28　　　　　　　　　　Tesla Model 3 标准续航版历史价格变动

时间节点	价格(万元)	幅度(万元)	备注
2019 年 6 月 1 日	32.80	—	发布价
2019 年 10 月 25 日	35.58	涨 2.78	预订价
2019 年 12 月 6 日	33.10	降 2.48	获得国家补贴
2020 年 1 月 3 日	29.90	降 3.2	配件价格调整
2020 年 4 月 24 日	30.35	涨 0.45	补贴新规
2020 年 5 月 1 日	27.10	降 3.25	适应补贴新规
2020 年 10 月 1 日	24.99	降 2.11	推磷酸铁锂版
2021 年 5 月 8 日	25.09	涨 0.1	
2021 年 7 月 30 日	23.59	降 1.5	成本进一步降低
2021 年 11 月 19 日	25.09	涨 1.5	
2021 年 11 月 24 日	25.56	涨 0.47	补贴退坡
2021 年 12 月 31 日	26.56	涨 1.0	缺芯潮、缺电池
2022 年 3 月 15 日	27.99	涨 1.4	俄乌危机材料涨价

表 5-29　　　　　　　　　　Tesla 进口 Model 3 历史价格变动　　　　　　　　单位：万元

时间节点	后驱长续航	全驱长续航	性能版	标准续航
2019 年 2 月 1 日	43.3	49.9	56.0	
2019 年 3 月 1 日	40.7	45.5	51.6	
2019 年 3 月 21 日	41.2	45.5	52.2	
2019 年 4 月 12 日	42.1	46.3	52.2	37.7
2019 年 7 月 16 日	42.1	42.9	49.99	35.59
2019 年 8 月 30 日	下架	43.99	50.99	36.39

续表

时间节点	后驱长续航	全驱长续航	性能版	标准续航
2019年10月25日		43.99	50.99	下架
2020年4月10日		下架	下架	

从上述资料可以看出,特斯拉在建立"超级工厂"后,其成本控制取得了一定成效。然而,特斯拉的价格调整并不仅仅受到生产成本的影响,而是与政府补贴密切相关。此外,汽车生产较为复杂,零部件较多,所需原料较多,如电池、芯片等,这些零部件和材料的价格甚至会受到国际局势的影响。

(三)案例讨论与升华

【案例讨论】

通过以上对价格调整的分析,我们可以发现电动汽车价格调整并不仅仅取决于成本。结合特斯拉价格调整的案例,尝试分析定价决策的影响因素。

【案例升华】

温室气体二氧化碳的大量排放主要源于化石能源的开采和利用。在全球对环境问题关注不断提升的背景下,新能源汽车的发展迅速。然而,作为新技术,其前期研发投入较多。如果政府不对新能源汽车的定价进行适当干预和补助,新能源汽车因为其高昂的价格而难以被广大消费者接受。由此可见,政府可以通过干预产品定价,来引导消费者"绿色消费",从而促进企业绿色转型。

二、本章延伸阅读

延伸阅读 中石油市场化存货压控[①]

中国石油天然气集团有限公司(以下简称"中国石油")是国有重要骨干企业,是集油气勘探开发、炼油化工、销售贸易、管道储运、工程技术、工程建设、装备制造、金融服务于一体的综合性国际能源公司,在全球35个国家和地区开展油气业务。2021年,中国石油在《财富》杂志全球500强排名中位居第四。2020年,在世界50家大石油公司综合排名中位居第三。作为典型的国有大型企业,中国石油存货总量巨大且种类繁杂,是国资委"两金"压控的重要考核对象。因此,本文将"四位一体"的市场化存货压控理念与中国石油的存货压控实践相结合,展开分析。

---

① 张旭.大型企业集团市场化存货压控路径探索——以中国石油为例[J].财会通讯,2021(06):122-125.

（一）集团公司存货管理概况

1. 集团公司存货管理体系

存货管理职能与企业管理的一般职能相似，包括对存货的预测、决策、计划及预算、报告、分析、评价、监控等。中国石油集团存货管理体系主要由四个维度构成：(1)基于组织结构的存货管理评价体系。基于集团组织结构，由资金部牵头，通过监管和考核各大板块及地区公司压控存货水平。(2)基于业务流程的存货管理体系。目前集团已基于业务流程，建立起从采购、生产到销售的存货管理体系，通过业务流程的关键节点控制存货。(3)基于信息系统的存货管理体系。集团ERP系统涉及采购入库管理、销售出库管理、盘点管理、库存报告及其他库存业务管理等存货管理功能，使存货信息流在采购、生产、销售业务活动中流转，快速准确地将集团业务活动联系起来，共同控制存货。(4)基于会计核算的存货管理体系。目前，集团公司以财务为核心，通过会计核算和分析加强存货管理。

2. 主要存货分析

从产品类别来看，集团公司存货占比较高的产品主要有油气产品、未完工程、原材料和非正常存货。2017年，集团油气产品在存货中占比最大，成品油和原油是油气产品的主要组成部分。这主要是由于油品品种多、战略储备和商品油储备量大、管道线路长、罐底油和管道铺底油存量大等原因造成的。未完工程存货占比次之，主要形成于工程建设板块，由施工周期长、结算进度慢等原因造成。原材料占比也较高，这除了生产备料的原因外，还因为验货流程和结算资料的耗时长、内部交易及内部审批环节较多，以及低效的分散采购等因素。非正常存货较多的主要原因在于许多技术产品是定制化产品，技术迭代较快，即使改造升级，再利用程度也较低。从业务板块来看，销售板块、炼油与化工板块和工程建设板块是存货占用的主要板块。2017年，销售板块存货占比最大，产量销量不平衡是销售板块存货积压的主要原因，具体体现在两个方面：一是成品油销售市场处于饱和状态，新能源汽车的发展加剧了成品油需求量疲软现象，导致销量下滑；二是汽油在某些地区供应紧缺，而在其他地区供应过剩，造成产销结构不平衡。炼油与化工板块存货占比次之，该板块主要从事炼油工作，包括石蜡及日化产品的生产，其存货的构成较为复杂，包括原材料、产成品、半成品、原油以及备件等。工程建设板块存货也较多，其中85%是由于工程施工进度超过工程结算而形成的存货。这部分存货主要由国内项目中的集团内部项目构成，与集团内部结算节点确认、审批流程等环节有关。另外，还有一部分是由于甲方没有投资计划的项目施工后无法按实际发生成本的比例进行结算所导致的。

（二）集团公司存货管理形势分析与突出问题

中国石油集团公司现行的存货管理体系涉及组织结构、业务流程、信息流、会计核算四个维度,它们并不是相互孤立的,而是互为基础、相互作用,具有全局性。然而,作为大型国际能源公司,除了组织结构庞大、区域跨度大、业务流程复杂等客观原因外,集团公司在存货管理上最突出的问题是内部交易、外部环节等方面缺乏市场化运行思路,形成了一系列的存货压控难题,主要体现在以下几个方面:

1. 业务流程市场化程度不足

采购是企业生产经营的核心环节,采购成本直接影响存货成本。集团采购分为一级采购、二级采购、三级采购三大类,其中,一级采购由中国石油物资采购公司负责,但其年采购额仅占60%。对于差异化的备件来说,集中采购难以形成规模效应,但是大宗原材料的采购需求具有一定共性,若采用分散采购,并非市场化行为,浪费了大型企业集团的市场优势。从生产和销售来看,传统的"以产定销"模式同样不符合市场化逻辑,尤其是在市场趋于饱和的情况下,容易导致存货过剩和减值风险。各板块对销售能力预测不足、定制化产品滞销形成的非正常存货、因甲方没有投资计划形成的未完工程,都是产销行为不遵循市场化导向的结果。此外,内部交易结算进度的滞后也反映出内部产品交易市场有待进一步完善。

2. 存货管理的大局观和层次性有待明晰

从业务板块来看,集团公司内部交易频繁,当前施行的存货管理绩效评价方法分开考核各板块的存货管理工作,这易导致个别板块为减少自身板块存货积压,通过延迟结算等方法,将存货转移给其他板块。总体上,存货压控的权责利关系不够清晰,内部市场化考核机制有待完善,导致集团整体存货压控效果受限。此外,对铺底油等无法压控的存货和其他存在压控空间的存货一同下达目标,降低了板块存货压控的有效性和可行性。

3. 存货压控模式相对单一

集团公司对国内外市场上存货压控的先进模式学习不足,忽略了存货压控手段的多样性与创新性。例如,未充分利用业务流程再造、金融手段、核算方法等对存货压控进行全方位的考察。

(三)集团公司存货压控举措与成效

自2018年起,中国石油集团公司开始探索存货管理的创新路径。2019年,集团公司以市场化理念为核心,从业务流程、组织结构、产融结合、竞争合作等维度,四位一体联合推进存货压控。

1. 业务流程维度

(1)加大集中采购比例,提升采购流程的市场效益

集团公司借鉴通用电气的做法,提出扩大集中采购比重,放权至分散采购的策略。

首先,扩大集中采购范围,将钢铁、煤炭等大宗物资以及通用器件交由物资采购中心进行集中采购。每年期初,地区分公司应将集中采购范围清单中的物料需求数量上报给物资采购中心。

其次,物资采购中心仍是集中采购的主体,但重点工作应放在寻求高资质供应商和谈判采购价格上。

最后,物资采购中心在完成上述工作后,逐步退出采购工作,待供应商供货稳定后,将采购权转移给地区公司采购部门。地区分公司采购部门根据上报的预算数量,按物资采购中心的谈判价格直接向供应商分批采购。需要注意的是,在采购权转移过程中,物资采购中心无需全程参与采购,但在关键时刻应给予地区公司采购部门支持,如市场行情变化导致采购价格出现波动等。

(2) 推进生产行为市场化

石油行业具有特殊性,在生产上虽不能完全实现"以销定产",但仍要向"以销定产"过渡。针对非正常存货高的弱点,集团公司首先在技术产品、定制产品等的生产上,推进按单生产,尤其在内部交易产品上,促进交易双方行为市场化。此外,针对油品需求的季节性和地区性特征,集团公司统筹安排生产和销售,提高产销行为的一致性。

(3) 销售板块合理库存的市场化比较

合理库存的主要影响因素是销量和运输便利度(运输成本)。理论上,销量大的加油站,合理库存较高;运输便利度较低的加油站,合理库存较高。因此,集团公司分销量和地区两个层面,估测销售分公司合理库存。按销量测算销售分公司合理库存:根据2017年炼油产品销售规模,将31家分公司划分为5个区间,分别统计各区间库存周转天数;其中,周转天数由期末库存数量减去不可动用库存的差额除以日均销售量得到。据此得到五个区间内的最低周转期信息,假定同一销售规模区间的公司都按照该区间内最低的周转期确定合理库存,计算公式如下:

$$合理库存 = 日平均销售数量 \times 最低周转期 + 不可动用库存$$

按照最快的周转速度计算周转速度,2017年31家分公司期末库存合计将较实际库存下降49.45%。按区域测算销售分公司合理库存:根据各省市销售公司距炼化厂的距离将销售公司分为华东区域、东北区域、华北区域、华南区域、中部区域、华西区域和西南区域7个区域,分别统计各区域内销售公司成品油实际库存周转天数。据此得到7个区域内的最低周转期信息,假定同一区域内的公司都按照该区域内最低的周转期确定合理库存,2017年31家分公司期末库存合计将较实际库存下降31.52%。依托销量和区域信息,形成销售板块内部的市场化比较,系统分解各销售分公司的存货压控目标,提升集团公司存货压控总体目标的可实现性。

2. 组织结构维度

一是集团内部科学的权责利划分。科学的权责利划分是优化组织内部关系,促进协同降低存货的关键。集团总部负责战略储备油、出口量、进口量、自产量及地采量的整体协调,根据销售公司成品油国内需求变化以及自产量来调节成品油出口量、进口量以及地采量,从而控制调节库存;根据自产、地采、进口成品油价格高低调节战略储备油的核算成本,从而降低集团非战略储备存货的资金占用。各级销售公司及加油站则专注于增强市场销售能力,并根据销量及进货周期储备合理的周转库存。

二是推进存货"炼销贸储"一体化考核。过去,存货考核指标只停留在分公司层面,未对板块进行存货考核,无法协调板块内部共同推动存货压控。为此,集团将"两金"压控指标纳入板块考核。此外,为避免各板块分开考核易导致"各管一段"的现象,集团公司过去只针对利润进行"炼销贸"一体化考核,现将一体化考核制度扩展至存货,推进形成"炼销贸储"一体化考核。由于不同板块负责的产品不同,存货产生的原因以及对应的处理方法不同,集团分设了个性化考核指标。

三是销售目标的市场化设定。存货冗余问题的产生源于销量与产量的不匹配,这容易导致产销部门之间推诿责任。为此,设计将管理层及销售人员薪酬与预算销量和实际销量差值挂钩的激励机制,促进平衡销量与产量的关系至关重要,这促进了激励机制的市场化和生产销售活动的市场化。为避免销售人员为完成预算销量而将预算做低的"打埋伏"问题,使销量预算的制定既具有鞭策作用又贴合实际情况,应将预算销量目标的制定权交给销售人员。其薪酬分为与预算销量无关的基本薪酬、随预算销量增加而提高的奖励部分、实际销量未达到预算销量的惩罚部分。设计激励制度公式如下:

当实际销量 Q 大于预算销量 Q' 时,销售人员薪酬 $B=B'+a\times Q'+b\times(Q-Q')$

当实际销量 Q 小于预算销量 Q' 时,销售人员薪酬 $B=B'+a\times Q'-c\times(Q'-Q)$

其中,B' 为销售人员基本薪酬,a 为薪酬与预算销量挂钩的比例,b 为超预算时与超预算额挂钩的奖励比例,c 为未完成预算时与少完成预算挂钩的惩罚比例,且 $c>a>b$。

3. 产融结合维度

集团公司积极借鉴国内外大型石油集团的产融结合经验,针对原油存货,通过期货、期权等金融化手段,降低存货风险,辅助存货压控,从而创造价值。

4. 竞争合作维度

对于其他行业而言,由于物资短缺、产品成本及功能差异化大,与竞争对手合作需权衡利弊,且极易导致弊大于利。但是对于石油行业而言,由于成品油产能过剩,各型号成品油均按国家标准生产,且油价主要受国际油价波动影响,除地区因素外,价格差异不大,因此在石油行业内与竞争对手合作具有可行性。

近年来,中国石油与中国石化积极响应国资委的存货管控要求,通过优化存货管理实现目标。中国石油以汽油作为主要出口油品,而柴油存货积压严重,尤其在东北地区,柴油产能过剩严重。中国石化以柴油作为主要出口油品,而柴油需求具有季节性特点。我国每年一、二月份春耕后,柴油需求反弹,会出现柴油需求。同时,中国石油以北方为主要销售市场,中国石化以南方为主要销售市场,南北需求峰值略有时间差异,通过油品互换,平衡了油品结构,双方实现了共赢。通过"四位一体"的市场化存货压控策略,集团公司圆满完成了国资委下达的存货压控指标。以股份公司为例,2019年与2018年相比,存货占流动资产的比重从40.31%下降到38.96%,存货占总资产的比重从7.18%下降到6.66%,存货占用水平得到明显改善。同时,存货周转率从13.48上升到13.83,存货周转绩效也有所提升。

复习思考题与练习题

一、复习思考题

1. 试论述短期经营决策的含义。
2. 亏损产品是否一定要停产?为什么?
3. 定价决策的影响因素有哪些?试举例说明。
4. 存货控制对企业有何重要意义?
5. 品种决策下,不同情形的决策方法有哪些?

二、练习题

1. 资料:某企业年生产并销售1 200件A产品,产品的单价为100元,按完全成本法计算的单位生产成本为60元,其中单位变动成本为50元。企业现已掌握将A产品深加工为单价150元、有市场销路的新产品B的技术,只要支付15 000元租入一套装置,就可以在本年内将1 000件A产品加工为B产品。A、B产品之间的投入产出数量比为1∶0.9。此外,每加工一件B产品,需要追加变动加工成本30元。企业需要马上做出是否将A产品深加工为B产品的决策。

要求:

(1)计算或列出下列指标:

①直接出售A产品方案的相关业务量;

②将A产品深加工为B产品方案的相关业务量;

③将A产品深加工为B产品方案的专属成本。

(2)用差量分析法做出是否将A产品深加工为B产品的决策。

2.资料:万利手表制造企业生产三类手表:机械手表、石英手表、电子手表。20×2年该企业销售部门根据市场需求进行预测,计划部门初步平衡了生产能力,编制了20×2年产品生产计划,财会部门打算据此进行产品生产的决策。该企业多年生产的老产品机械手表,由于造价高、定价低,因此长期亏损。尽管机械手表是亏损产品,但市场上仍有一定的需求量,为满足市场需要,仍需要继续生产。财会部门根据产品生产计划预测了成本和利润,如表5—30所示。

表5—30　　　　　　　　　　20×2年成本、利润预测表　　　　　　　　　　单位:万元

项目＼产品	机械手表	石英手表	电子手表	合　计
销售收入	654.6	630.7	138.3	1 423.6
销售成本	681.9	564.5	106.8	1 353.2
销售利润	−27.3	66.2	31.5	70.4

总经理阅读该表后,对财会部门提出了以下几个问题:

(1)20×2年本企业目标利润能否达到100万元?

(2)机械手表亏损27.3万元,影响企业利润,可否考虑停产?

带着这些问题,财会部门与销售、生产等部门一起,共同研究,寻找对策。若干天后,他们提出了以下三个方案,希望有关专家经过分析比较,确定其中的最优方案。

A方案:停止生产机械手表,按原计划生产石英手表和电子手表。

B方案:停止生产机械手表后,根据生产能力的平衡条件,石英手表最多增产40%,电子手表最多增产10%。

C方案:进一步平衡生产能力,调整产品生产计划。该厂石英手表系列是最近几年开发的新产品。由于技术性能好、质量高,颇受用户欢迎,目前已是市场上供不应求的产品。根据市场预测,该厂调整产品生产结构,压缩机械手表产品生产计划30%,石英手表在原方案基础上增产36%。

另外,财务人员运用回归分析法,在计算出单位产品变动成本的基础上,得出变动成本占销售收入的比率,其结果如表5—31所示。

表5—31　　　　　　　　各产品变动成本占销售收入的比率

产　品	机械手表	石英手表	电子手表
变动成本占销售收入的百分比	70%	60%	55%

要求:请你帮助该企业的财务人员进行分析后做出决策。

第六章　项目投资决策

▶ 本章概述

本章在概述项目投资决策的基础上,介绍投资决策时需要考虑的相关因素,总结投资决策评价指标的使用原则,并结合实务例题对项目决策的静态和动态指标的计算和应用进行重点分析。同时,结合思政案例与延伸阅读进行内容拓展。

▶ 思政目标

在熟练掌握长期项目投资决策方法的基础上,平衡企业经济利益、环境保护和社会效益,实现可持续发展的目标。

▶ 育人元素

通过本章的学习,学生将树立生态建设、环保意识的理念。

第一节　现金流量

一、现金流量的概念

在项目投资决策中,现金流量是指投资项目在计算期内各项现金流入量与现金流出量的统称,包括初始现金流量、营业现金流量和终结现金流量。现金流量是计算项目投资决策评价指标的主要依据和关键的价值信息之一,其计算以收付实现制为基础。理解现金流量的定义需要注意三点:(1)财务管理的项目投资现金流量针对特定投资项目,不针对特定会计期间。(2)现金流量是一个统称,既包括现金流入量,也包括现金流出量。(3)在项目投资决策中,"现金"是广义的,不仅包括货币资金,还包括项目需要投入的企业现有的非货币资源的变现价值。

现金流量包括现金流入量、现金流出量和现金净流量三个具体概念。

(一)现金流入量

现金流入量简称现金流入,是指在投资项目实施后,在项目计算期内所引起的企业现金收入的增加额。它包括以下内容:

1.营业收入

营业收入,是指项目投产后每年实现的全部资金收入。它是经营期主要的现金流入量项目。

2.回收固定资产的余值

回收固定资产的余值,是指投资项目的固定资产在终结点报废或中途变价转让时所回收的价值。

3.回收流动资金

回收流动资金,主要是指新建项目在项目计算期完全终止时,因不再发生新的替代投资而回收原垫付在存货、货币资金、应收账款等流动资产上的全部流动资金投资额。

4.其他现金流入量

其他现金流入量,是指以上三项指标以外的现金流入量项目。

(二)现金流出量

现金流出量简称现金流出,是指投资项目实施后,在项目计算期内所引起的企业现金流出的增加额。它包括以下内容:

1.建设投资

建设投资(含更改投资),是指在建设期内按一定生产经营规模和建设内容而进行的固定资产投资、无形资产投资和开办费投资(又称递延资产投资)等各项投资的总称。它是建设期发生的主要现金流出量。

2.流动资产投资

流动资产投资,又称流动资金垫支,是指投资项目完成后在投入使用过程中,在材料、在产品和产成品、货币资金、应收账款等项目上所需占用的资金支出。

3.付现成本

付现成本,又称经营成本,是指使用该固定资产生产有关产品的过程中,发生的用现金支付的相关支出,即除了该年折旧额(包括摊销额、年借款利息等)等项目以外的

支出总额。其计算公式为:
$$付现成本＝总成本－折旧额及摊销额、借款利息$$

4. 所得税

所得税,是指项目投产后获得利润(应税所得额)依法缴纳的所得税款。

5. 其他现金流出量

其他现金流出量,是指不包括在以上内容中的现金流出量项目,例如营业外净支出。

(三)现金净流量

现金净流量,是指一定期间现金流入量和现金流出量的差额。其计算公式为:
$$现金净流量＝现金流入量－现金流出量$$

这里所说的"一定期间",可以指一个会计期间(1年),也可以指投资项目持续的整个年限。在上述公式中,若流入量大于流出量,则净流量为正值;若流入量小于流出量,则净流量为负值。投资项目在建设期和生产经营期内某一年的现金净流量的计算公式为:
$$净流量＝利润＋折旧－固定资产投资－流动资金支出$$

投资项目最后一年的现金净流量的计算公式为:
$$最后一年的现金净流量＝利润＋折旧＋残值收入＋收回的垫支流动资金$$

二、现金流量分析的意义

在项目投资决策过程中,对现金流量进行研究分析具有重要意义,主要体现在以下几个方面:

(一)有利于如实反映企业效益

企业效益通常与企业销售资金回收、成本控制和规避风险等能力有关。财务报表包括资金负债表、利润表和现金流量表。其中,资产负债表中资产内容较多,分为流动性资产和非流动性资产,其资金来源较为复杂,如企业通过短期借款筹资的资金列入货币资金,资产总量得到增加,但不能反映出企业资金回收等情况;利润表体现的是企业当期的营业收入、营业成本以及其他相关收支状况,而不能体现企业资金的来源及运用情况;现金流量表以收付实现制为基础,通过对现金流量进行分析,可以了解企业资金的收现能力,根据企业资金回收情况有针对性地提出解决措施,做好销售资金的回收工作,提高企业效益。

(二)有利于规避财务风险

企业现金流量规模决定了企业应对财务风险的能力。当企业现金流入远高于现金流出时,由流动性比率可知,企业剩余资金越充裕,适应市场的能力越强,可以及时偿还债务;当企业现金流入低于现金流出时,其缺口越大,则表明企业运用资金的效率越低,可能导致无法偿还所欠债务,使企业面临法律诉讼甚至破产的风险,增加财务风险。因此,通过现金流量分析,可以实时跟踪企业现金流入与流出量,建立现金池,当现金池资金不足时,及早提出应对措施,从而防范财务风险。

(三)有利于了解企业经营状况

现金流量表为企业提供经营、筹资及投资活动中产生的资金收入与支出情况。通过对现金数据进行整理分析,管理者可以准确把握企业资金动态。当通过数据分析了解到企业现金流量规模变大、资金周转速度变快时,说明企业资金流动性较强,营运状况良好;反之,则说明企业经营状况不佳,资金链出现了问题,管理者应提高重视,针对具体问题提出整改措施。

【实务题6-1】

2020年甲企业拟购建一项固定资产,在建设起点一次性投入2 000万元,无建设期。该项目的生产经营期为10年,该固定资产报废时预计净残值为200万元。生产经营期每年预计获得税后利润470万元。固定资产按直线法计提折旧。

要求:计算该项目投资在项目计算期内各年的现金净流量。

【解析】

固定资产年折旧额=(2 000-200)÷10=180(万元)

$NCF_0 = -2\,000$(万元)

$NCF_{1\sim9} = 470 + 180 = 650$(万元)

$NCF_{10} = 650 + 200 = 850$(万元)

【实务题6-2】

甲公司拟购置一套自动化设备,价值530万元,建设期一年,第一年末投入流动资产80万元。该项目生产经营期为10年,固定资产按直线法计提折旧,期末残值30万元。预计投产后,公司前5年每年发生600万元的营业收入,并发生付现成本400万元;后5年每年发生900万元的营业收入,并发生付现成本600万元。所得税税率为40%。

【解析】

固定资产年折旧额=(530-30)÷10=50(万元)

$NCF_0 = -530$(万元)

$NCF_1 = -80$(万元)

$NCF_{2\sim6} = 600 \times (1-40\%) - 400 \times (1-40\%) + 50 \times 40\% = 140$(万元)

$NCF_{7\sim10}=900\times(1-40\%)-600\times(1-40\%)+50\times40\%=200(万元)$

$NCF_{11}=200+30+80=310(万元)$

第二节 项目投资决策的分析方法及其应用

一、静态投资回收期

投资回收期是指一项投资的现金流入逐步累计与现金流出总额相等,即收回全部原始投资所需的时间。投资回收法是以投资回收期的长短作为评价和分析投资经济效益高低的标准,并以此进行投资决策的方法。

根据项目投产后每年的现金净流量情况,投资回收期的计算可分为以下两种情况:

第一种情况为每年净现金流量相等,其计算公式为:

$$原始投资回收期=\frac{原始投资额}{年净现金流量}$$

需要说明的是,上述公式计算出的投资回收期不包括建设期的投资回收期,如果项目有建设期,则应予以考虑。

第二种情况为每年净现金流量不相等,其计算公式为:

$$投资回收期=即将收回投资额之前的年份+\frac{到该年尚未收回投资额的部分}{下一年的净现金流量}$$

需要说明的是,若项目有建设期,则上述公式中的回收期包括建设期的投资回收期。

在项目投资决策过程中运用投资回收法,应当将投资方案回收期与期望回收期进行比较,决策的判断标准为:若投资方案回收期<期望回收期,则投资方案可行;若投资方案回收期>期望回收期,则投资方案不可行;若可行方案数有两个或两个以上,应当选择回收期最短的方案。

应用这一方法的难点在于怎样确定企业可接受的最高回收期标准,因为这一标准的恰当与否直接关系到投资的成败。确定这一标准一般需要企业的管理层具备相关的知识和经验,并需要对投资的性质和未来的经营做出准确的预测与分析。

【实务题6-3】 甲公司拟用180 000元购置一台机床,预计使用5年,预计残值30 000元,采用年限平均法计提折旧,有以下两个方案可供选择,相关资料如表

6—1所示。

表 6—1　　　　　　　　　　A、B 投资方案的相关资料　　　　　　　　　　单位:元

年　序	A 方案 利润	A 方案 现金净流量	B 方案 利润	B 方案 现金净流量
0		−180 000		−180 000
1	20 000	50 000	10 000	40 000
2	20 000	50 000	20 000	50 000
3	20 000	50 000	30 000	60 000
4	20 000	50 000	40 000	70 000
5	20 000	50 000	50 000	80 000

要求:计算 A、B 两个方案的投资回收期。

【解析】

A 方案的静态投资回收期计算如下:

A 方案的静态投资回收期 $=\dfrac{180\ 000}{50\ 000}=3.6$(年)

B 方案的投资回收期如表 6—2 所示。

表 6—2　　　　　B 方案现金净流量和累计现金净流量计算表　　　　　单位:元

项目计算期	现金净流量	累计现金净流量
0	−180 000	−180 000
1	40 000	−140 000
2	50 000	−90 000
3	60 000	−30 000
4	70 000	40 000
5	80 000	120 000

从表 6—2 可得出,B 方案第 3 年年末累计现金净流量为 −30 000 元,这表明第 3 年年末未回收额小于第 4 年的可回收额 70 000 元,静态投资回收期在第 3 年与第 4 年之间,用插入法可计算出:

B 方案的静态投资回收期 $=2+\dfrac{|-30\ 000|}{70\ 000}=3.43$(年)

因为 B 方案的静态投资回收期小于 A 方案的静态投资回收期,所以 B 方案优于 A 方案。

投资回收期法的优点是计算过程简便,容易为决策人理解和使用,受投资者欢迎,而且该指标可以从一定程度上反映企业投资方案的风险;其缺点是没有考虑资金的时间价值,也没有考虑回收期以后的收益。因此,投资回收期法是传统财务管理中进行投资决策的常用方法,但是在现代财务管理中,它只能作为一种辅助方法来使用。

二、投资报酬率

投资报酬率是一种静态投资指标,是指投资项目平均每年获得收益与投资成本的比率。它表示单位投资成本每年获得的收益,是一项反映投资获利能力的相对数指标。投资报酬率法是根据投资报酬率的大小来估价与分析投资方案经济效益的方法。其计算公式为:

$$投资利润率 = \frac{年平均利润}{投资总额} \times 100\%$$

在采用投资报酬率法进行决策时,企业应事先确定一个要求达到的投资报酬率。当面临只有一个备选方案的采纳与否决策时,只有高于这个投资报酬率的项目才能入选。而在面对多个互斥选择方案时,应选择投资报酬率最高的方案。

投资报酬率法的优点是简明、易算和易懂。其缺点是没有考虑资金的时间价值,将不同时点上的现金流量看成是等值的。因此,在对期限较长、后期收益率较高的项目进行投资决策时,有时会得出错误的结论。

三、净现值法

净现值(Net Present Value,NPV),是指特定方案未来现金流入量的现值与未来现金流出量的现值之间的差额。换言之,净现值是指投资方案实施后,未来能获得的各种报酬按资金成本或必要报酬率折算的总现值与历次投资额按资金成本或必要报酬率折算的总现值的差额。其计算公式如下:

$$NPV = \sum_{t=1}^{n} NCF_t \times (P/A, i, n) - A_0$$

式中,n 为项目计算期(包括建设期和经营期),NCF_t 为在项目第 t 年的净现金流量,i 为预定的贴现率,A_0 为初始投资总额的现值。

净现值的公式可表达为:

$$净现值 = 未来报酬的总现值 - 投资总现值$$
$$= 现金流入总现值 - 现金流出总现值$$

按照净现值法,所有的未来现金流入和现金流出都要按预定贴现率折算为它们的现值,然后再计算它们的差额。

如果净现值大于或等于0,则说明该投资方案的报酬率大于该投资的资金成本率,则该投资方案是可行的,在若干具有可行性备选方案中,净现值最大的为最优方案;如果净现值小于0,则说明该投资方案的投资报酬率小于资金成本率,则此方案是不可行的。因此,净现值大于或等于零是项目可行的必要条件,净现值越大,投资效益越高。

【实务题6-4】 根据表6-2的资料,假设贴现率$i=10\%$。

要求:计算 A、B 方案的净现值。

【解析】

净现值$_{(A)}$ = 50 000×(P/A,10%,5)-180 000=50 000×3.790 8-180 000
　　　　＝9 540(元)

净现值$_{(B)}$＝40 000×(P/F,10%,1)+50 000×(P/F,10%,2)+60 000×(P/F,10%,3)+70 000×(P/F,10%,4)+80 000×(P/F,10%,5)-180 000

＝40 000×0.909 1+50 000×0.826 4+60 000×0.751 3+70 000×0.683+80 000×0.620 9-180 000

＝40 224(元)

方案 A、B 的净现值均大于零,这表明两个方案都是可取的。但方案 B 的净现值大于方案 A,两者取其一时,B 方案为更优选择。

净现值是长期投资决策评价指标中最重要的指标之一。其优点在于:(1)充分考虑了货币时间价值,能较合理地反映投资项目的真正经济价值;(2)考虑了项目计算期的全部现金净流量,体现了流动性与收益性的统一;(3)考虑了投资风险性,贴现率选择应与风险大小有关,风险越大,贴现率越高。然而,该指标也存在明显的缺点:(1)净现值是一个绝对值指标,无法直接反映投资项目的实际投资收益率水平,当各项目投资额不同时,难以确定投资方案的优劣;(2)贴现率的选择比较困难,没有统一的标准。

四、现值指数法

现值指数(Present Value Index,PVI),又称盈利能力指数(Profitability Index,PI),是指投资项目未来报酬的总现值与初始投资现值之间的对比关系。其计算公式为:

$$现值指数(PI)=\frac{未来报酬总现值}{初始投资额总现值}=\frac{\sum_{t=1}^{n}NCF_t\times(P/A,i,n)}{A_0}$$

式中,n、NCF、i 和 A 的含义与净现值公式中的相同。

现值指数法就是以指数(PI)的大小作为分析评价投资方案的标准,并据此进行决策判断的方法。现值指数法的决策原则：如果某投资项目的 $PI<1$，则表明该项目达不到必要报酬的水平；如果 $PI=1$，则表明该项目的收益水平与投资必要报酬率相等；如果 $PI>1$，则表明该项目的收益水平高出投资必要报酬率。

【实务题 6-5】 根据表 6-2 的资料，假设贴现率 $i=10\%$。计算 A、B 方案的现值指数，并进行评价分析。

【解析】

$$PI_{(A)} = \frac{50\,000 \times (P/A, 10\%, 5)}{180\,000} = \frac{50\,000 \times 3.790\,8}{180\,000} = 1.053$$

$$PI_{(B)} = \frac{40\,000 \times (P/F,10\%,1) + 50\,000 \times (P/F,10\%,2) + 60\,000 \times (P/F,10\%,3) + 70\,000 \times (P/F,10\%,4) + 80\,000 \times (P/F,10\%,5))}{180\,000}$$

$$= \frac{40\,000 \times 0.909\,1 + 50\,000 \times 0.826\,4 + 60\,000 \times 0.751\,3 + 70\,000 \times 0.683 + 80\,000 \times 0.620\,9}{180\,000}$$

$$= 1.223$$

A、B 两个方案的现值指数均大于 1，均可行；B 方案的现值指数大于 A 方案的现值指数，企业应选择 B 方案。

净现值法和现值指数法能较准确地反映方案的优劣程度，但不能据以了解各个投资方案本身可以达到的实际投资报酬率，这两种方法中所用的投资报酬率是投资者预计的数值，即按照预定的报酬率计算的净现值或现值指数。

五、内部收益率法

内部收益率(Internal Rate of Return,IRR)，也称内含报酬率或内部报酬率，是指对项目的投资方案中每年的现金净流量进行贴现计算，使计算所得的现值等于最初投资额的现值，从而使净现值为零时的贴现率，该贴现率即内部收益率。内部收益率是投资项目经济评价中的一项重要的动态指标，它反映了投资项目的实际收益水平。其满足以下公式：

$$\sum_{t=1}^{n} NCF_t \times (P/A, i, n) - A_0 = 0$$

即：

未来报酬总现值－全部投资总现值＝0

能使上述等式成立的"i"，就是该方案的内部收益率。前面研究的净现值法和现值指数法虽然考虑了时间价值，可以说明投资方案高于或低于某一特定的投资报酬率，但是它们都没有揭示方案本身可以达到的具体的报酬率。而内部收益率是根据方案的现金流量计算得出的，是方案本身的投资报酬率。因此，内部收益率实际上反映了投资项目的真实报酬率,使得决策者根据该项指标的大小,即可对投资项目进行评价。

运用内部收益率法,应遵循如下决策判断规则:(1)在只有一个备选方案的采纳与否决策中,取大于或等于必要报酬率的最大值,否则,放弃备选方案;(2)在多个方案的互斥选择决策中,取大于必要报酬率最大值最多的备选方案。

【实务题6-6】 根据表6-2的资料,计算A、B方案的内部收益率。

【解析】 A方案的内部收益率计算如下:

当 $i=12\%$ 时,净现值 $NPV=50\,000\times(P/A,12\%,5)-180\,000=50\,000\times 3.604\,8-180\,000=240$ 元

当 $i=13\%$ 时,净现值 $NPV=50\,000\times(P/A,13\%,5)-180\,000=50\,000\times 3.517\,2-180\,000=-4\,140$ 元

$$\frac{i-12\%}{13\%-12\%}=\frac{0-240}{-4\,140-240}$$

$i=12.05\%$

以上计算结果表明,A方案的内部收益率为12.05%,大于贴现率(10%),因此该方案是可行的。

B方案内部收益率的计算如下:

当 $i=14\%$ 时,净现值 $NPV=40\,000\times(P/F,14\%,1)+50\,000\times(P/F,14\%,2)+60\,000\times(P/F,14\%,3)+70\,000\times(P/F,14\%,4)+80\,000\times(P/F,14\%,5)-180\,000=40\,000\times 0.877\,2+50\,000\times 0.769\,5+60\,000\times 0.675\,0+70\,000\times 0.592\,1+80\,000\times 0.519\,4-180\,000=22\,822$(元)

当 $i=20\%$ 时,净现值 $NPV=40\,000\times(P/F,20\%,1)+50\,000\times(P/F,20\%,2)+60\,000\times(P/F,20\%,3)+70\,000\times(P/F,20\%,4)+80\,000\times(P/F,20\%,5)-180\,000=40\,000\times 0.833\,3+50\,000\times 0.694\,4+60\,000\times 0.578\,7+70\,000\times 0.482\,3+80\,000\times 0.401\,9-180\,000=-11\,311$(元)

$$\frac{i-14\%}{20\%-14\%}=\frac{0-22\,822}{-11\,311-22\,822}$$

$i=18.01\%$

以上计算结果表明,B方案的内部收益率为18.01%,大于贴现率(10%),投资该方案是可以获利的,可净得8.01%的超额报酬率,因此B方案可以采纳。

内部收益率法的优点是:考虑了时间价值,反映了投资项目的真实报酬率,有实用价值。其缺点是计算过程过于复杂,不易掌握。例如,每年净现金流量不相等的投资项目,一般要经过多次测算才能确定。

> **知识链接**
>
> 静态投资指标也未考虑货币时间价值，但它们共同的优点是计算简便。由于投资回收期的长短也是项目风险的一种标志，因此在实务中常常被用作选择方案的一种标准。投资回收期的缺点不仅在于它没有考虑货币时间价值，而且没有考虑回收期后的现金流量，因此该方法不适宜用来判断那些后期收益较为丰厚的项目。投资报酬率法基于会计学上的收益和成本概念，容易被接受和掌握。然而，它最大的缺点仍然是没有考虑货币时间价值，因此无法在同一时间基础上对不同的项目进行比较。与静态投资决策指标不同，动态投资决策指标在充分考虑货币时间价值的基础上，对方案的优劣势进行判断。动态投资决策指标主要有净现值、现值指数和内部收益率等，它们都是将各个项目的现金流量调整到同一时点上进行比较，使得结果更加客观，也更具说服力。

六、项目可行性评价

正确计算主要评价指标，是为了在进行长期投资方案的对比与选优中发挥这些指标的作用。为了正确地进行方案的对比与优选，我们需要从不同的投资方案之间的关系出发，将投资方案区分为独立方案和互斥方案两大类。独立方案是指一组相互分离、互不排斥的方案，选择其中一方案并不排斥选择另一方案。例如，新建办公楼和购置生产设备是两个相互独立的方案。互斥方案是指一组相互关联、相互排斥的方案，选择其中一方案，就会排斥其他方案。例如，假设进口设备和国产设备的使用价值相同，都可以用来生产同样的产品，那么购置进口设备就不能购置国产设备，购置国产设备就不能购置进口设备。因此，这两个方案是互斥方案。

（一）独立方案的可行性评价

若某一独立方案的动态评价指标满足以下条件：

$$NPV \geqslant 0, NPVR \geqslant 0, PI \geqslant 1, IRR \geqslant i_m$$

式中，i_m 表示基准贴现率（即预期报酬率或资金成本率）。
则项目具有财务可行性；反之，则不具有财务可行性。

需要注意的是，利用以上四个动态评价指标对同一个投资方案的财务可行性进行评价时，得出的结论完全相同，不会产生矛盾。如果静态评价指标的评价结果与动态评价指标的评价结果产生矛盾，则应以动态评价指标的结论为准。

【实务题6-7】 甲公司计划投资生产一种新型产品，有关资料如下：
(1) 市场调研费 70 000 元已支付，属于沉没成本。

(2)生产新型产品需要购置生产设备一台,价值120 000元,估计可用5年,税法规定残值为20 000元,按直线法折旧。

(3)公司将一闲置厂房投入使用,该厂房当前的市场价格为80 000元。

(4)该产品各年的预计销售量为1 000件,市场售价为80元;单位付现成本为20元。

(5)生产该产品须在期初垫支营运资本15 000元。

(6)公司所得税税率为20%,资本成本率为10%。

【解析】

(1)计算年营业现金净流量(见表6—3)。

表6—3　　　　　　　　　营业现金流量表　　　　　　　　　单位:元

序号	项目	计算说明	年份 3~4	年份 5~10
(1)	年销售收入		600 000	900 000
(2)	年付现成本		380 000	600 000
(3)	年折旧		50 000	50 000
(4)	年无形资产摊销额		15 000	15 000
(5)	年营业税金及附加		43 750	71 250
(6)	年税前利润	(1)−(2)−(3)−(4)−(5)	111 250	163 750
(7)	年所得税	(6)×25%	27 812.5	40 937.5
(8)	年税后利润	(6)−(7)	83 437.5	122 812.5
(9)	年营业现金净流量	(1)−(2)−(5)−(7)或(8)+(3)+(4)	148 437.5	187 812.5

(2)计算投资项目的现金流量(见表6—4)。

表6—4　　　　　　　　　投资项目的现金流量表　　　　　　　　　单位:元

项目	0	1	2	3~4	5~9	10
一、初始现金流量						
1.固定资产投资	−210 000	−210 000				
2.无形资产投资			−120 000			
3.流动资产投资			−100 000			
二、营业现金流量				148 437.5	187 812.5	187 812.5
三、终结现金流量						

续表

项目	年份					
	0	1	2	3~4	5~9	10
1.固定资产残值						20 000
2.流动资金回收						100 000
四、各年现金净流量合计	−210 000	−210 000	−220 000	148 437.5	187 812.5	307 812.5

(3)计算投资回收期

①计算累计现金净流量(见表6—5)。

表6—5　　　　　　累计现金流量表　　　　　　单位:万元

时期	0	1	2	3	4	5	6	7~9	10
每年现金净流量	−21	−21	−22	14.84	14.84	18.78	18.78	18.78	30.78
累计现金净流量	−21	−42	−64	−49.16	−34.32	−15.54	3.24	22.02	52.8

②计算投资回收期。

$$投资回收期 = 5 + \frac{15.54}{18.78} = 5.83(年)$$

(4)计算净现值

$$净现值 = 14.84 \times (P/A, 10\%, 2) \times (P/F, 10\%, 2) + 18.78 \times (P/A, 10\%, 5) \times (P/F, 10\%, 4) + 30.78 \times (P/F, 10\%, 10) - [21 + 21 \times (P/F, 10\%, 1) + 22 \times (P/F, 10\%, 2)]$$

$$= 81.76 - 58.261 = 23.499(万元)$$

(5)计算现值指数

$$现值指数 = \frac{81.76}{58.261} = 1.403\ 3$$

(6)计算内含报酬率

经过逐步测试(过程略)可得,当折现率为18%时,净现值为−1.747 6万元;当折现率为16%时,净现值为3.176 1万元。运用插入法可得:

$$\frac{i - 16\%}{18\% - 16\%} = \frac{0 - 3.176\ 1}{-1.747\ 6 - 3.176\ 1}$$

$$i = 16\% + 1.290\ 2\% = 17.290\ 2\%$$

评价:

该方案的净现值为23.499万元,大于0;现值指数为1.403 3,大于1;内含报酬率为17.290 2%,大于10%(既定的折现率),所以该投资方案可行。至于非折现的两项评价指标,如事先确定了评价的标准,也可进行相应的评价分析,但一般处于次要地位。

(二)多个互斥方案的对比和选优

多个互斥方案对比和选优的过程,就是在每一个入选的投资方案已具备财务可行性的前提下,利用评价指标从各个备选方案中最终选出一个最优方案的过程。在不同的情况下,我们需要选择某一特定评价指标作为决策标准或依据,因而形成了净现值法、净现值率法、差额净现值法、差额内部收益率法、年等额净现值法等具体方法。

在对原始投资额相等并且计算期也相等的多个互斥方案进行评价时,我们可采用净现值法;计算期不相等时,可采用净现值率法,即通过比较所有投资方案的净现值或净现值率指标来选择较优方案,净现值或净现值率最大的方案为较优方案。

【实务题6-8】 甲公司考虑用一台新的、效率更高的设备来代替旧设备,以减少成本增加收益。旧设备原购置成本为40 000元,已使用5年,估计还可使用5年,已提折旧20 000元,假设使用期满后无残值。如果现在销售,可得价款20 000元,使用该设备,每年可获得50 000元收入,每年的付现成本为30 000元。新设备的购置成本为60 000元,估计可使用5年,期满有残值,为10 000元。使用新设备后,每年收入可达80 000元,每年付现成本为40 000元。假设该公司的贴现率为10%,所得税税率为40%,新旧设备均用直线法计提折旧。

要求:做出该公司是继续使用旧设备还是对其进行更新的决策。

【解析】

(1)用差额净现值法求解。

①计算差额现金净流量

$\Delta NCF_0 = -60\ 000 - (-20\ 000) = -40\ 000(元)$

$\Delta NCF_{1\sim4} = (80\ 000 - 50\ 000) \times (1-40\%) - (40\ 000 - 30\ 000) \times (1-40\%) +$
$\quad\quad\quad [(60\ 000 - 10\ 000) \div 5 - (40\ 000 - 20\ 000) \div 5] \times 40\%$
$\quad\quad = 14\ 400(元)$

$\Delta NCF_5 = 14\ 400 + 10\ 000 = 24\ 400(元)$

②计算差额净现值

$\Delta NPV = 14\ 400 \times (P/A, 10\%, 4) + 24\ 400 \times (P/F, 10\%, 5) - 40\ 000$
$\quad\quad = 14\ 400 \times 3.169\ 9 + 24\ 400 \times 0.620\ 9 - 40\ 000$
$\quad\quad = 20\ 796.52(元)$

由于差额净现值为20 796.52元,大于0,所以应更新设备。

(2)用差额内含报酬率法求解

①用$i=25\%$测算ΔNPV

$$\Delta NPV = 14\,400 \times (P/A, 25\%, 4) + 24\,400 \times (P/F, 25\%, 5) - 40\,000$$
$$= 14\,400 \times 2.361\,6 + 24\,400 \times 0.327\,7 - 40\,000$$
$$= 2\,002.92(元)$$

② 用 $i = 30\%$ 测算 ΔNPV

$$\Delta NPV = 14\,400 \times (P/A, 30\%, 4) + 24\,400 \times (P/F, 30\%, 5) - 40\,000$$
$$= 14\,400 \times 2.166\,2 + 24\,400 \times 0.269\,3 - 40\,000$$
$$= -2\,235.8(元)$$

③ 用插值法计算 ΔIRR,得 27.36%。

由于差额内含报酬率为 27.36%,大于 10%,所以应更新设备。

第三节 本章课程思政案例及延伸阅读

为扩展本章内容的理解,本章课程思政案例侧重于项目投资决策内容的延伸,并结合目前长期项目投资决策在企业中可行性分析应用过程中存在的一些问题进行分析和阐述。

一、本章课程思政案例

(一)案例主题与思政意义

【案例主题】

风力发电作为一项清洁能源,对于减少化石燃料的使用和降低碳排放具有重要意义。JSLN 有限责任公司通过投资风力发电项目,积极响应国家节能减排、清洁生产的战略部署,为保护环境、减缓气候变化做贡献。本案例[①]旨在通过分析 JSLN 公司在长期项目投资决策中的可行性分析过程,探讨企业在评估项目投资的经济效益的同时,如何结合环境和社会效益,拓展自身的产业链,提升企业的竞争力和可持续发展能力。

【思政意义】

JSLN 有限责任公司作为国有企业,其投资风力发电项目也体现了国家对风力发电行业的重点扶持。国家重点扶持的行业是实现经济社会发展目标的重要支撑。企业积极参与并投资这一行业,不仅有助于实现企业的自身发展,而且有助于国家的产

---

① 温素彬,刘冰. 管理会计工具及应用案例——项目投资决策的评价工具及应用[J]. 会计之友,2016(21):134—136.

业升级和经济转型。同时,这也引导企业树立正确的发展观,积极响应国家的战略部署,并在发展过程中充分考虑社会责任和可持续发展的要求。

(二)案例描述与分析

【案例描述】

JSLN有限责任公司是一家国有大型风力发电企业,主要从事风力发电项目的开发、投资、建设、经营和管理,电力设备(叶片、机架等)的制造、检修与调试,以及其他与电力相关的进出口业务。目前,风力发电作为一项清洁能源备受关注,是国家重点扶持的行业。为实现企业自身发展和响应国家的节能减排、清洁生产战略,企业拟投资一个风力发电项目。

【案例分析】

1. 项目基础资料

10万千瓦风力发电项目,项目工程设计装机容量为10万千瓦,将建设2 000千瓦风力发电机组50台。该项目有助于减少当地使用化石能源所造成的污染,对沿海滩涂风能资源的开发和利用起到了示范作用,同时也带动了当地相关产业的发展。项目的基础资料以下:

该项目经营期间共23年,其中,建设期为3年,从第4年开始投入生产。第4年的发电量为12 000万千瓦时,各项费用为年度的50%。从第5年开始达到设计发电能力,每年发电24 000万千瓦时。售电量与实际年发电量相同。上网电价(含税)按照0.6元/千瓦时计算。

总投资为80 000万元人民币,其中,建筑工程、发电设备等固定资产投入79 800万元,第4年年初垫支营运资金200万元,项目结束时收回。从银行申请贷款43 750万元,贷款期限12年,建设期间的利息费用为3 183万元。从第5年开始,年度费用包括人工费用230万元,材料费40万元,管理费用120万元,维修费216万元,保险费212万元。固定资产按照20年计提折旧,净残值为5%。摊销费按10年摊销,每年摊销220万元。

风力发电企业属于新能源企业,享受增值税即征即退50%的税收优惠。发电设备属于公共基础设施建设,享受"三免三减半"的所得税优惠。已知增值税税率为17%,所得税税率为25%。销售税金及附加包括城市维护建设税5%,教育费附加3%,地方教育费附加2%。

2. 常用投资决策指标分析

通过对上述基础数据的分析和计算,该风力发电项目的常用投资决策指标如表6-6所示。

表 6—6　　　　　　　　　　　　项目的常用投资决策指标

决策指标	数　值
投资回收期(年)	10.17
净现值(折现率7%)(万元)	14 325.96
内含报酬率(%)	8.58
现值指数	1.18

从盈利能力来看,与项目运营时间相比,该项目的投资回收期为10.17年,相对较短;净现值为14 235.96万元;现值指数大于1;内含报酬率高于企业要求的必要报酬率(6%)。综合各个投资决策指标可知,该项目可行。

3.偿债性和风险评价

该企业的偿债能力指标如表6—7所示。

表 6—7　　　　　　　　　　项目(或企业)的偿债能力指标

指　　标	数　值
偿债保证比	1.35
资产负债率(%)	64.58
产权比率	2.82

从偿债能力来看,偿债保证比大于1,这意味着企业可以满足偿债的需要。同时,资产负债率相对较低,说明企业自有资金较多,可以满足偿债的要求,项目面临的偿债风险较小,偿债能力较强。

对于投资项目抗风险能力的分析,可以利用Excel建立敏感性分析模型,通过加入微调器等工具,进而了解各种不确定因素(例如,初始投资、垫支营运资金、销售单价、销售数量、财务费用、人工费用、材料费用、管理费用、维修费用、保险费用、折旧、摊销、折现率、税率等)的变化幅度对风力发电项目的影响程度。若发现销售单价和投资成本对项目的净现值和内部收益率影响较为敏感,则需要密切关注这两个因素的变化,并据此及时做出调整。

4.环境效益和社会效益分析

风力发电属于清洁能源,可以有效地减少当地因采用化石燃料所造成的污染,降低温室气体的排放。CO_2年减排量估算:与传统的火力发电相比,该风力发电项目生产的绿色电力每发电1兆瓦时,将减少0.9吨CO_2的排放。可估算的年度减排量计算公式为:每年发电小时数×装机容量×电网排放系数×能力因素=8 760×100×0.9×26.3%=20.74(万吨)。因此,在风力发电厂运行的20年中,可以减少碳排放总量为 404.43 万吨。

由于该风力发电项目的建设地位于海陆交界的滩涂区域,该区域地势平坦、开阔,附近没有居民区和其他企业,因此,对生态环境和社会环境的影响较小。在建设期间,主要是对自然环境的影响。主要影响因素和解决方案如表 6-8 所示。

表 6-8 建设期主要污染及解决方案

影响对象	主要污染源	解决方案
水	施工废水、混凝土养护用水、生活污水	有组织处理达标后排放
土地	固体废物、建筑垃圾、设备安装垃圾、生活垃圾	集中搜集,回收利用,处理
空气	粉尘、土建工地产生的扬尘	定期淋水处理

项目投产后,风力发电机在运行过程中不会排放"三废"等污染物,其他污染物排放也较少,主要是解决生活垃圾、污水的排放。填埋生活垃圾,将生活污水经地埋式化粪池处理后,集中用于农肥处理。风力发电机在运行时有一定的噪音,对风力机 200 米以内的区域有一定影响,但对风电场 500 米以外的区域基本没有影响。

该风力发电项目的社会效益可以分为三个层次。首先,该项目的建成,有利于缓解当地存在的电力供应缺口,自主地解决电源问题,同时可以带动当地相关产业的发展;其次,该项目所生产的电能属于清洁能源,符合国家节能减排的要求,有利于降低温室气体的排放,对减少环境污染起到积极的作用;最后,该项目对沿海滩涂风能资源的开发与利用起到示范作用。

由于社会效益难以直接衡量,因此,在社会效益评价中,仅将环境效益中的碳排放纳入进来。目前,按照中国碳交易试点的碳价为平均每吨 15~30 元,按照中间价 22.5 元/吨计算,那么碳减排就可以每年为社会带来 466.65 万元(22.5×20.74)的价值。2017 年,我国建立全国性碳交易市场,进一步促进节能减排、清洁生产,碳价格未来可能会更高,环境效益将愈加突显。

综合上述分析可见,该项目符合国家节能减排的要求,具有良好的经济效益和社会效益。

(三)案例讨论与升华

【案例讨论】

通过以上对 JSLN 公司风力发电项目的投资可行性分析,我们发现项目投资过程中会涉及环境保护及污染治理问题。如果盲目追求企业效益而忽视生态保护,会导致环境的破坏。结合 JSLN 公司的案例,你对长期项目投资中出现的环境保护问题有何有效建议?

【案例升华】

　　随着经济和社会的发展，资源和环境的保护问题引起了广泛关注，节能和环境保护意识已成为社会共识。在这样的背景下，企业承担了更多的社会责任，并需要符合低碳发展的要求。在项目投资评价过程中，仅仅考虑经济效益是片面的。企业应结合自身行业特点和所处生命周期，从综合的角度分析投资项目，充分考虑环境和社会效益的综合影响，以做出更为正确的决策。企业需要从长远发展的角度出发，遵循可持续发展的理念，注重资源的合理利用和环境的保护，以实现经济效益、环境效益和社会效益的有机统一。企业应认识到自身在社会中的角色和影响力，积极承担社会责任，为经济发展和社会进步做出积极贡献。通过综合分析投资项目，企业能够更好地平衡经济利益、环境保护和社会效益，实现可持续发展的目标。

二、本章延伸阅读

延伸阅读 1　基于循环经济的项目投资决策方法及应用

　　传统的项目投资决策方法主要有净现值法、内部收益率法等，这些方法在过去为企业的项目投资决策提供了思路。然而，随着可持续发展战略的深入实施，这些方法的局限性也逐渐显现。基于循环经济的投资决策方法，将项目与经济、生态、社会紧密联系起来，其评价的范围更广泛、更深入。它不仅涵盖了资源的开采和利用、产品生产、环境治理以及废物利用，同时也包括项目发展战略、技术支持方法等。这种方法的优势体现在企业不仅获得了经济效益，而且将生态环境效益和社会效益纳入了考量范围。

（一）循环经济内涵

　　与传统的经济模式相比，循环经济模式的概念产生了颠覆性的变化。在传统经济模式下，整个产品生命周期以高开采、低利用、高排放为特征，系统内部可供相互交流的环节很少。然而循环经济模式形成了从资源开采到产品生产，再到物化消费，最后对废弃物再利用和再循环的闭合回路。在这个循环中，系统内部的物质进行了最大限度的交流，物质和能量的利用率也达到了企业的预期，即实现了高生产、高利用、低排放的目标。这种模式形成了一个网络，使得资源在循环过程中的利用效率更高、更持久，从而对生态环境造成的不利影响降到了最低。在当今社会倡导绿色经济的背景下，循环经济这种兼顾生态和社会的模式应受到推崇。它所体现的新系统观、新价值观、新生产观和新消费观，也值得在现代社会中树立一个新的标杆。

　　循环经济旨在最大化资源的利用效率，而将污染最小化。在循环经济中，应遵循的三大原则是减量化、再利用以及再循环，即 3R 原则（Reduce，Reuse，Recycle）。

(1)减量化原则。这一原则应用于投入端,即在资源开采到产品生产的过程中,要求企业尽量降低资源的消耗以完成产品的生产。换句话说,企业需要在资源开采和产品生产环节采取措施节约资源。在实际生产过程中,减量化原则可以体现在产品体积的减小、重量的减轻以及包装的简单化,这样既减少了物料的投入,也减少了废弃污染物的排放。减量化原则在 3R 原则中享有最高的级别,因为它在投入端对废弃物进行控制,可以切断源头,实现彻底治理。这与传统经济模式的治理观点形成鲜明对比。

(2)再利用原则。这是循环经济过程中的一个方法。废弃物的再利用是提高产品利用率的有效手段。生产者在进行产品设计时,应避免盲目追求一次性利润,应提高产品性能,使之经久耐用。

(3)再循环原则。此原则在再利用的基础上更进一步,要求将失去使用价值的产品再次投入生产,转变为有价值的资源或产品。例如,将产品的包装再加工,使其能以全新的样式再次投入生产,而不是直接废弃。这个原则可以有效地减少一次性用品对环境造成的污染,同时也能降低废弃物处理的成本。

循环经济原则如表 6—9 所示。

表 6—9 循环经济原则

3R 原则	针对过程	目的
减量化(Reduce)	投入端	减少进入生产和消费过程的物质和能量消耗,从源头上节约资源和减少污染物的排放
再利用(Reuse)	过程方法	延长产品和服务的时间,提高产品和服务的利用率。产品和包装容器以初始形式多次使用,以减少一次性用品的污染
再循环(Recycle)	输出方法	将废弃物再次转化为资源,即废品回收利用和综合利用。再循环可以减少垃圾产生,并制成使用能源较少的新产品

循环经济的三大原则互相联系,构成一个有机整体。减量化无疑是再利用和再循环的根基,它从经济活动的源头减少了废弃物的产生。以减量化作为前提条件,可以实现再利用和再循环,而再利用和再循环的过程实质上能够加强减量化在投入端的运作和施行。

循环经济的 3R 原则在全社会实际进行循环经济生产中应得到贯彻和落实,不光是企业层面,区域层面和社会层面也应推进循环经济的发展。首先是企业层面。企业作为产品生命周期的载体,绝不能忽视排放阶段对生态环境的破坏,因此必须推进循环经济,即进行环保生产,节约资源,减少排放,最大限度地对可再生资源进行再利用和再循环。例如,甲产品的废弃物可以作为原料投入到乙产品的生产中。其次是区域层面。日常生活中常见的生态产业园区就是典型的例子。不仅是在单个企业内进行循环经济生产,而且在产业链中也可以推行,将不同的企业联合在一起,实现互惠互利。一家企业的副产品可以提供给另一家企业作为主产品的生产加工原料,以生态保护的名义将更多的企业联结在一起。最后是社会层面。循环经济生产如果要在社会层面推进,不仅需要政府提供政策性支持,而且需要社会公众的共同努力,树立循环经济的理念,将废弃物品再利用,实现真正意义上的社会循环。

(二) 基于循环经济的项目投资决策方法

基于循环经济的投资决策方法,把项目与经济、生态、社会紧密联系起来,评价的范围广泛且深入。它不仅涵盖资源的开采和利用、产品生产、环境治理以及废物利用等,而且包括项目发展战略、技术支持方法等。这种方法的优势体现在企业不仅取得了经济效益,而且充分考虑了生态环境效益和社会效益。

1. 产品生命周期环境成本法

产品的环境成本,是指在产品生产过程中因为排放污染物等问题造成的对生态环境的破坏的损失之和。对环境成本的核算需要通过一些指标将对环境的影响货币化,使得这些指标能够建立环境与货币之间的联系。将产品生命周期的考量纳入环境成本的计算中,是为了更全面、更深入地反映环境成本的核算方法。在循环经济的投资项目中,如果合理运用这种核算方法,可以使企业的决策更生态、更环保。

产品的生命周期可以划分为以下阶段:①原材料开采,是指与产品主要成本相关的原材料的开采;②产品生产,即产品的制造过程,包括生产过程中向外部环境排放的废水、废气等污染物;③产品消费,包含从产品使用到使用结束的过程;④废弃物排放,是指产品消费后对废弃物的处理;⑤废弃物回收,是指对废弃物进行挑选整理、清洁和再利用。

2. 环境全成本决策法

落实环境全成本决策法首先要对环境成本做出明确的划分。环境成本按环境的类型可以分为内部环境成本与外部环境成本。其中,内部环境成本包括直接成本、间接成本、或有成本以及无形成本。直接成本包括传统财务分析系统提及的原料、设备、员工工资等。间接成本不直接参与产品生产,但辅助产品的最终形成,例如产品设计成本、废物管理成本等。或有成本是指未来可能发生的成本,例如未来因受到政府管制的整改风险费用,它可以通过发生频率定量描述。无形成本难以货币化,例如员工的健康和满意度,但是它会潜移默化地影响一个企业的生产和经营。外部环境成本包括自然资源的消耗和企业为了生产产品造成的噪音污染、废水排放、废气排放等。部分环境成本的分类举例如表6-10所示。

表 6—10　　　　　　　　　　　　环境成本分类

内部环境成本		外部环境成本
直接或间接成本	或有及无形成本	
废物管理成本	未来补偿或整治费用	自然资源消耗
整治成本	未来政府管制整改风险费用	噪音污染
遵行成本	产品质量需求变动成本	废水与废气排放
培训费用	员工健康与满足度	长期废物排放
环境研发费	资产损害风险	未补偿的健康损害
法律成本与罚金		区域生活质量恶化
环境保证费		

全成本分析(TCA)是一种专门为企业进行循环经济项目投资决策的有效方法和工具。利用这种方法进行项目评估，首先，可以更全面地把各类环境成本考虑在内；其次，由于企业关于环保和生态的投入往往会在几年后才显现出经济效益，这种方法以更长远的视角来评价投资的总体收益，并且在评价过程中，使用的指标考虑了财务管理中货币的时间价值；最后，这种方法可以将成本对象化，还原到具体的产品和工序中。

TCA 的另一个优点在于，它不是企业现行投资决策评估方法的取代者，而是以一个协助者的身份，弥补现行方法的不足。实施这种方法不需要额外增加人力或追加投资。与此同时，它还可以强化 ISO14000 等相关系统管理，确保环保生产的绩效，并为应对未来的市场趋势做充分的准备。

在 TCA 中，使用最多的是财务指标，主要包括现金流量、折现率、现金流量贴现、回收年数、要求报酬率，以及机会成本等指标。其中，净现值、内部报酬率及回收年数在评价投资项目决策中运用最为广泛。

综上所述，基于循环经济的投资决策方法的具体流程可以归纳为：首先提出各种投资方案，并对这些方案进行追踪。在多个备选方案中，估计项目相关的现金流量，计算各方案的各项价值指标，其中主要包括环境成本的净现值、内部报酬率。然后，将环境因素纳入考虑范围，比较价值指标(如净现值、内部报酬率等)和期望标准后，对已选方案进行追踪和评价，最终综合选择最优方案。

（三）案例应用

1. 项目概述

某市一家石英制品企业，其主营业务是生产石英玻璃管。该企业于 2007 年启动了一项总投资为 3 585 万元的高新科技生产项目。该项目生产所用主要原料为石英砂。值得注意的是，随着此行业生产工艺流程的成熟和技术手段的快速发展，循环利用天然矿产品作为一项新兴技术即将在该行业推广,此技术预计可以利用废玻璃,从而减少原料天然石英砂的投入。本项目将基于行业工艺流程与技术手段发展的情况投入,为将来新技术投入奠定良好的技术和设备基础。

该企业的工艺流程特色体现在石英砂的生产,首先将石英砂投炉,将其高温熔化;然后通入氢气、氮气;接着将石英砂拉制成型,并进行割管、酸洗、脱羟等工序;最后经过检验后包装。

本项目固定资产包括建设期的工程项目投资、主要生产使用仪器设备的投资和建设期内应资本化的贷款利息,估算值为2 585万元。由于在投产过程中,主要原料是来自本企业的石英砂,因此对于流动资金的估算相对保守,以正常经营状况测算,本项目需花费流动资金1 000万元,主要用于原材料的储备、在产品、辅助材料、动力费用、人工工资以及零星开支等方面。其中,原料及动力消耗包括进口砂、自产砂、电力、氢气、氮气、纯水、包装箱、低值易耗品等。生产能力以年产3 000吨合格品为标准进行测算,正常年份制造成本总和为4 353万元。经过测算,本生产线年工资及附加为183.6万元。除此之外,该项目计算期共11年,第一年是建设投入期,第二年正式开始生产,但是生产负荷只能达到80%,第三年达到90%,从第四年开始生产负荷达到100%。表6—11显示了本项目正常年份的基础财务数据。

表6—11　　　　　　　　　　项目主要财务数据表

序号	经济指标名称	数值(万元)	备注
1	本项目总投资	3 585	
	其中:固定资产	2 585	
	流动资金	1 000	
2	年总经营成本	6 598.64	正常生产年份
	制造成本	4 974.81	
	其中:原辅材料及动力	4 353	
	人员工资及附加	183.60	
	制造费用	438.21	
	管理费用、销售费用、财务费用	1 623.83	
3	年销售收入	10 785	正常生产年份
4	年利润总额	3 422.30	正常生产年份
5	年销售税金及附加	761.12	正常生产年份
6	年应交所得税(享受两免三减半的优惠政策,前两年不缴纳所得税,第3～5年缴纳半数)	1 129.30	第6年起

2. 传统投资决策方法

基于以上基础财务数据，用传统项目投资决策方法评价本项目，得到如表 6-12 所示现金流量。

表 6-12　　　　　　　　　现金流量(传统决策方法)　　　　　　　　单位：万元

项目	建设期	第一年	第二年	第三年	第四年	第五年	第六至第九年	第十年
净现金流量	-2 785	2 184.65	3 345.05	3 090.79	3 090.80	3 090.80	2 526.10	4 026.12
累计净现金流量	-2 785	-600.35	2 744.70	5 835.48	8 926.30	12 017	22 121.50	26 147.60

通过计算得出，本项目投资回收期为 2.3 年，税后财务净现值达 11 616.52 万元，内部收益率达 96.5%，远高于基准收益率 12.5%。据此可以判断出，该项目具备良好的抗风险能力，而且其经济效益良好，财务盈利能力较强。此外，企业在两年内还清了其在建设期的借款，这说明企业拥有较强的偿债能力。因此，从传统财务分析的角度看，本项目是可行的。

3. 基于循环经济的投资决策方法

企业需要借助于环境成本数据，及早发现项目存在的环境问题，预测在投资环保方面需付出的代价，为决策者在环境保护领域做出的决策建立较为完善的项目环境评价体系。在实施循环经济的方案时，首先分析产品石英砂的生命周期，如图 6-1 所示。

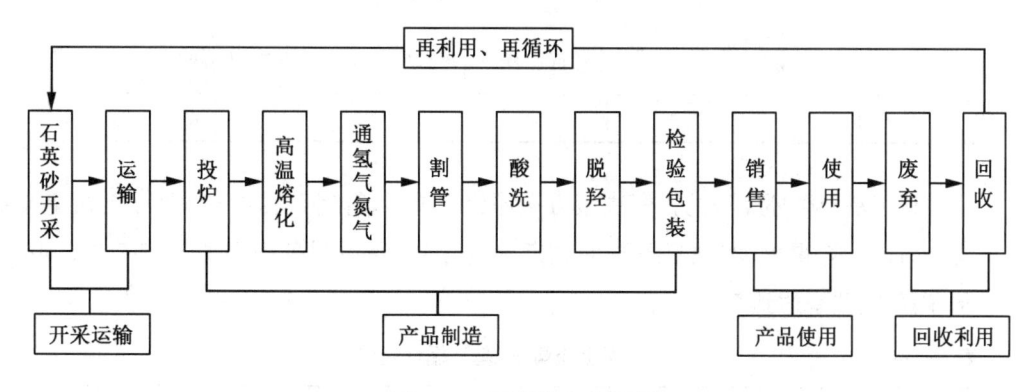

图 6-1　石英砂生命周期

表 6-13 针对石英砂的生命周期，结合环境成本的分类，对该项目产品生命周期环境成本的构成进行了计算。结果显示，项目的环境成本为每年 1 610.38 万元。5 年后，随着废旧玻璃利用技术的成熟，将减少原料天然石英砂的投入，从而降低对自然资源的依赖。通过计算，届时由于资源的节约，每年可减少环境成本 1 217.16 万元，原

材料石英砂的成本也将因此下降。总体而言，这将降低成本2 528万元。

表6-13 产品生命周期环境成本构成计算

生命周期	内 容	方 法	参数选择	结果(万元)
石英砂开采	森林价值损失，废弃物堆砌，土地占用损失	市场价值法模拟计算	每t石英砂开采扰动表土6.00t，土壤平均容重1.70t/m²，土层厚3m，堆高4.3m，森林价值2.94万元/hm²	1 217.16
石英管制造过程	内部环境成本	直接计算	施舍费用、污染物防治及科研	70
	土壤污染绿化	市场价值法	污染面积8hm²，草皮价值2.09万元/hm²	16.72
	水污染净化费	市场价值法	年污染水12.5m³，净化1元/m³	12.50
	噪音给人体健康带来损害	支付愿意法	支付愿意水平人均3 600元/年，影响人数400人	144
	高温给人体健康带来损害	支付愿意法	支付愿意水平人均3 000元/年，影响人数60人	18
	空气污染	市场价值法，综合计算法	燃煤排放量：7.30×105kg，烟尘排放量：1.30×105kg	16
产品使用过程	运输造成空气污染	综合计算法	假定运输车辆为5t采油汽车，运输距离平均200km，运输过程NOX排放1.10×10⁻³kg/km，SO₂排放1.36×10⁻⁶kg/km，山东省大气污染物损失12.64×10⁷元，计算对象占污染物损失当量系数2.5×10⁻⁹	105
	运输造成空气污染	综合计算法	运输距离平均20km，其他同上	11
总 计				1 610.38

利用基于循环经济的投资决策方法评价该项目，得到如表6-14所示的现金流量表。通过计算得出，本项目投资回收期为3.3年，税后财务净现值达到7 275.48万元，内部收益率达到50.8%。

表6-14 现金流量表(基于循环经济)

项目	建设期	第一年	第二年	第三年	第四年	第五年	第六到第九年	第十年
净现金流量	−2 785	574.27	1 734.67	1 621.44	1 621.58	1 621.58	2 816.76	4 366.76
累计净现金流量	−2 785	−2 210.70	−476.06	1 145.38	2 766.96	4 388.54	15 655.60	20 022.30

4. 决策比较

将传统投资决策方法和基于循环经济的投资决策方法下的主要经济指标(投资回收期、净现值和内部收益率)进行对比,得到如表6-15所示数据。

表6-15　　　　　　　　　　　决策结果对比分析

计算指标	传统决策方法	循环生产决策
	所得税后	所得税后
投资回收期(年)	2.30	3.30
净现值(NPV)$I=12.5\%$(万元)	11 616.52	7 275.48
内部收益率(IRR)(%)	96.50	50.80

通过表6-14的计算指标数据对比,明显可以看出,传统项目投资决策方法下的项目投资回收期更短,净现值和内部收益率更高,总体的经济效益更优,但是这种方法忽略了对环境的影响。在不考虑环境成本的情况下,很可能出现或有成本和无形成本,这使得经济效益难以与环境效益、社会效益紧密结合,战略眼光过于短浅。相比之下,循环生产决策真正做到了统筹兼顾。在保证经济效益的前提下,通过研发新技术,对废旧玻璃的回收再利用,这不仅减少了自然资源的消耗,而且降低了对生态环境造成的污染。因此,循环生产决策所收获的环境效益和社会效益都是显著的。

(四)结论

本文将基于循环经济的投资决策方法(如环境全成本评价方法、产品生命周期环境成本核算方法)结合传统的项目投资方法,运用到具体的循环经济投资项目中。这种方法能够以科学、生态的角度全面评价一个投资项目,这是当今时代发展的客观需求。基于循环经济的项目投资决策方法,可以带动企业乃至全社会维护、合理利用并提升自然资源基础,同时增强生态抗压能力,支撑经济的可持续增长。从长远来看,这种方法的运用非常有必要的。

基于循环经济的项目投资决策是社会发展绿色经济和坚持走可持续发展战略的一条必经之路,它摒弃了传统项目投资决策盲目追求利润和净现值的模式,将生态、环保等关键字纳入管理的考虑范畴,增强了企业履行社会责任的观念。然而,这种方法也存在一些问题。首先,企业在对项目进行评价的过程中,往往依赖货币化的内部财务指标来衡量环境成本,而忽视了外部环境的成本。其次,评价指标的构建可能不全面、不系统,导致在比较的过程中存在困难。最后,由于缺乏统一的理论或方法,基于循环经济的项目投资决策过程难以在不同项目之间做出取舍。因此,研究有待深入。

延伸阅读 2　核电项目投资影响因素[①]

随着碳达峰、碳中和任务目标的提出,核电行业发展迎来了新契机。国内如徐达堡 3、4 号机组,田湾 7、8 号机组陆续启动建设,福清 5、6 号机组,红沿河机组陆续并网发电,为实现碳达峰、碳中和提供了极大的助力。然而,近几年各大核电机组的投资水平一直居高不下,核电行业作为零排放的能源行业,其投资水平的高低必将成为影响其发展的主要因素之一。

造成核电项目投资增长的关键因素主要包括项目前期策划不足、技术标准要求提高、EPC 阶段前期策划深度不足、项目管理协调不充分等,具体分析如下:

(一)项目前期策划不足导致后期规划投资升高

核电项目的前期策划对核电项目的建设周期、核电项目机组的整体布局以及后续机组增容具有重要影响。项目的立项决策是进行投资控制的最为关键的阶段,对于项目投资整体费用的影响占到 95% 以上。如果前期策划缺乏一定的前瞻性,与地区整体的发展规划及国家能源利用计划不协调,对于未来项目的实施及后续机组的扩建增容都将产生极大的影响。

例如,某核电项目,原有整体规划为 6 台机组,而依据新的政策及市场要求需扩建 2 台机组。已有的接口工程(如征海、征地及取水量等)不再适用,这增加了后期的工程难度和相应的改扩建成本。

(二)技术标准要求提高引起设备费及建安费增加

1.设计标准提高

虽然目前核电行业的设计及运行标准体系比较成熟,但是福岛核电站泄漏事故发生后,业内对于核电项目的安全水平提出了更高的要求。从设计角度来看,要求设计多重冗余的安全系统,各系统的安全系数也随之提高。这直接反映在厂房土建规模持续扩大,设备设计制造标准提高等方面。各种标准要求的提高造成项目的建设投资居高不下,这不仅增加了建设成本,而且增加了后期项目运行过程的维护费用。

2.施工标准提高

目前,国内核电发展迅速,但是由于核电建设条件的特殊性,核电厂建设红线内的施工管理要求标准与常规火电项目存在显著差异。核电项目施工阶段对人员、材料、机械设备的投入远高于同口径的其他火力发电项目。

以已完成审查的华龙机型常规岛概算与同口径的火电机组安装费进行比较,仅建安工程费,核电常规岛施工费用约是火电常规岛施工费用的 1.5 倍。

[①] 焦松坤,张晓慧.核电项目投资影响因素及控制对策探讨[J].建筑经济,2022(A1):443-446.

3.设备材料制造要求提高

设备购置费和装置性材料费在核电工程费用中占比可达到70%甚至更多。核电项目设备和装置性材料的制造从选取原材料开始,每个阶段的要求都比较高。尤其是对于有核安全要求、质保等级要求及抗震要求的设备及材料,其制造验收标准就更加严格。

以设备监造为例,《火力发电工程建设预算编制与计算规定》指出,仅对汽轮机发电机、高低加、除氧器等设备进行建造,而核电项目监造范围远远超过此范围。所有核安全级阀门、核安全级设备以及业主指定范围内的设备均处于监造范围内,因此设备整体的制造采购成本有相应的增加。

(三) EPC阶段方案的前期优化不充分引起投资的增长

1.设计方案变更及深化不充分

核电项目在设计过程中,核岛、常规岛、BOP(辅助厂房)区域的设计深度在项目发包阶段还处于初步设计深度。在实际施工过程中,由于设计深化、厂址地质条件与勘察报告的差异、不同地区工程的个性化要求等因素,引起的设计变更较多。

以核电项目BOP相关子项为例,基于上述设计深度的变化,工程费用均呈现较为明显的分阶段增长趋势。例如田湾5、6号机组,仅从可行性研究阶段至初步设计阶段,工程费用增长近10%。

由于整个核电项目中安装工程费用占整体项目投资的20%左右,因此安装工程费的变化对于项目整体投资的影响不容忽视。

2.工艺设备及材料的国产化率低

核电项目设备投资约占项目工程费用投资的55%左右。工艺设备尤其是安全级设备的技术标准和国产化率对设备购置费存在较大影响。目前,核电整个项目的设备国产化率一般为85%,但是一些关键设备和设备关键部件仍主要依赖进口,设备的国产化率还有较大的提升空间。

3.施工方案比选优化不足

以核电常规岛工程为例,由于核电厂整体安全性能的特殊性,核电工程项目的施工费用较同类型的火电标准高出约50%。施工组织设计是否合理,进度、资源的协调是否统筹兼顾,对于施工过程中安装预算增长起到关键作用。

(四) 项目各阶段管理及协调不充分引起建造成本的增加

1.各单位间的沟通协调不足

核电项目的建设过程需要各参建单位间加强沟通协调。如果各单位间的协调沟通不畅,可能增加项目的建设成本。例如,在设计过程中,设计单位与建设单位如果沟通交流不足、接口多、信息交流不充分,将造成设计图纸与现场实际情况存在偏差,与现场原有设施及地下管线、电路的交叉,后期势必增加设计变更,导致建设单位、设计单位及施工单位各方均会不同程度地增加成本。

2. 核电招投标的市场竞争性不足

工程招投标过程中的竞争性不足对项目整体投资的控制有较大影响。核电项目招投标相对于一般的火电及水电项目更为复杂。建设单位需重视招标形式、标段划分、招标文件编制、招标整体进度把控等各个环节的流程控制,以进一步提高工程招标的竞争性。

目前核电市场内拥有总包及核岛施工资质的单位较少,因此投标过程中的竞争性不足同样对项目整体的投资水平存在较大影响。

3. 项目全周期建设过程中的管理有待加强

项目建设过程中,施工进度的延后及设计变更是投资增长的重要原因。加强整个项目过程中的进度控制、质量控制及安全控制,可以更好地保证施工工期,减少进度拖延及变更引起的损失。

4. 设备及材料采购过程需进一步优化

设备及材料的投资在工程投资中所占的比重较大,设备及材料的市场价格波动对于工程整体投资影响较大。因此,加强设备和材料采购过程中的环节控制是控制项目整体投资的重要手段之一。

复习思考题与练习题

一、复习思考题

1. 简述长期投资决策的概念及特点。
2. 长期投资决策应考虑哪些因素?
3. 什么是现金流量?它有哪些基本概念?
4. 什么是货币的时间价值?它有哪些表现方式?
5. 简述长期投资决策分析的方法。

二、练习题

资料:某企业拟投资一项目,现有甲、乙两个方案可供选择。

甲方案初始投资额为 300 万元,期初一次投入,项目期为 10 年,无建设期,第 1 年至第 10 年每年的营业收入为 150 万元,其中付现成本为 50 万元,项目终止无残值,采用年限平均法折旧。

乙方案初始投资为 360 万元,期初一次投入,项目期为 10 年,无建设期,第 1 年至第 10 年每年的营业收入为 170 万元,其中付现成本为 60 万元,项目终止可以回收残值 6 万元,采用年限平均法折旧。

假设基准贴现率为 10%,所得税税率为 20%。

要求:

(1)分别计算甲、乙方案的年折旧额;
(2)分别计算甲、乙方案的营业现金流量(计算结果保留 1 位小数);
(3)分别计算甲、乙方案的项目终止现金流量;
(4)计算两个方案每年的差额现金净流量;
(5)计算两个方案的差额净现值;
(6)根据以上计算结果做出方案选择。

第七章　成本管理与控制

▶ 本章概述

本章首先介绍标准成本控制系统和作业成本管理的基本理论，要求读者掌握差异分析和作业成本核算的方法，并通过差异分析和成本动因管理，实现对成本的有效控制。

▶ 思政目标

在深入学习与理解管理与控制成本的基础上，认识到绿色智能化转型是实现企业高质量发展的必然选择，认识到生态文明的重要性。

▶ 育人元素

本章内容旨在培养读者的绿色智能思维，强调生态文明建设的重要性，并引导学生思考如何通过高质量发展实现社会的可持续进步。

第一节　标准成本控制系统

加强成本控制，不应仅局限于事后确定产品的实际成本，关键在于把成本的事前计划、日常控制和事后成本确定有机结合起来。这一目标的实现，有赖于标准成本控制的正确运用。

标准成本控制包括制定标准成本、计算和分析成本差异以及处理成本差异三个环节。其核心思想是利用集体智慧制定的标准成本去衡量实际成本，进而分析和处理成本差异。这样做的目的是加强成本管理和成本控制。因此，标准成本控制是成本计和控制的有效工具。

一、标准成本及其特点

标准成本是指基于已达到的生产技术水平,在有效经营条件下应当发生的成本,它是一种预定的目标成本。以标准成本为基础,将实际发生的成本与标准成本进行对比,揭示成本差异,并以此为线索进行分析、研究。企业便可以进一步查明差异形成的原因和责任,并据此采取相应的措施。

标准成本具有以下特点:

(1)标准成本是根据对实际情况的调查,采用科学的方法指定的,因此它具有客观性和科学性。

(2)标准成本是按正常条件制定的,并未考虑不能预测的异常变动,因此它具有正常性。

(3)标准成本一经制定,只要制定的依据不变,不需要重新修订,因此它具有相对的稳定性。

(4)标准成本是成本控制的目标,同时也是衡量实际成本的依据,所以它具有目标性和尺度性。

二、标准成本的制定

标准成本的制定通常只针对产品的制造成本,而不针对期间成本。对于管理成本和销售成本,企业通常采用编制预算的方法进行控制,而不制定标准成本。由于产品的制造成本由产品的直接材料、直接人工和制造费用组成,因此制定标准成本时,需要针对不同的成本项目分别制定。标准成本的基本形式是通过"用量"标准乘以"价格"标准,从而得到有关项目的标准成本。这样做便于计算、分析实际成本与标准成本之间的差异以及其产生原因,并有助于明确责任归属。

(一)直接材料标准成本的制定

1. 用量标准

它是指在现有生产技术条件下生产单位产品所需要的材料数量,包括构成产品实体的材料、生产中必要的损耗以及不可避免的废品所需材料等。

2. 价格标准

它是指采购部门按供应单位提供的价格及其他因素预先确定的各种材料的单价,包括买价和运杂费等。采购部门既对采购物品的价格负责,也对采购物品的质量负责,以避免采购部门只注重于寻找保价较低的供应厂商,而忽视采购物品的质量要求。

根据用量标准和价格标准可以确定直接材料的标准成本。其计算公式如下：

$$直接材料标准成本＝材料的价格标准\times 单位产品的用量标准$$

（二）直接人工标准成本的制定

产品耗用人工的成本是由单位产品耗用的人工工时乘以每小时工资率所决定的。在直接人工标准成本中，用量标准是指工时标准，价格标准是指工资率标准。

1. 工时标准

它是指在现有生产技术条件下生产单位产品（或零部件）所需要的工作时间，包括对产品进行直接加工所耗用的工时、必要的间歇和停工时间以及不可避免地因废品而耗用的工时。

2. 工资率标准

工资率标准取决于企业所采用的工资制度。如果企业采用计件工资制，标准工资率就是预定每件产品支付的工资除以标准工时；如果企业采用的是计时工资制，标准工资率就是每一标准工时应分配的工资。

根据工时标准和工资率标准，可以确定直接人工标准成本。其计算公式如下：

$$直接人工标准成本＝单位工时标准工资率\times 单位产品的工时标准$$

（三）制造费用标准成本的制定

制造费用是指生产过程中发生的除直接材料和直接人工以外的所有费用。制造费用标准成本是按部门分别编制，然后将同一产品所涉及的各部门的单位制造费用标准加以汇总后得出的整个产品的制造费用标准成本。由于制造费用按成本性态分为变动制造费用和固定制造费用，因此制造费用标准成本也分为变动制造费用标准成本和固定制造费用标准成本两部分。

1. 变动制造费用标准成本

变动制造费用的用量标准与直接人工标准成本制定中所确定的单位产品的工时标准相同，变动制造费用的价格标准和变动制造费用预算联系在一起。

$$变动制造费用标准分配率＝\frac{变动制造费用预算总额}{标准总工时}$$

根据上式可以确定单位产品变动制造费用标准成本为：

$$单位产品变动制造费用标准成本＝变动制造费用标准分配率\times 单位产品工时标准$$

2. 固定制造费用标准成本

固定制造费用被视为"期间费用"，并作为边际贡献的扣减项目。产品成本中不包括固定制造费用，单位产品的标准成本中也不包括固定制造费用的标准成本。在这种成本计算方法下，不需要制定固定制造费用的标准成本。如果企业采用的是完全成本法，产品成本中应包括固定制造费用，因此需要制定固定制造费用的标准成本。

固定制造费用标准成本的制定和变动制造费用标准成本的制定方法基本相同。用量标准为单位产品的直接人工工时标准或机器工时标准。价格标准的计算公式如下：

$$固定制造费用标准分配率 = \frac{固定制造费用预算总额}{标准总工时}$$

根据上式，可以确定单位产品固定制造费用的标准成本为：

单位产品固定制造费用标准成本 = 固定制造费用分配率 × 单位产品标准工时

（四）单位产品标准成本的制定

在确定了直接材料、直接人工和制造费用的标准成本之后，就可以据以汇总确定产品完整的标准成本。企业通常编制"标准成本卡"来反映企业库存标准成本的具体构成。然而，采用不同的成本计算方法确定的产品标准成本有所不同。

在变动成本法下，产品标准成本的计算公式为：

产品标准成本 = 直接材料标准成本 + 直接人工标准成本 + 变动制造费用标准成本

在完全成本法下，产品标准成本的计算公式为：

产品标准成本 = 直接材料标准成本 + 直接人工标准成本 + 变动制造费用标准成本 + 固定制造费用标准成本

三、成本差异的计算和分析

成本差异，是指产品的实际成本与标准成本之间的差额。如果实际成本小于标准成本，则两者所形成的差异称为有利差异（F），也称为顺差；如果实际成本大于标准成本，则两者所形成的差异称为不利差异（U），也称为逆差。管理层可以根据成本差异发现问题，具体分析差异形成的原因及其责任，采取相应的措施，消除不利差异，扩大有利差异，从而实现对成本的有效控制，降低成本。

尽管形成差异的原因很多，但归纳起来不外乎用量因素和价格因素。由用量因素所形成的差异称为用量差异，由价格因素所形成的差异称为价格差异。

（一）直接材料差异的计算与分析

直接材料差异，是指一定产量产品的直接材料实际成本与标准成本之间的差额。其计算公式如下：

直接材料成本差异 = 直接材料实际成本 − 直接材料标准成本

直接材料成本差异包括直接材料用量差异和直接材料价格差异两部分。

1. 直接材料用量差异

直接材料用量差异是指生产中实际耗用的材料数量与按标准计算的应耗用材料数量之间的差额。直接材料用量差异的计算公式如下：

$$直接材料用量差异=(实际用量×标准价格)-(标准用量×标准价格)$$

直接材料用量差异一般应由生产部门负责，如生产中由于用料出现浪费，或者由于技术水平低而导致用料过多等。但是，有时也可能由于采购部门为了片面压低价格，购进了质量低劣的材料，造成用量过多，导致用量与标准不符。

2. 直接材料价格差异

直接材料价格差异是指对于实际采购的材料数量，按实际价格计算的价格与按标准价格计算的价格之间的差额。因此，直接材料的价格差异是根据一定时期的采购数量，而不是根据耗用量来计算的。直接材料价格差异的计算公式如下：

$$直接材料价格差异=(实际数量×实际价格)-(实际数量×标准价格)$$

直接材料价格差异一般应由采购部门负责，如采购的批量、交货方式等因素脱离制定标准成本时的预定要求，都会形成直接材料价格差异。此外，对形成直接材料价格差异的原因和责任应进一步具体分析。

（二）直接人工差异的计算与分析

直接人工成本差异是指一定产量产品的直接人工实际成本与标准成本之间的差额。其计算公式如下：

$$直接人工成本差异=直接人工实际成本-直接人工标准成本$$

直接人工成本差异分为人工效率差异和工资率差异两部分。人工效率差异是直接人工成本的用量差异（或工时差异）；工资率差异是直接人工的价格差异，是因为实际工资率脱离标准工资率而产生的人工成本差额。

1. 直接人工效率差异

它是指生产中实际产量耗用的实际工时与按标准计算的应耗用的标准工时之间的差额。其计算公式如下：

$$直接人工效率差异=(标准工资率×实际工时)-(标准工资率×标准工时)$$

直接人工效率差异的产生可能有多种原因，如材料或零件传递方式不正确、机器运转不正常等。这种差异应由生产部门负责。但是，如果由于采购部门购入不合格的材料，或者由于生产工艺的改变而造成与标准工时的差异，则这些非生产部门可控的因素应由相关部门负责。

2. 直接人工工资率差异

直接人工工资率差异是按实际工资率计算的人工成本与按标准工资率计算的人

工成本之间的差额。其计算公式如下：

直接人工工资率差异＝（实际工时×实际工资率）－（实际工时×标准工资率）

（三）变动制造费用差异的计算与分析

变动制造费用差异是指一定产量产品的实际变动制造费用与标准变动制造费用的差额，又分为变动制造费用效率差异和变动制造费用耗费差异。

变动制造费用差异＝实际变动制造费用－标准变动制造费用

1. 变动制造费用效率差异

变动制造费用效率差异是按生产实际耗用的工时计算的标准变动制造费用与按标准工时计算的标准变动制造费用之间的差额。其计算公式如下：

变动制造费用效率差异＝（标准分配率×实际工时）－（标准分配率×标准工时）

2. 变动制造费用耗费差异

变动制造费用耗费差异是指实际发生的变动制造费用与按实际产量所耗用的实际工时计算的标准变动制造费用之间的差额。

变动制造费用耗费差异＝变动制造费用实际发生额－实际产量所耗用实际工时
×标准分配率

（四）固定制造费用成本差异的计算与分析

固定制造费用成本差异是指实际固定制造费用与按实际产量计算的标准固定制造费用之间的差额。其计算公式如下：

固定制造费用成本差异＝固定制造费用实际成本－固定制造费用标准成本
＝固定制造费用实际分配率×实际产量的实际工时
－固定制造费用标准分配率×实际产量的标准工时

上式中，成本差异是在实际产量的基础上计算出来的。由于固定制造费用相对稳定，一般不受产量的影响，因此，产量的变动只会对单位产品中的固定制造费用产生影响：产量增加时，单位产品应负担的固定制造费用减少；产量减少时，单位产品应负担的固定制造费用增加。这就是说，实际产量与设计生产能力所规定的产量或计划产量的差异会对产品应负担的固定制造费用产生影响。

第二节 作业成本管理

传统成本分摊法用单一的分摊基础，已逐渐不适用于生产多元化的制造环境。因此,会计的学术界和实务界均投入精力来寻找更加合理的成本分摊方法。作业成本法在这种情况下,渐渐受到重视。作业成本法,是一种注重分析产品完成过程中各项制造活动的会计系统。在这个系统中各项活动成为基本点,所耗用资源的成本可分摊到各项活动上,再分配到相关的产品上。

一、作业成本计算法的基本概念

（一）作业

作业是指企业为提供一定数量的产品或劳务而消耗人力、物力、技术、智慧等资源的活动。企业整个经营过程可以划分为不同的作业,从产品设计开始,涵盖物料供应、生产工艺流程的各个环节、质量检测、包装,直到发运销售的全过程。

（二）成本及成本动因

在作业成本法下,成本被定义为资源的耗用。成本动因是引发成本的推动力或驱动因素,即引起成本发生或变动的原因。例如,采购订单构成了采购作业的成本动因,生产工单构成了生产作业的成本动因,订货单构成了销售作业的成本动因,等等。

二、作业成本法下的产品成本计算方法

作业成本法下的产品成本计算步骤如下:

(1)确认和计量各类资源消耗,将资源耗费价值归集到各资源库。资源是执行作业所必需的经济要素。

(2)将企业经营过程划分为各项作业。作业的划分不一定与企业的传统职能部门相一致。有时作业是跨部门的,有时一个部门则完成好几项不同作业。

(3)确定资源动因。资源动因是指资源被各作业消耗的方式和原因。它反映了作业对资源的消耗状况,因而是把资源库价值分解到各作业成本库的依据。

相关内容如表7—1所示。

表7—1　　　　　　　　　典型的资源和资源动因表

资　源	资源动因
职工医疗保险	职工人数
人力	消耗劳动时间
动力	消耗电力度数
房屋租金	使用面积
折旧	所用设备的价值

(4) 根据各项作业消耗的资源动因数,将各资源库汇集的价值分配到各作业成本库。

(5) 确认各作业的成本动因,再根据每个成本动因计算相应的作业动因分配率。

(6) 根据各项作业所耗用的成本动因数将各作业成本库价值分配计入有关产品或劳务的成本计算单,计算完工产品或劳务的成本。

【实务题7-1】 某企业生产甲、乙两种产品,其中甲产品900件,乙产品300件,其作业情况数据如表7-2所示:

表7-2　　　　　　　　　某企业作业中心及动因

作业中心	资源耗用(元)	动因	动因量(甲产品)	动因量(乙产品)	合计
材料处理	18 000	移动次数	400	200	600
材料采购	25 000	订单件数	350	150	500
使用机器	35 000	机器小时	1 200	800	2 000
设备维修	22 000	维修小时	700	400	1 100
质量控制	20 000	质检次数	250	150	400
产品运输	16 000	运输次数	50	30	80
合计	136 000				

要求:按作业成本法计算甲、乙两种产品的成本。

【解析】 根据上述资料,甲、乙两种产品的成本计算处理如表7-3所示:

表7-3　　　　　　　　　某公司作业成本分配表

作业中心	成本库(元)	动因量	动因率	甲产品(元)	乙产品(元)
材料处理	18 000	600	30	12 000	6 000
材料采购	25 000	500	50	17 500	7 500
使用机器	35 000	2 000	17.5	21 000	14 000
设备维修	22 000	1 100	20	14 000	8 000
质量控制	20 000	400	50	12 500	7 500
产品运输	16 000	80	200	10 000	6 000
合计总成本	136 000			87 000	49 000
单位成本	18 000			96.67	163.33

第三节 本章课程思政案例及延伸阅读

一、本章课程思政案例

(一)案例主题与思政意义

【案例主题】

加强绿色包装应用,加大新能源物流车推广力度,加强科技手段在物流环节中的赋能。节能降碳,发展绿色物流。

【思政意义】

推动物流业绿色智能化转型是实现高质量发展的必然选择,通过引导学生深入了解和认识这一趋势,培育他们主动践行绿色低碳理念的精神面貌,为构建美丽中国贡献自己的力量。这是践行生态文明理念、推动产业高质量发展的有力保障。

(二)案例描述和设计

【案例描述】

节能降碳,发展绿色物流

绿色物流是绿色发展的重要内容,是推动绿色低碳发展的应有之义。要加强绿色包装应用、加大新能源物流车推广力度、加强科技手段在物流环节中的赋能,以实现重点环节的绿色化,从而推动绿色物流实现高质量发展。

2021年,我国快递年业务量突破千亿件,已连续8年稳居世界第一,日均服务用户近7亿人次。国家统计局数据显示,当前交通运输、仓储和邮政业能源消费量已由2003年的1.28亿吨标准煤增至2019年的4.39亿吨标准煤,占我国能源消费总量的比例由6.50%提升至9.01%。因此,促进绿色物流产业发展、构建低碳生态,已成为一项日益重要且迫切的任务。

目前,越来越多的物流企业相继启动碳减排路径规划,从绿色包装应用、新能源物流车推广、科技手段赋能等角度出发,积极推进重点环节的绿色发展。

绿色包装是发展绿色物流的关键环节之一。不少市场主体纷纷在快递包装的减量和循环利用上做出了积极探索。例如,顺丰速运在一些城市的营业点,除了传统的纸质包装盒外,还多了不少银灰色的箱子,这是顺丰自主研发的新型快递循环箱"丰多宝"。这种包装箱采用更易回收的单一化材料PP蜂窝板材,通过自锁底折叠结构和全箱体魔术贴粘合模式,有效减少了胶带纸等耗材的使用。

天猫超市利用智能算法,根据包裹大小"量体裁盒",让包装箱使用量降低了15％;通过原箱配送、循环包装等方式,让快递"绿"起来。目前,天猫超市有七成包裹的包装均为循环利用纸箱,不产生二次包装。京东物流也加快了循环包装的研发与应用,推广原发包装、简约包装、纸箱减量化、胶带瘦身、填充物减量化、仓内作业无纸化等举措,切实推动了包装的减量化。以原发包装为例,京东物流通过入仓优惠政策,激励上游品牌商企业推行原发包装。宝洁、联合利华等品牌商上千种商品已实现出厂原包装可直发,累计已减少物流纸箱使用量 2 亿个以上。

货拉拉创始人及首席执行官周胜馥介绍,在货拉拉平台上,新能源车辆的比例不断提升。如在深圳、广州等城市,平台上新能源车辆的占比超过 30％。"未来我们将以平台司机和物流用户的需求为中心,持续提升新能源货车在平台整体车辆中的占比,推动绿色物流与低碳交通高质量发展。"周胜馥说。

2015 年,顺丰正式批量采购新能源汽车,在日行驶里程 180 千米以内的运输场景全面使用新能源车辆,涉及支线、重货收派、普通收派。目前,京东物流已在全国 7 个大区、50 多个城市,总计布局使用新能源车约 2 万辆,并大量使用清洁能源充电基础设施,每年可减少约 40 万吨二氧化碳排放。

以互联网、大数据等为代表的数字科技创新为绿色物流按下加速键。创新技术应用正有效提升运配效率,降低能源损耗。京东"亚洲一号"智能产业园通过调度算法和运筹优化技术,指挥车辆精确地走向适合的月台;同时,通过可视化导引、摄像头识别,指导司机准确停靠,有效降低了车辆在园区外的排队时间,以及在园区内的等待时间。

美团配送利用人工智能、5G 应用、物联网、云计算等物流科技,对配送行业的降本提效产生了重要的促进作用,助力配送行业数字化转型升级。在配送调度方面,通过合理划分配送区域、智能实时调度,持续优化骑手、消费者和商家的体验和效率,助力线下零售提升运营效率。

"要继续以科技助力低碳供应链。"中国宏观经济研究院研究员王蕴表示,物流企业要通过引进、消化与自主创新相结合,加大新能源、新材料以及节能技术的研发力度,加快推广经济性较强的绿色物流技术装备。同时,通过业务积累和技术创新,将物联网、大数据算法、人工智能等技术融合到实际场景中,加快构建绿色化、智能化、信息化的物流产业链,助力全流程提质增效和低碳减排。

【案例分析】

2022 年《政府工作报告》明确提出,要持续改善生态环境,并推动绿色低碳发展。中国宏观经济研究院研究员王蕴表示,流通是社会大生产循环中的重要环节,绿色物流的发展对促进社会大生产绿色发展具有重要意义,是推动绿色低碳发展的重要组成部分。

国家发展改革委、商务部、市场监管总局等 7 部门联合发布的《促进绿色消费实施方案》提出,加快发展绿色物流配送。北京工商大学商业经济研究所所长洪涛认为:"绿色物流涉及包装、运输、仓储和配送等方面,由生产者、销售者和消费者共同参与,需要各方共同努力才能实现。"

近年来,在绿色发展理念和相继出台的绿色低碳发展政策的引导下,我国绿色物流呈现较快发展态势,正在向低污染、低消耗、低排放、高效能、高效率、高效益的现代化物流转变。各地纷纷加快建设绿色物流仓储园区,通过采用高效节能设备,加快物联网、云计算和大数据等技术应用,实现物流智能化改造,并优化仓储设计,以减少资源消耗和环境污染。

物流是经济的血脉,是确保国民经济循环畅通的重要环节。物流成本的降低具有很强的杠杆效应,可以降低其他行业成本,促进整个经济循环的畅通。加强绿色包装应用、加大新能源物流车推广力度、加强科技手段在物流环节中赋能等措施应该继续落实落细,在助力物流行业日渐回暖的同时,带动物流成本逐步降低,确保实体经济运转通畅、行稳致远。

(三)案例讨论与升华

【案例讨论】

在物流领域运用科技手段提效降本时,如何处理好提高企业效率和照顾员工利益之间的关系?这反映了什么样的科技发展理念?

【案例升华】

党的十八大以来,以习近平同志为核心的党中央始终坚持人才强国战略,并强调人文关怀在社会发展中的重要作用。《国务院关于构建劳动关系和谐稳定的长效机制的意见》提出,要完善劳动关系协调机制,兼顾企业技术创新与员工利益保护。2022年,人力资源和社会保障部在全国技能培训工作会上强调,要推动企业与用工者之间的良性互动。这些政策文件为我们处理好企业发展与员工利益之间的关系提供了政策依据。

具体来说,企业一方面要增强人文关怀,注重员工的技能培训,使其掌握新技术,以提高其适应力;另一方面要循序渐进推进技术改造,给员工留出适应新技术的时间。更为重要的是要让员工共享技术进步带来的红利。这符合 2020 年全国供应链大会提出的构建利益共享机制的内在要求。

只有处理好企业效率提升与员工权益保障之间的关系,才能真正实现科技发展的人性化,推动供应链和物流等行业的高质量发展。

二、本章延伸阅读

延伸阅读 1　丰田"适时制"生产方式

（一）丰田适时制生产方式的发展和核心理念

作为世界最知名的汽车制造企业之一，丰田公司创立的独具特色的适时制生产方式在汽车制造业中享有盛誉。丰田公司积极推行适时制生产方式，这种方式展现出了巨大的优越性，有效控制了成本。如今，这种生产方式不仅顺应了时代的发展和市场的变化，而且其应用已超越了汽车制造业的界限。运用这种方式，企业节约了相关人员费用、仓储保管费用，进而降低生产成本，提高企业的盈利水平。

作为一种致力于追求生产过程合理性、高效性和灵活性的生产管理技术，适时制生产已被广泛应用于众多企业中。

它的基本思想是：仅在需要的时候，按需要的量，生产所需的产品。

适时制生产方式的核心是：消除一切无效的劳动和浪费，在市场竞争中永无止境地追求尽善尽美。

（二）适时制在丰田公司的应用情况

适时制生产方式一直是日本丰田公司核心竞争力与高效率的源泉。自从引进此种生产方式应对能源危机，丰田公司便跻身于世界汽车制造业的领先地位。为充分发挥适时制的作用，丰田公司特意创造了两个条件：

第一个是使零部件供应商及其装配厂尽可能靠近销售市场，这样做直接降低了产品的运输成本，也减少了因库存时间太长而浪费的存储成本。

第二个是产品规格变化小。丰田公司一面提高汽车标准件程度，另一面宣传这样做所要付出的额外成本。这样不仅提高了汽车销售价格，而且不会增加零部件在生产上的复杂性，有利于采用适时制的生产流水线。

丰田公司采用适时制方式从中受益良多。一方面，它提高了库存的周转次数，尽量避免了等待装配的时间的浪费。据丰田公司统计，某部件全年需要量为 9 000 件，自从库存周转率提高到原来的三倍之后，最高库存量减少为 3 000 件，并且这 3 000 件又能够快速投入使用，可见适时制带来的好处十分明显。另外，适时制减少了装配用的零部件库存量，从而减少了库存占用的流动资金和仓库空间，这样做有效地避免了货物因贬值带来的额外风险。

丰田公司曾这样描述适时制带给他们的好处：流水线可以为客户单独定制的汽车进行生产，而客户等候的时间小于 1 天（平均每辆汽车的装配时间为 8 分钟）。

(三)均衡化生产与设备装换调整

均衡化生产是适时制生产方式的重要基础。在汽车的生产过程中,后道工序在必要时可从前道工序领取必要数量的零部件。但这种方式若经常没有规律的变动,势必会打乱工序的正常顺序,从而造成人力物力的闲置与浪费。为避免这种情况发生,丰田公司进行了均衡化生产。

均衡化生产不仅要求数量的均衡化,而且要求质量的均衡化,即总装配线向各前工序领取零部件时要均衡取得零部件,以实现混流生产。

丰田公司设置均衡化生产时努力让装配线上的生产变动最小,防止在某段时间内集中领取同一种零部件造成前方工序的闲忙不均而发生混乱。换句话说,丰田的均衡化使得零部件被领取时的数量变化达到最小,这样做的好处就是各工序能以一定的速度和数量进行生产,避免引起生产混乱。

丰田不仅将均衡化生产运用在生产线上,更使其成为适应市场需求变化的重要手段之一。通过均衡化生产,各个生产线每天同时生产多种型号的配件,这种小批量、多品种的混流生产方式具有很大的弹性,能够迅速地适应市场需求的变化。

为了实现均衡化生产,有一点非常困难,那就是设备的快速装换调整。

丰田公司各个工序采取多品种、小批量的生产方式,需要频繁地从前道工序领取零部件,这种生产方式注定丰田不能大批量、连续地生产单一零部件。为了实现设备的快速装换调整,丰田公司的生产现场人员经过多次实验与不懈努力,成功地将所有大中型设备的装换调整操作都控制在 10 分钟以内完成。

丰田公司的要领就是把所有作业划分为两大类:外部装换调整作业和内部装换调整作业。外部装换调整作业是指能够在设备转运之中进行的装换调整作业,而内部装换调整作业是指那些必须或只能够在设备停止运转时才能进行的装换调整作业。丰田公司要尽量把内部装换调整作业转变成外部装换调整作业,缩短作业时间,从而保证迅速完成装换调整作业。因此,丰田将把设备的快速装换调整视为提高企业竞争力的关键因素之一。

(四)全面质量管理

适时制的另一个重要技术支撑是以确保零部件和制品的质量为目标的全面质量管理,把质量作为生存之本是企业的共识。

丰田公司的适时制生产方式有效制止了过量生产,从而将生产系统中的零部件的产品储备量降到几乎为零的程度。这迫使生产系统中每道加工工序的作业人员必须生产出 100% 合格的零部件,否则一旦出现不合格产品会破坏正常的适时制生产。

丰田公司的适时制生产方式需要逐步减少生产系统中的零部件的产品储备量,同时要对生产现场进行改善,以提高零部件的质量。

丰田公司奉行的"适时制生产方式加全面质量管理"策略使得生产系统的功能日趋成熟与完善。它使零部件的产品储备量减少,前后工序的衔接更加紧密。这种以"减少库存、发现问题、改善现场、提高质量、降低成本"为周期不断循环是丰田公司的内在机制,是控制成本的有效手段。

延伸阅读 2 将设施、系统、服务嵌入制造企业生产销售全流程:快递进厂,降本增效

飞机发动机也能寄快递! 在广州某航空公司航空基地,随着一辆专业气垫车缓缓驶入,由圆通国际运输的飞机发动机安全抵达。

作为高度复杂精密的航空器材,飞机发动机需要定期运至特定的维修中心进行维护保养。抓住这一机遇,快递企业顺势推出了航空器材"门到门"定制寄送服务。

党的二十大报告提出,要着力提升产业链供应链韧性和安全水平。近年来,快递企业不再满足于仅仅充当产业链末端的"搬运工",而是大力推进"快递进厂"战略。通过打造仓配一体化、区域性供应链服务等项目,快递企业既拓展了自身的发展空间,也助力制造业更好地降低物流成本,提升产业链供应链韧性。

(一)以售后物流为切入点,匹配制造商多元化需求

走进吉林长春一汽富晟集团有限公司的仓库,有一片特殊区域引人注目。这片区域由中通快递管理,工作人员也都是中通员工。

作为一汽大众备件中心,一汽富晟担负着为 1 100 多家一汽大众 4S 店提供配件的任务。无论是长达 3 米的车门框架、发动机、变速箱等大型部件,还是小至 1 厘米长的螺丝、橡圈等小物件,都从这里发往全国各地。

面对配件品类多、批量小,4S 店分布广、需求急的状况,一汽富晟怎样才能确保配件快速准确地送达?

相中快递企业高效、稳定的运输网络,2018 年 8 月,一汽富晟与中通签署合作协议,同年 10 月,中通正式进驻库房,提供服务。

进厂第一步,中通先研究配件特点。中通驻场主管俞思泓说,"我们根据配件的分类,专门定制了 30 多种不同规格的包装盒,为各类零部件提供最适合的打包方式。"这一举措帮助中通将运输破损率降至接近零,为制造商减少了破损成本和退货成本。

其次,中通根据配件规格,提供了快递、快运等不同的运输模式。俞思泓说:"通常,对于超过 50 千克、单边长度超过 1.2 米的配件,我们就发快运,其他则发快递。"

一汽富晟物流事业部总裁王志仁算了一笔账,与中通合作后,公司物流成本节约了将近 50%,且效率大幅提高。为更好地匹配中通的运输效率,一汽富晟还专门上线了自动化提货机,以加快零部件的出库速度。同时,公司升级了信息化系统,为每家

4S店、每个包装箱提供专属编号,做到运输全链条的可视化和可追溯。

这种快递企业与整车企业之间的合作模式,正是快递业以售后物流为切入点,加强与制造业合作的缩影。

中通快递综合物流部总监熊斌说:"近年来,制造企业供应链的柔性化程度更高,需求更加多元化,履约方式也更加多样化。传统的小、散、专线物流公司已无法满足需求。而快递企业拥有专业的运输能力和全国性的网络,可为制造企业供应链管理提供可追溯服务。"

(二)智能化调度实现低库存、高周转,为制造企业提供"移动仓"

如果说上述案例只是快递企业与制造业在某个领域的融合,那么顺丰与九号公司之间的合作则是全方位的。从原材料采购、零部件调运,再到成品运输、售后调配,顺丰全程参与。

九号公司主要产品为智能电动平衡车、智能电动滑板车、服务机器人等,其中,芯片是最重要的原材料之一。

"芯片从进关后就由顺丰来承运。"江苏常州顺丰客户经理张文蒙说,对于急需的批次,芯片经深圳入关后,顺丰将直接将其送达工厂;对于非急需的批次,芯片将被储存在顺丰的广东东莞仓库中。

此仓库为顺丰自营的恒温恒湿仓库,总面积约6 000平方米,温度可保持在17摄氏度至25摄氏度之间,湿度保持在30%至70%。此类仓库一般用于光电电子元器件、光电产品等对环境温度湿度有严格要求的物品储存。企业生产需要多大用量,顺丰就从东莞仓库运送相应数量的原材料。

张文蒙说:"芯片体积小、附加值高,特别适合快递网络运输。传统的进口代理商,服务模式较为单一。顺丰的加入,有效降低了制造企业的仓储物流成本。"

此外,顺丰还全面参与九号公司线上线下销售寄递物流服务。线上订单由顺丰统一包装,通过快递渠道发往全国。线下订单由顺丰采取整车发运等形式发往各销售门店。

张文蒙说:"由于平衡车、滑板车等都带有电池,顺丰专门调配特种车辆满足运输要求,并在旺季开通多条直发班线,提高中转时效及中转质量,实现了网络分销、实体配送的高度融合。"

在维修售后环节,顺丰则提供上门收件服务。"为此,我们特别研发了防爆箱,解决运输安全问题。逆向物流服务成为企业赢得好口碑的诀窍。"张文蒙说。

据介绍,2021年常州顺丰共寄递产品超过10万件,支撑企业实现产值超5亿元。2022年以来,通过承接客户在华东地区的整车运输业务,顺丰每月运费收入超百万元。

快递行业专家赵小敏表示,近年来,快递企业积累了较为丰富的智能调度能力,能够根据企业订单安排最为合适的路线、运输方式,从而让快递业的运输网络真正成了制造企业的"移动仓",实现了低库存、高周转,为制造业降本增效提供了广阔空间。

(三)仓配一体化服务,为供应链提供整体解决方案

从仅仅切入某个环节,到全流程介入,快递企业已经将设施、系统、服务嵌入制造企业的生产、销售乃至售后等环节。而随着快递业与制造业融合的深入,一些快递企业逐渐成为供应链整体解决方案提供商。

瓦轴集团始建于1938年,新中国第一套工业轴承、第一套汽车轴承、第一颗人造卫星配套轴承等均在这里诞生。随着业务的发展,瓦轴集团的轴承产品种类达到2万多种,规格从内径20毫米至外径16米,重量从几百克到十几吨不等,且每天都有新品问世。

为了配合轴承产品的销售,此前,瓦轴集团在全国设立了40多个中小型仓库,但仓库人员多、管理难度大。然而,随着制造业柔性化生产模式的增多,轴承产品的购买需求日益多元化,传统的散仓模式已难以满足新需求。

2020年,为进一步提升供应链体系管理效率,瓦轴集团携手京东物流,开启制造业物流合作新探索。

"我们将瓦轴集团过去40多个中小型仓库,规划形成全国八大物流中心、七大中转库与40个监管库的仓网规划布局。"京东物流相关负责人说,这样布局有利于使得产线仓接近生产基地,平台仓接近销售地,从而实现轴承的批量中转和运输,优化了配送路径,缩短了运输距离。

具体到每一个仓库,货架规划、货品布局都由京东物流设计。以已落成的瓦轴京东物流江苏无锡仓为例,京东物流通过合理布局、产品库存周期优化,将瓦轴集团原有的无锡仓与浙江萧山仓合并,使仓储成本下降50%以上。京东物流还帮助瓦轴集团建立智能仓储管理系统,优化了仓内作业流程,提升了管理能力和服务水平,实现了敏捷的市场响应。

此外,京东物流负责瓦轴集团从生产基地到物流中心、中转库的整车物流,从区域仓到终端消费者的零担物流。疫情防控期间,京东物流通过灵活的运力保障,将瓦轴集团的时效履约率提至99%,大幅降低了物流成本。

这种仓配一体化服务模式不仅为瓦轴集团提供了区域性供应链服务,也为快递业与制造业的深度融合探索出了不少新模式。国家邮政局数据显示,业务收入超百万元

的快递服务制造业项目达到1 908个,支撑制造业总产值达1.38万亿元。

复习思考题与练习题

一、复习思考题

1. 为什么企业寄希望于通过改善成本管理体系以获得更准确的成本?
2. 相对于传统成本法而言,作业成本法如何提供更为准确的产品成本信息?
3. 我国应用作业成本法的前景如何?

二、练习题

1. 资料:某企业甲产品的实际产量为1 000件,实际耗用材料4 000千克,该材料的实际单价为每千克100元;每件产品耗用该材料的标准成本为250元,材料消耗定额为每件5千克。

要求:

(1)计算该材料的标准价格。

(2)计算该材料的成本差异。

2. 资料:某企业3月份产品成本资料如下:

(1)每件产品的变动成本项目标准成本资料如下:

直接材料:50千克/个×9元/千克=450元/个

直接人工:45小时/个×4元/小时=180元/个

变动制造费用:45小时/个×3元/小时=135元/个

合计:765元/个

(2)本月实际产量20个,实际耗用人工工时950小时,实际成本如下:

直接材料:900千克×10元/千克=9 000元

直接人工:3 325元

变动制造费用:2 375元

合计:14 700元

要求:计算分析直接材料、直接人工、变动制造费用的成本差异以及总差异。

3. 资料:某企业本月生产甲、乙两种产品,其中,甲产品技术工艺过程较为简单,生产批量较大;乙产品技术工艺过程较为复杂,生产批量较小。其他资料如表7—4所示。

表 7—4

项　目	甲产品	乙产品
产量(件)	10 000	2 000
直接人工工时(小时)	25 000	4 000
单位产品直接人工成本(元)	12	10
单位产品直接材料成本(元)	20	20
制造费用总额(元)	232 000	

各作业成本库的可追溯成本、成本动因、作业量以及成本分配率等有关资料如表 7—5 所示。

表 7—5

作业成本库	可追溯成本	成本动因	作业量 甲产品	作业量 乙产品	作业量 合计
机器调整准备	50 000	准备次数	300	200	500
质量检测	45 000	检验次数	150	50	200
设备维修	30 000	维修工时	200	100	300
生产订单	55 000	订单份数	195	80	275
材料订单	25 000	订单份数	140	60	200
生产协调	27 000	协调次数	50	50	100
合　计	232 000				

要求：用作业成本法计算产品成本。

第八章　绩效评价

▶ 本章概述

本章基于对企业绩效评价基本概念的理解,介绍了经济增加值、平衡计分卡、关键绩效指标、绩效三棱镜等绩效评价方法的基本理念,并分析了各自的优缺点。同时,结合思政案例与延伸阅读拓展内容。

▶ 思政目标

通过本章的学习,学生能够学会用辩证的眼光全面思考问题,特别是在企业绩效评价体系的不断完善过程中。同时,借助平衡计分卡的实际应用案例,学生能理解任何一个评价体系应用都应该考虑实际情况。

▶ 育人元素

鼓励学生坚持用发展的眼光看问题,树立正确的发展观。

第一节　绩效评价概述

一、绩效评价的基本概念

企业绩效评价是指运用数理统计和运筹学原理,借助特定的指标体系,参照统一的标准,按照一定的程序,通过定量与定性的对比分析,对企业一定经营期间的营运效率与效果做出客观、公正和准确的综合评判。企业绩效评价建立在会计学和财务管理的基础上,它运用计量经济学原理和现代分析技术,旨在剖析企业的经营过程,真实反映企业的现实状况,并预测未来的发展前景。

> **知识链接**
>
> 《管理会计应用指引第600号——绩效管理》指出绩效管理的核心是绩效评价和激励管理,而绩效评价是企业实施激励管理的重要依据。

绩效评价是公司出现之后逐渐形成的产物,其产生的根本原因是企业所有权与经营权的分离。随着企业规模的不断扩大以及经营领域的不断拓宽,一方面,资本所有者的管理能力、知识、经验难以满足企业发展的需求;另一方面,企业股东越来越分散,股东们难以直接经营企业。因此,企业所有者不得不聘请具有丰富管理知识和经验的专业人士来负责企业的经营管理。而专业管理人员接受企业所有者的委托,对企业所有者的资产进行运营管理,旨在实现企业资产的保值、增值,最终实现股东财富的最大化。由于企业所有者不能直接参与企业的经营管理,也无法时刻监督管理层的经营决策和经营活动,因此,所有者需要借助相应的业绩评价方式,来评估管理层是否认真履行了受托责任,也为股东如何激励管理层提供了依据。

二、传统的绩效评价方法

(一)财务评价指标

财务评价指标主要基于传统的财务报表,用于评估企业的营运效率与效果。常见的指标包括净利润、净收益、每股收益、资产报酬率、市盈率、营运现金流量等。在责任会计中,各类责任中心的绩效评价指标所采用的大多是这些财务绩效评价指标。

作为一种传统的评价方法,财务评价指标可以反映企业的综合经营成果,同时也容易从会计系统中获取相应的数据,操作简单,易于理解,因此被广泛使用。但财务评价指标也有其不足之处。首先,财务指标体现的是企业当期的财务成果,反映的是企业的短期业绩,无法反映管理者在提升企业长期业绩方面的努力。其次,财务业绩是一种结果导向,即只注重最终的财务结果,而忽视了达成该结果的过程。最后,财务业绩对通过会计程序产生的会计数据进行考核,而会计数据则是基于公认的会计原则产生的,并受到稳健性原则有偏估计的影响,因此可能无法公允地反映管理层的真实业绩。

(二)非财务评价指标

非财务绩效评价,是指根据非财务信息指标来评价管理者绩效的方法,旨在弥补传统的财务评价指标的不足。常见的非财务评价指标包括与顾客相关的指标,例如市场份额、关键客户订货量、顾客满意度、顾客忠诚度等；与企业内部营运相关的指标，例如及时送货率、存货周转率、产品或服务质量（缺陷率）、周转时间等；反映员工学习与成长的指标，例如员工满意度、员工建议次数、员工拥有并熟练使用电脑比率、员工第二专长人数、员工流动率等。

非财务业绩评价的优点是可以避免财务业绩评价只侧重过去和短期结果的局限性，更侧重于企业的长远业绩和外部整体评价。非财务业绩评价的缺点是一些关键的非财务评价指标往往具有主观性，数据收集困难，且评价指标数据的可靠性难以保证。

第二节 绩效评价方法

一、经济增加值

（一）经济增加值的基本概念

经济增加值（Economic Value Added，EVA）是基于税后净营业利润和产生这些利润所需资本投入总成本（即资本成本）的一种契约业绩财务评价方法，是指调整后的税后净营业利润扣除企业经营所占用的全部资金的资本成本后的剩余收益。如果经济增加值为正，表明经营者在为企业创造价值；如果经济增加值为负，表明经营者在损毁企业价值。

> **知识链接**
>
> 税后净营业利润（Net Operating Profit After Tax，NOPAT）是指将公司不包括利息收支的营业利润扣除实付所得税税金之后的数额加上折旧及摊销等非现金支出，再减去营运资本的追加和物业厂房设备及其他资产方面的投资。实际上，它是在不涉及资本结构的情况下公司经营所获得的税后利润，即全部资本的税后投资收益，反映了公司资产的盈利能力。

相比于税后净营业利润之类的传统的财务指标，经济增加值还额外考虑到，企业所占用的资金，不论是债务资金还是自有资金，都有成本。债务资金的使用成本体现为利息费用，而自有资金的使用成本则为机会成本，也即股东将资金投资于企业而放弃的投资于其他项目所能获得的最大收益。只有当企业所创造的利润超过了这些成本之后还有剩余，才真正为投资者创造了财富。

（二）经济增加值的计算

尽管经济增加值的定义很简单，但它的实际计算却较为复杂。为了计算经济增加值，需要解决经营利润、资本成本和所使用资本数额的计量问题。不同的解决办法，形成了不同的经济增加值。

1. 基本的经济增加值

基本的经济增加值是根据未经调整的经营利润和总资产计算的经济增加值。其计算公式如下：

$$基本的经济增加值 = 税后净营业利润 - 报表平均总资产 \times 加权平均资本成本$$

基本的经济增加值计算容易，但其中"税后净营业利润"和"总资产"还是按照会计准则计算的，这可能会在一定程度上歪曲公司的真实业绩。然而，相对于会计利润而言，基本的经济增加值至少承认了股权资金的成本。

2. 披露的经济增加值

披露的经济增加值是利用公开会计数据进行调整计算出来的。这种调整是根据公布的财务报表及其附注中的数据进行的。据称，它可以解释公司市场价值变动的50%。

典型的调整包括：

(1)对于研究与开发费用，会计将其作为费用立即从利润中扣除，而经济增加值要求将其作为投资并在一个合理的期限内摊销。

(2)对于战略性投资，会计将投资的利息（或部分利息）计入当期财务费用，而经济增加值要求将其在一个专门账户中资本化并在开始生产时逐步摊销。

(3)对于为建立品牌、进入新市场或扩大市场份额发生的费用，会计作为费用立即从利润中扣除，而经济增加值要求把争取客户的营销费用资本化并在适当的期限内摊销。

(4)对于折旧费用，会计大多使用直线折旧法处理，而经济增加值要求对某些大量使用长期设备的公司，按照更接近经济现实的"沉淀资金折旧法"处理。这是一种类似租赁资产的费用分摊方法，在前几年折旧较少，而后几年由于技术老化和物理损耗同时发挥作用，需提取较多折旧。

3. 特殊的经济增加值

为了使经济增加值适合特定公司内部的业绩管理，还需要进行特殊的调整。这种调整需要使用公司内部的有关数据，调整后的数值称为"特殊的经济增加值"。它是特定公司根据自身情况定义的经济增加值。它涉及公司的组织结构、业务组合、经营战略和会计政策，以便在简单和精确之间实现最佳的平衡。简单是指比较容易计算和理解，精确是指能够准确反映真正的经济利润。这是一种"量身定做"的经济增加值计算办法。这些调整项目都是"可控制"的项目,即通过自身努力可以改变数额的项目。调整结果使得经济增加值更接近公司的内在价值。

4. 真实的经济增加值

真实的经济增加值是公司经济利润最正确和最准确的度量指标,它需要对会计数据作出所有必要的调整,并对公司中每一个经营单位都使用不同的、更准确的资本成本。真实的经济增加值还额外考虑了企业内各经营单位的资本成本大相径庭的情况。例如,当传统业务部门和新兴业务部门风险差别巨大时,需要使用不同的资本成本。真实的经济增加值要求对每一个经营单位使用不同的资本成本,以便更准确地计算部门的经济增加值。

(三)简化的经济增加值的计算

根据《管理会计应用指引第 602 号——经济增加值法》的规定,经济增加值的计算公式为:

$$经济增加值 = 税后净营业利润 - 平均资本占用 \times 加权平均资本成本$$

其中:税后净营业利润衡量的是企业的经营盈利情况;平均资本占用反映的是企业持续投入的各种债务资本和股权资本;加权平均资本成本反映的是企业各种资本的平均成本率。

1. 会计调整项目说明

计算经济增加值时,需要进行相应的会计项目调整,以消除财务报表中不能准确反映企业价值创造的部分。会计调整项目的选择应遵循价值导向性、重要性、可控性、可操作性与行业可比性等原则,并根据企业实际情况确定。常用的调整项目如下:

(1)企业财务报表中"期间费用"项下的"研发费用"、大型广告费等一次性支出但收益期较长的费用,应予以资本化处理,不计入当期费用。

(2)企业财务报表中"财务费用"项下的"利息支出",反映付息债务成本的利息支出,不作为期间费用扣除,计算税后净营业利润时扣除所得税影响后予以加回。

(3)未真正创造企业价值的资产,如在建工程、工程物资等,在计算经济增加值时,需要将其从资产中剔除。因为在建工程或工程物资虽然占用了资金,但是该工程尚未完工,并不能给企业带来实际的经济效益,而经济增加值反映的是管理层运用现有资产创造经济效益的能力。如果把在建工程计入资本总额中,会低估企业的经营业绩。

(4)营业外收入、营业外支出具有偶发性,应将当期发生的营业外收支从税后净营业利润中扣除。

(5)将当期减值损失扣除所得税影响后予以加回,并在计算资本占用时相应调整资产减值准备发生额。

(6)递延税金不反映实际支付的税款情况,将递延所得税资产及递延所得税负债变动影响的企业所得税从税后净营业利润中扣除,相应地调整资本占用。

2. 加权平均资本成本率的确定

加权平均资本成本是债务资本成本和股权资本成本的加权平均,反映了投资者所要求的必要报酬率。加权平均资本成本的计算公式如下:

$$K_{WACC} = K_D \frac{DC}{TC}(1-T) + K_S \frac{EC}{TC}$$

其中:TC 代表资本占用,EC 代表股权资本,DC 代表债务资本;T 代表所得税税率;K_{WACC} 代表加权平均资本成本,K_D 代表债务资本成本,K_S 代表股权资本成本。

股权资本成本是在不同风险下,所有者对投资者要求的最低回报率,通常根据资本资产定价模型确定。对于不同类型的企业,股权资本成本有不同的原则性规定:对主业处于充分竞争行业和领域的商业类企业,股权资本成本率原则上定为 6.5%;对主业处于关系国家安全、国民经济命脉的重要行业和关键领域、主要承担重大专项任务的商业类企业,股权资本成本率原则上定为 5.5%;对公益类企业,股权资本成本率原则上定为 4.5%;对军工、电力、农业等资产通用性较差的企业,股权资本成本率下调 0.5 个百分点。

知识链接

根据资本资产定价模型确定,股权资本成本的计算公式为:$K_S = R_f + \beta(R_m - R_f)$。其中:$R_f$ 为无风险收益率,R_m 为市场预期回报率,$R_m - R_f$ 为市场风险溢价,β 为企业股票相对于整个市场的风险指数。上市企业的 β 值,可采用回归分析法或单独使用最小二乘法等方法测算确定,也可以直接采用证券机构等提供或发布的 β 值;非上市企业的 β 值,可采用类比法,参考同类上市企业的 β 值确定。

债务资本成本是企业实际支付给债权人的税前利率,反映了企业在资本市场中通过债务融资的成本率。如果企业存在不同利率的融资来源,债务资本成本通过计算加权平均值来确定。

在确定企业级加权平均资本成本后,企业应结合行业情况、不同所属单位(部门)的特点,通过计算(能单独计算的)或指定(不能单独计算的)的方式确定所属单位(部门)的资本成本。对于资产负债率高于上年且在 65%(含)至 70%的科研技术企业、70%(含)至 75%的工业企业或 75%(含)至 80%的非工业企业,其平均资本成本率上浮 0.2 个百分点;对于资产负债率高于上年且在 70%(含)以上的科研技术企业、75%(含)以上的工业企业或 80%(含)以上的非工业企业,其平均资本成本率上浮 0.5 个百分点。

通常情况下,企业对所属单位(部门)所投入资本即股权资本的成本率是相同的。

综上所述:

经济增加值＝税后净营业利润－平均资本占用×加权平均资本成本
　　　　＝净利润＋(利息支出＋研究开发费用调整项－营业外收入＋营业外支出＋当年计提的各项资产减值准备)×(1－25%)－调整涉及的所得税费用－(平均所有者权益＋平均带息负债－平均在建工程＋各项资产减值准备)×加权平均资本成本

【实务题8-1】 甲公司是一家中央电力企业,采用经济增加值业绩考核办法进行业绩计量和评价,有关资料如下:

(1)2021年甲公司的净利润为40亿元;费用化利息支出为12亿元,资本化利息支出为16亿元;研发费用为20亿元,当期无确认为无形资产的开发支出。

(2)2021年甲公司的年末无息负债为200亿元,年初无息负债为150亿元;年末带息负债为800亿元,年初带息负债为600亿元;年末所有者权益为900亿元,年初所有者权益为700亿元;年末在建工程为180亿元,年初在建工程为220亿元。

根据上述资料:计算甲公司2021年的经济增加值。

【解析】

(1)计算税后净营业利润＝净利润＋(利息支出＋研究开发费用调整项)×(1－25%)＝40＋(12＋20)×(1－25%)＝64(亿元)

(2)计算平均资本占用＝平均所有者权益＋平均带息负债－平均在建工程＝(900＋700)/2＋(800＋600)/2－(180＋220)/2＝800＋700－200＝1 300(亿元)

(3)计算加权平均资本成本。其计算公式如下:

债权资本成本率＝利息支出总额/平均带息负债＝(12＋16)/700＝4%

因甲公司作为电力企业,其主营业务处于关系国家安全、国民经济命脉的重要行业和关键领域,并且电力行业的资产通用性较差。

股权资本成本率＝5.5%－0.5%＝5%

加权平均资本成本＝债权资本成本率×平均带息负债/(平均带息负债＋平均所有者权益)×(1－25%)＋股权资本成本率×平均所有者权益/(平均带息负债＋平均所有者权益)
　　　　＝4%×700/(700＋800)×(1－25%)＋5%×800/(700＋800)
　　　　＝4.07%

年末资产负债率＝(200＋800)/(200＋800＋900)＝1 000/1 900＝52.63%

年初资产负债率＝(150＋600)/(150＋600＋700)＝750/1 450＝51.72%

资产负债率虽然高于上一年,但低于65%,故不属于需要调整的情况。

(4)计算经济增加值=税后净营业利润-平均资本占用×加权平均资本成本

$$=64-1\ 300\times4.07\%=64-52.91=11.09(亿元)$$

(四)经济增加值的优缺点

1.经济增加值的优点

经济增加值考虑了所有资本的成本,因此更真实地反映了企业的价值创造能力;实现了企业利益、经营者利益和员工利益的统一,从而激励经营者和所有员工为企业创造更多的价值;能有效遏制企业盲目扩张规模以追求利润总量和增长率的倾向,引导企业注重价值创造。

经济增加值不仅是一种业绩评价指标,而且是一种全面财务管理和薪酬激励框架。经济增加值的吸引力主要在于它把资本预算、业绩评价和激励报酬三者结合起来。过去,人们使用净现值和内部报酬率来评价资本预算,用权益资本报酬率或每股收益来评价公司业绩,而用其他一些效益指标作为发放奖金的依据。经理人员在决策时,常常要考虑众多相互矛盾或互不联系的财务指标。他们的奖金计划不断变更,导致他们无所适从。以经济增加值为依据的管理,其经营目标是经济增加值,资本预算的决策基础是以适当折现率折现的经济增加值,衡量生产经营效益的指标是经济增加值,奖金根据适当的目标单位经济增加值来确定。这种管理模式简单、直接、统一与和谐。经济增加值框架下的综合财务管理系统,可以指导公司的每一个决策,包括营业预算、年度资本预算、战略规划、公司收购和公司出售等。经济增加值是一种培训员工的有效方法,它能使员工甚至是最基层的员工理解公司的财务目标和运营决策。经济增加值也是一个独特的薪金激励制度的关键变量,它第一次真正地将管理者的利益和股东利益统一起来,使管理者像股东那样思维和行动。经济增加值还是一种治理公司的内部控制制度,在这种控制制度下,所有员工可以协同工作,积极地追求最好的业绩。

在经济增加值的框架下,公司可以向投资人宣传他们的目标和成就,投资人也可以用经济增加值来选择最有前景的公司。经济增加值还是股票分析家手中的一个强有力的工具。

2.经济增加值评价的缺点

首先,经济增加值仅对企业当期或未来1~3年的价值创造情况进行衡量和预判,因此无法衡量企业长远发展战略的价值创造情况;其次,经济增加值主要基于财务指标计算,无法对企业的营运效率与效果进行综合评价;再次,由于不同行业、不同发展阶段、不同规模等的企业,其会计调整项和加权平均资本成本各不相同,因此计算过程比较复杂，进而影响指标的可比性。最后，由于经济增加值是绝对数指标，因此不便于比较不同规模公司的业绩。

此外，经济增加值也有和投资报酬率类似的误导，例如，处于成长阶段的公司经济增加值较少，而处于衰退阶段的公司经济增加值可能较高。

在计算经济增加值时，对于净收益应做的调整以及资本成本的确定等，尚存在许多争议。这些争议不利于建立一个统一的规范。而缺乏统一性的业绩评价指标，只能在一个公司的历史分析以及内部评价中使用。

二、关键绩效指标法

（一）关键绩效指标法的含义

关键绩效指标法，是指基于企业战略目标，通过建立关键绩效指标（Key Performance Indicator，KPI）体系，将价值创造活动与战略规划目标有效链接，并据此进行绩效管理的方法。关键绩效指标是对企业绩效产生关键影响力的指标，是通过对企业战略目标、关键成果领域的绩效特征分析，识别和提炼出的最能有效驱动企业价值创造的指标。关键绩效指标法可单独使用，也可与经济增加值法、平衡计分卡等其他方法结合使用。其应用对象为企业、所属单位（部门）和员工。

（二）关键绩效指标的应用

企业应用关键绩效指标法，一般按照以下程序进行制定以关键绩效指标为核心的绩效计划、制定激励计划、执行绩效计划与激励计划、实施绩效评价与激励、编制绩效评价与激励管理报告。

1. 构建关键绩效指标体系

企业通常会制定企业级、所属单位（部门）级和岗位（员工）级三个层次的关键绩效指标体系。企业的关键绩效指标一般可分为结果类和动因类两类指标。结果类指标是反映企业绩效的价值指标，例如投资回报率、净资产收益率、经济增加值、息税前利润、自由现金流等综合指标；动因类指标是反映企业价值关键驱动因素的指标，例如资本性支出、单位生产成本、产量、销量、客户满意度、员工满意度等。关键绩效指标应含义明确、可度量、与战略目标高度相关。指标的数量不宜过多，每一层级的关键绩效指标一般不超过 10 个。

2. 以企业战略目标为导向分配关键绩效指标的权重

在分配权重时，应当充分考虑被评价对象对企业价值贡献或支持的程度，以及各指标之间的重要性水平。单项关键绩效指标权重一般设定在 5%～30% 之间，对特别重要的指标可适当提高权重。对于特别关键、影响企业整体价值的指标可设立"一票否决"制度,即如果某项关键绩效指标未完成,无论其他指标是否完成,均视为未完成绩效目标。

3.确定关键绩效指标目标值

一般可以参考以下标准:(1)依据国家有关部门或权威机构发布的行业标准或参考竞争对手标准;(2)参照企业内部标准,包括企业战略目标、年度生产经营计划目标、年度预算目标、历年指标水平等;(3)不能按前两项方法确定的,可根据企业历史经验值确定。

(三)关键绩效指标法的优点和缺点

关键绩效指标法的主要优点如下:一是使企业业绩评价与战略目标密切相关,有利于战略目标的实现;二是通过识别的价值创造模式把握关键价值驱动因素;能够更有效地实现企业价值增值目标;三是评价指标数量相对较少,易于理解和使用,实施成本相对较低,有利于推广实施。

关键绩效指标法的主要缺点是:关键绩效指标的选取需要透彻理解企业价值创造模式和战略目标,有效识别核心业务流程和关键价值驱动因素;指标体系设计不当将导致错误的价值导向或管理缺失。

三、平衡计分卡

平衡计分卡(Balanced Score Card,BSC),是指基于企业战略,从财务、客户、内部业务流程、学习与成长四个维度,将战略目标逐层分解转化为具体的、相互平衡的绩效指标体系,并据此进行绩效管理的方法。平衡计分卡通常与战略地图等其他工具结合使用。平衡计分卡适用于战略目标明确、管理制度比较完善、管理水平相对较高的企业。

(一)平衡计分卡的框架

平衡计分卡通过将财务指标与非财务指标相结合,将企业的业绩评价同企业发展战略联系起来,设计出了一套能使企业高管迅速且全面了解企业经营状况的指标体系,用来表达企业发展战略所必须达到的目标,把任务和决策转化成目标和指标。平衡计分卡的目标和指标来源于企业的愿景和战略,这些目标和指标从四个维度来考察企业的业绩,即财务、顾客、内部业务流程、学习与成长,这四个维度组成了平衡计分卡的框架(见图8—1)。

1.财务维度

目标是解决"股东如何看待我们?"的问题。这表明企业的努力是否最终对企业的经济收益产生了积极的作用。众所周知,现代企业财务管理目标是企业价值最大化,

图 8—1 平衡计分卡的基本框架

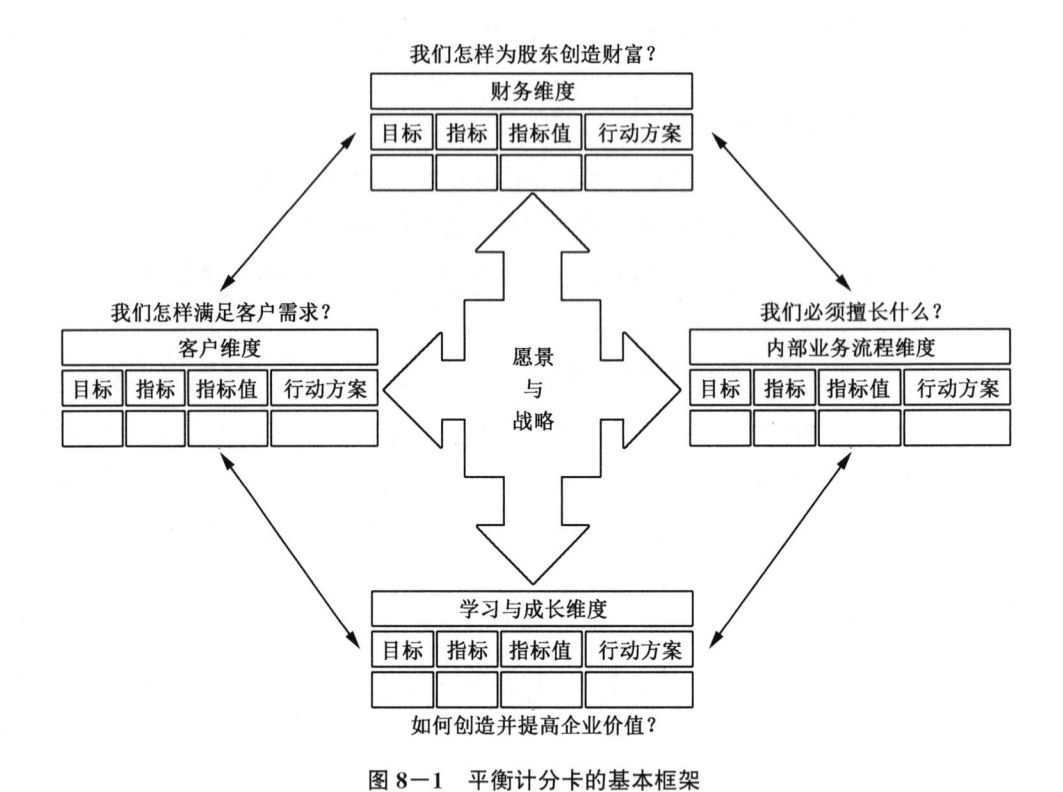

而对企业价值目标的计量离不开相关财务指标。财务维度指标通常包括投资报酬率、权益净利率、经济增加值、息税前利润、自由现金流量、资产负债率、总资产周转率等。

2. 顾客维度

这一维度回答"顾客如何看待我们"的问题。顾客是企业之本,是现代企业的利润来源。顾客感受应成为企业关注的焦点,企业应当从时间、质量、服务效率以及成本等方面了解市场份额、顾客需求和顾客满意程度。常用的顾客维度指标有市场份额、客户满意度、客户获得率、客户保持率、客户获利率、战略客户数量等。

3. 内部业务流程维度

这一维度着眼于企业的核心竞争力,解决"我们的优势是什么"的问题。企业要想按时向顾客交货,满足现在和未来顾客的需要,必须以合理流畅的内部业务流程为前提。因此,企业应当明确自身的核心竞争力,筛选出那些对顾客满意度有最大影响的业务流程,并把它们转化成具体的测评指标。反映内部业务流程维度的常用指标有交货及时率、生产负荷率、产品合格率等。

4. 学习与成长维度

其目标是解决"我们是否能继续提高并创造价值"的问题。只有持续不断地开发新产品,为客户创造更多价值并提高经营效率,企业才能打入新市场,赢得顾客的满意,从而增加股东价值。企业的学习与成长来自于员工、信息系统和企业程序等。根据经营环境和利润增长点的差异,企业可以确定不同的产品创新、过程创新和生产水平提高指标,如新产品开发周期、员工满意度、员工保持率、员工生产率、培训计划完成率等。

传统的业绩评价系统仅仅将指标提供给管理者,无论是财务的还是非财务的,很少看到彼此间的关联以及对企业终极目标的影响。但是,平衡计分卡则不同,它的各个组成部分是以一种集成的方式来设计的,公司现在的努力与未来的前景之间存在着一种"因果"关系,在企业目标与业绩指标之间存在着一条"因果关系链"。从平衡计分卡中,管理者能够看到并分析影响企业整体目标的各种关键因素,而不单单是短期的财务结果。它有助于管理者对整个业务活动的发展过程始终保持关注,并确保现在的实际经营业绩与公司的长期战略保持一致。

根据这四个不同的角度,平衡计分卡中的"平衡"包括:外部评价指标(如股东和客户对企业的评价)和内部评价指标(如内部经营过程、新技术学习等)的平衡;成果评价指标(如利润、市场占有率等)和导致成果出现的驱动因素评价指标(如新产品投资开发等)的平衡;财务评价指标(如利润等)和非财务评价指标(如员工忠诚度、客户满意程度等)的平衡;短期评价指标(如利润指标等)和长期评价指标(如员工培训成本、研发费用等)的平衡。

(二)架构战略地图

企业应用平衡计分卡时,一般按照以下程序进行:制定战略地图、制定以平衡计分卡为核心的绩效计划、制定激励计划、制定战略性行动方案、执行绩效计划与激励计划、实施绩效评价与激励、编制绩效评价与激励管理报告等。

企业首先应制定战略地图,即基于企业的愿景与战略,将战略目标及其因果关系、价值创造路径以图示的形式直观、明确、清晰地呈现(见图8-2)。

> **知识链接**
>
> 根据《管理会计应用指引第101号——战略地图》规定,战略地图是以财务、顾客、内部流程、学习与成长四个维度为核心,通过分析这四个维度的相互关系,绘制战略因果关系图。企业应用战略地图,应注重通过战略地图的有关路径设计,有效使用有形资源和无形资源,高效实现价值创造;同时,通过战略地图落地,将战略目标与执行有效绑定,引导各责任中心按照战略目标持续提升业绩,服务企业战略落地。

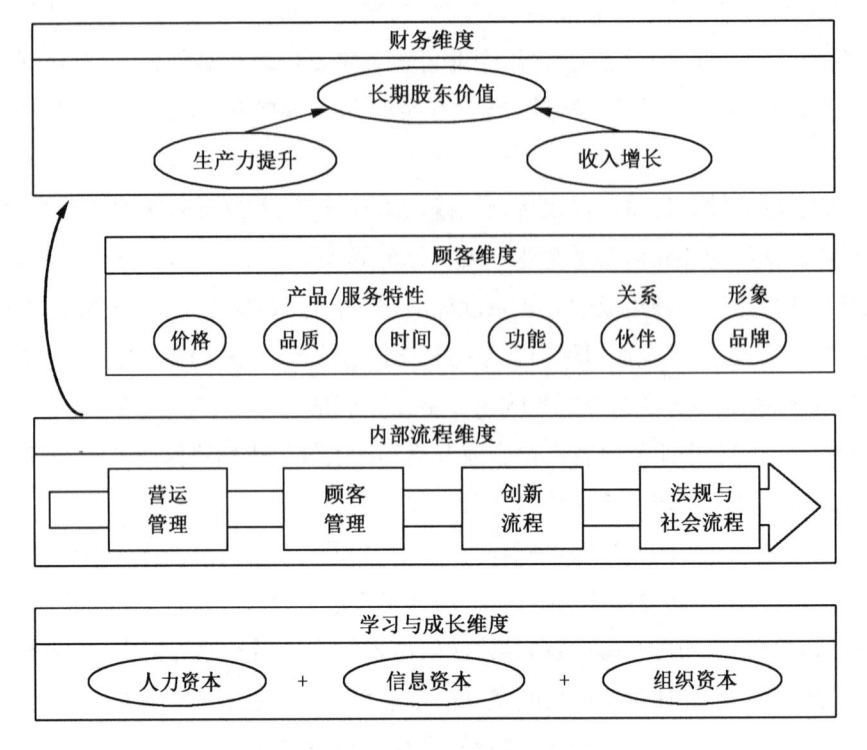

图 8—2 战略地图架构

1. 财务维度：长短期对立力量的战略平衡

战略地图之所以保留了财务层面，是因为它们是企业的最终目标。财务绩效的衡量结果，反映了企业战略贯彻实施对公司营运数字改善的贡献程度。财务方面的目标通常都与获利能力的衡量相关。公司财务绩效的改善，主要通过收入的增长与生产力的提升两种基本途径实现。

2. 顾客维度：战略是基于差异化的价值主张

企业采取追求收入增长的战略，必须在顾客层面中选定价值主张。此价值主张说明了企业如何针对其目标顾客群创造出具有差异化而又可持续的价值。

基本上，所有的组织都希望能就常见的顾客衡量指标（如顾客满意度等）加以改进，但仅仅满足和维系顾客还不足以构成战略。战略应该明确特定的顾客群，作为企业成长和获利的标的。在公司确实了解目标顾客群的身份特性之后，可根据所提出的价值主张来确定目标与衡量项目。价值主张界定了公司打算针对目标顾客群所提供的产品、价格、服务以及形象的独特组合。因此，价值主张应能达到宣扬公司竞争优势或产品与服务差异的目的。

3. 内部流程维度：价值是由内部流程创造的

内部流程完成了组织战略的两个重要部分：一是针对顾客的价值主张进行生产与

交货;二是为财务层面中的生产力要件进行流程改善与成本降低的作业。内部流程由营运管理流程、顾客管理流程、创新管理流程和法规与社会流程四个部分组成。

4. 学习与成长维度：无形资产的战略性整合

战略地图的学习与成长层面,主要说明组织的无形资产及它们在战略中扮演的角色。无形资产可以归纳为人力资本、信息资本和组织资本三类。

（三）构建平衡计分卡指标体系

平衡计分卡指标体系的构建应围绕战略地图,针对财务、客户、内部业务流程和学习与成长四个维度的战略目标,确定企业级、所属单位(部门)级、岗位(员工)级的评价指标。

构建时,企业应以财务维度为核心,其他维度的指标与核心维度的一个或多个指标相联系,注重短期目标与长期目标的平衡、财务指标与非财务指标的平衡、结果性指标与动因性指标的平衡、企业内部利益与外部利益的平衡。平衡计分卡每个维度的指标数量通常为4~7个,通过梳理核心维度目标的实现过程,确定每个维度的关键驱动因素,并结合战略主题,选取关键绩效指标,指标总数量一般不超过25个。

财务维度以财务术语描述了战略目标的有形成果。企业常用的指标包括投资资本回报率、净资产收益率、经济增加值、息税前利润、自由现金流、资产负债率、总资产周转率等。

客户维度界定了目标客户的价值主张。企业常用的指标包括市场份额、客户满意度、客户获得率、客户保持率、客户获利率、战略客户数量等。

内部业务流程维度确定了对战略目标产生影响的关键流程。企业常用的指标包括交货及时率、生产负荷率、产品合格率、存货周转率、单位生产成本等。

学习与成长维度确定了对战略最重要的无形资产。企业常用的指标包括员工保持率、员工生产率、培训计划完成率、员工满意度等。

【实务题8-2】 甲公司构建了平衡计分卡的指标体系如表8-1所示：

表8-1　　　　　　　　　甲公司平衡计分卡指标体系表

维　　度	相关指标
财务维度	投资报酬率、权益净利率、经济增加值、息税前利润、自由现金流量、市场份额
顾客维度	客户满意度、客户获得率、客户保持率、客户获利率、战略客户数量
内部业务流程维度	交货及时率、生产负荷率、产品合格率、新产品开发周期、资产负债率、总资产周转率
学习与成长维度	员工满意度、员工保持率、员工生产率、培训计划完成率

要求:尝试找出上表中不能达到相应维度考核目标的指标。

【解析】

"市场份额"回答"顾客如何看待我们"的问题,属于顾客维度的指标。

"资产负债率""总资产周转率"解决"股东如何看待我们"这一问题,属于财务维度的指标。

"新产品开发周期"解决"我们是否能继续提高并创造价值"的问题,属于学习和成长维度的指标。

(四)平衡计分卡的优点和缺点

1.平衡计分卡的主要优点

(1)战略目标逐层分解并转化为被评价对象的绩效指标和行动方案,使整个组织行动协调一致;

(2)从财务、客户、内部业务流程、学习与成长四个维度确定绩效指标,使绩效评价更为全面完整;

(3)将学习与成长作为一个维度,注重员工的发展要求和组织资本、信息资本等无形资产的开发利用,有利于增强企业可持续发展的动力。

2.应用平衡计分卡的主要缺点

(1)专业技术要求高,工作量比较大,操作难度也较大,需要持续地沟通和反馈,实施过程比较复杂,实施成本高;

(2)各指标权重在不同层级及各层级不同指标之间的分配比较困难,且部分非财务指标的量化工作难以落实;

(3)系统性强、涉及面广,需要专业人员的指导、企业全员的参与和长期持续地修正与完善,对信息系统、管理能力有较高的要求。

四、绩效三棱镜

(一)绩效三棱镜的含义

绩效三棱镜(也称绩效棱镜)是通过利益相关者的满意、利益相关者的贡献、战略、流程、能力这五个具有内在联系的层面共同构成的一个绩效计量的三维体系。在具体实施中,这一模型可以结合公司实际情况进行调整,每一个方面都可以进一步细化和分解为许多具体问题,而每一个问题都必须用计量指标来表示。由于模型的五个方面具有内在的联系,因此由模型衍生出来的计量指标之间自然也就具有相互依存的关系。测量指标不局限于财务指标,也不强调以非财务指标作为对财务指标的补充,而是以绩效三棱镜五个层面为基础,如图8—3所示。

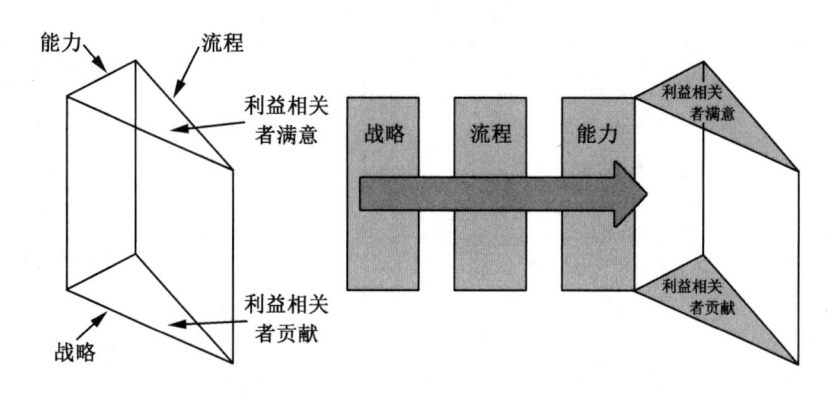

图 8—3 绩效三棱镜评价体系

1. 利益相关者的满意

绩效的第一个方面是利益相关者的满意（Stakeholder Satisfaction）。绩效三棱镜理论认为，绩效评价的起点不是"这个组织的战略是什么"，而是"谁是该组织的主要利益相关者，以及他们的愿望和要求是什么"。绩效三棱镜模型认为，一个组织的关键利益相关者包括投资者、顾客和中间商、员工和劳动协会、供应商和合作联盟，以及定规者、压力集团和社区。不同的利益相关者对企业的要求不同，这就是绩效三棱镜测量方法的起点。

为了有效地保持和利益相关者的关系，企业必须清楚地知道不同利益群体的不同利益需求，如表 8—2 所示。

表 8—2　　　　　　　　绩效三棱镜之利益相关者的满意

利益相关者	利益相关者的满意
投资者	利润、奖金、数据和忠实
顾客和中间商	快速、适当、便宜和容易
员工和劳工协会	意图、关心、技能和报酬
供应商和合作联盟	利益增长、建议和信任
定规者	合法、公平、安全和真实
社区	工作、忠诚、正直和财富

2. 利益相关者的贡献

绩效的第二个方面是利益相关者的贡献（Stakeholder Contribution），即管理者期望从利益相关者那里获得什么。每个利益相关者与企业之间都是基于社会交换理论和公平理论的互惠互利的关系。利益相关者需要从企业获得一定的收益，同时，他们也会对企业有一定的付出，如表 8—3 所示。

表 8—3　　　　　　　　　　　　绩效三棱镜之利益相关者的贡献

利益相关者	利益相关者的贡献
投资者	资金、信用、风险和支持
顾客和中间商	利润、增长、意见和信任
员工和劳工协会	手、心、思想和声音
供应商和合作联盟	快速、准确、便宜和方便
定规者	规则、原因、明确和意见
社区	形象、技能、服务和支持

3. 战略

绩效的第三个方面是战略（Strategies），即管理者应该采用什么样的战略来满足利益相关者的需求，同时也满足企业自身的需求？战略是否确实得到了实施？如何协调组织内的不同战略？如何激励和推动战略的执行？如何评价战略执行的效果？

与以往的绩效评价体系所不同的是，战略并不是最终目的，而只是如何达到所期望的目标的路线，它能够使组织更好地在各种利益相关者之间分配价值。在设计绩效测量方法时，企业要考虑总体战略、业务战略、品牌、产品和服务战略、经营战略等不同的战略层次。这些战略层次应能够帮助管理者了解他们所采取的战略的执行情况，协调组织内部战略，激励战略的执行，并通过分析测量数据来检测战略的实施效果。

4. 流程

绩效的第四个方面是流程（Processes）。流程是能使组织运转的活动，它是关于做什么、在什么地方做、什么时候做以及如何做的活动安排。企业需要什么样的流程才能执行其战略？

知识链接

业务流程是指按顾客要求投入原材料，生产出对顾客有价值的产品及服务的一系列关联活动的总称。业务流程是企业提高绩效的最有力的驱动因素，它直接影响到产品和服务的质量、效率、周期和成本。随着自由贸易与全球经济一体化的加速，企业外部经营环境中各种不确定因素增加，要求企业能够迅速响应和弹性运作，因此业务流程的"过程性"和"创新性"的特点随之备受关注。组织的流程与其战略的不匹配往往是导致战略失败最常见的原因之一。1993年，美国麻省理工学院教授迈克尔·哈默与詹姆斯·钱皮提出了业务流程再造（Business Process Reengineering，BPR），即对企业的业务流程进行根本性的再思考和彻底性的再设计，从而在成本、质量、服务和速度等方面获得显著的业绩改善。

绩效三棱镜的业绩评价系统强调对企业核心业务流程的改进和再造。从开发产品和服务、产生需求、满足需求、设计和管理企业这四个方面出发，流程的测量一般可以分为五个方面：质量（连续性、可靠性、一致性、精确性、可信任性）；数量（容量、生产量、完整度）；时间（速度、交付期、有效性、快捷性、适时性、进度）；使用的容易程度（弹性、便利性、可到达性、清晰度、支持性）；货币（成本、价格、价值）。此外，还要考虑意外事故流程，如产品召回、各类系统故障处理的准备执行水平。同时，对所有流程都要求从流程的结果和产出的测量开始，进而再考察流程中的行动和投入。

5. 能力

绩效的第五个方面是能力（Capabilities）。根据绩效三棱镜理论，流程不能单独发挥作用，它的执行还需要人们的能力、物资基础设施以及相应的技术。绩效三棱镜理论认为，企业应当具备11种行为能力：执行管理、资源应用、激励、协调、制度的制定、沟通、承诺、探测、发展、系统/程序工程和选择管理。这些能力也可以由内向外分为三个层面：最内层面为资源与基础层面，主要包括领导管理能力、资源保障能力、组织学习能力、内外协同能力等；中间层面为业务与技术层面，主要包括技术研发能力、产品制造能力、业务整合能力、流程再造能力等；最外层面为市场与盈利层面，主要包括产品竞争能力、市场营销能力、市场反应能力、客户管理能力等。而企业能力在各个层面间的关系表现为各个能力层面要素之间的物质、能量、信息交换。

通过绩效三棱镜的测量方法，管理者可以考察企业具有哪些能力，分析这些能力是否与流程相匹配，识别出具有竞争性的、与众不同的能力，即所谓的核心能力。这种测量方法特别强调针对能力动态性的识别与评价研究，即企业内部过程对环境变化的动态适应。

（二）绩效三棱镜的常用指标

1. 以投资者为中心的测量指标

（1）投资者满意：股东回报总额；每股收益、企业利润率、实际业绩与预测业绩之比、价值附加值、销售收入、运营成本、每股财产净价值、单位资产利润。

（2）投资者贡献：金融机构投资者所拥有的资产净值、金融机构投资者的投资水平、负债水平、流动能力、利息费用水平、红利水平、存货周转率、信用机构负债水平。

（3）相关战略：期望的销售收入和营业利润增长、市场占有率增长、产品收益率、研发费用、资本支出水平、员工生产率、资本占用、资本成本。

（4）相关流程：新产品或服务的销售额、新市场或新部门的销售额、内部财务管理方案及预算的流程、流程改进计划、股票价格对公司公告的反应、投资者关系成本。

（5）相关能力：在开发线上的产品数量和潜在的销售量、品牌评估、多样化管理、盈亏平衡点、在设计的调整方案或重建方案项目。

2. 以顾客为中心的测量指标

(1) 顾客满意：顾客满意度、顾客感知洞察预测、顾客投诉水平、产品保证权利水平、次品返还水平、顾客获得的节约水平。

(2) 顾客贡献：顾客忠诚；顾客终身价值；重复购买价值；失去的业务价值；现有顾客增加的业务价值；愿意提出的建议水平；顾客改进建议水平；预测需求的准确性；信用风险水平。

(3) 相关的战略：顾客的数量；新产品销售趋势；现有产品销售趋势；新业务趋势水平；市场占有率；顾客利益率。

(4) 相关的流程：准时交付承诺绩效、订单周期、存货脱销水平、装运/配送/安装/账单错误水平、质量低下所付的成本、广告/促销反应程度、新产品/新服务的投资水平。

(5) 相关的能力：需求与能力对比水平、顾客细分和概况、品牌意识、竞争性的销售价格基准、每个销售渠道的收入、吸引新顾客与保留现有顾客的成本。

3. 以雇员为中心的测量指标

(1) 雇员满意：雇员满意度、雇员流动趋势、离职原因描述、雇员的不平等待遇程度、培训质量。

(2) 雇员贡献：每个雇员的销售额或附加值、雇员生产率、服务的平均时间、旷工率、对培训课程的反馈、雇员自我发展的主动性、雇员向公司提议的主动性。

(3) 相关的战略：职员总数与计划数之比、招聘人数与计划之比、技术总量与计划之比、经理与工人的人数比、高层雇员离职比例、工资奖金水平、与雇员相关的花费、雇员冗余和相关费用。

(4) 相关的流程：雇员对公司战略和政策的知晓程度、招聘周期、应聘人员与接受人员的比例、培训的有效性、提供的人力资源服务的水平、每个雇员的人力资源标准。

(5) 相关的能力：每个雇员的总成本、新职员素质与设定标准相比、员工每年的受训时间、工资和津贴水平、人力资源政策、违反公司道德规范的程度、安全事件次数、事故性停工时间。

4. 以供应商和合伙人为中心的测量指标

(1) 供应商/合伙人满意：每个供应商的平均花费趋势、保留供应商的平均时间、通过单一货源购买的价值比例、要求的预测精确水平、过期支付供应商报酬的次数、供应商账单的出错次数。

(2) 供应商/合伙人贡献：合伙人对收入和成本节约的贡献、对供应商不满的程度、产品质量不符合要求的程度、送货迟到次数、售后出现问题的次数、由于供应商失误顾客要求担保的次数、供应商提出的改进建议的贡献程度、供应商贡献的经济价值。

(3) 相关的战略：制定购买战略、建立企业合资目标、与计划相比总的购买费用、外部采购的现金流比例。

(4)相关的流程:供应商数量、对授权的供应商支持的比例、已完成的供应商审查、供应商发票的处理数量、合伙人发生争论的次数、合伙人通过决议的次数。

(5)相关的能力:折扣率、供应链中的存货水平、供应商的财务稳定性、网络交易的比例。

(三)绩效三棱镜模型的优点和缺点

1.绩效三棱镜模型的优点

(1)引入了系统思想。即使是平衡计分卡,其单向式的因果关系也存在着严重缺陷,不能解决现实经济活动中大量存在的"动态性复杂"问题。绩效三棱镜的五个透视层面之间的逻辑关系则更加明确,其设计是一环扣一环的,从而使其在逻辑上构成了一个"因果闭环"。"因果闭环"的存在不仅使企业明确各种结果与其驱动因素的逻辑关系,而且还能使企业看清每一方面的行动对闭环上前后各方面行为或结果的影响,从而拓宽了企业决策的视野。"因果闭环"能有效地解决单向因果链不能反映"动态性复杂"的难题。

(2)重新认识了企业绩效评价的起点是利益相关者的满意。关于绩效计量的一个普遍性认识是:绩效计量是从战略衍生、推导出来的,即以战略为起点。然而,在当前的经济环境下,能对企业产生影响的利益相关者越来越多,影响也越来越大,战略必须适应利益相关者需求的变化而变化。因此,绩效三凌境模型将利益相关者及其期望作为绩效计量的起点,强调为利益相关者创造价值。

(3)突出战略的地位。在平衡计分卡中,战略是"隐藏在幕后的",通过一系列存在因果关系的指标表现出来。这种设计的缺点是使得战略呈现静态特征而难以对其进行检验、确认和修订。为纠正平衡计分卡的这个缺陷,绩效三棱镜将战略作为评价对象中的一项重要构件,使其能够根据利益相关者需求的变化而变化,从而便于企业战略的沟通与执行,还有助于将战略与流程、能力进行匹配,并监测当前战略建立的前提条件以便及时进行战略调整。

(4)考虑了利益相关者在企业中的双向作用。利益相关者的价值取向认为,公司与其利益相关者之间存在一种互动的关系。一方面,利益相关者从公司得到了满足其需求的产品或服务;另一方面,利益相关者也对公司做出了贡献。利益相关方对公司的贡献大小直接影响企业战略的实施及企业最终目标的实现,因此测量这方面的指标非常有必要。相比之下,平衡计分卡只注重从员工、顾客、投资者的满意度这一侧面进行绩效评价,虽然它考核了员工的贡献,却忽视了员工的满意度;评价了股东、顾客的满意度,却未反映其对企业的贡献。利益相关者的满意与贡献实际上是企业生存与发展的两个重要方面,缺少对其中任何一方的测评对企业都是不利的。因此,在绩效三棱镜模型中,提出了不仅考虑利益相关者的满意,而且测量利益相关者对企业的贡献的思想。这一模型更能体现利益相关者在企业绩效的能动地位,有助于实现企业及其利益相关者双方的共存与双赢,从而更好地适应未来更加动荡的市场竞争环境。

2. 绩效三棱镜模型的缺点

虽然从理论上讲,基于绩效三棱镜模型的绩效管理是近乎完美的,但在实际操作中仍然存在一些难以完全克服的问题:非财务指标难以计量且精确度不够;财务指标与非财务指标利益相关者的满意度之间的权衡和搭配存在困难;由于现有的管理者补偿大多依据财务绩效制定,这可能削弱非财务绩效与管理者补偿之间的应有联系;若绩效模型中利益相关者的贡献衍生过多的指标,则可能分散管理者的注意力,甚至令其无所适从;过分强调根据实际与战略标准的对比进行调整,易陷入一种自我封闭的循环中,不利于产生新的改进机制。

此外,绩效三棱镜评价体系仍然以企业的经济绩效和经济发展战略作为绩效评价的主要内容,非经济性指标的设计忽视了对人类后代和非人类群体的利益考量,对环境、社会责任关注度不足。这种评价体系没有从综合的、动态的、全面的角度来考虑,因此不能全面地反映可持续发展战略的思想,也不能全面地反映企业在经济、社会等方面价值创造的持续性。

第三节　本章课程思政案例及延伸阅读

为扩展本章内容的理解,本章课程思政案例侧重于平衡计分卡的实际应用,旨在帮助学生深入地理解企业战略方向以及如何有效落实执行这些战略。同时,结合实务对绩效评价的模型进行进一步延伸和探讨。

一、本章课程思政案例

(一)案例主题与思政意义

【案例主题】

从万科公司应用平衡计分卡的案例[①]中,我们可以了解平衡计分卡的具体形式和指标体系。该案例展示了如何通过客户、财务、内部流程、学习与成长四个层面,均衡

---

① 杨超超.论万科公司平衡计分卡的应用[J].现代商贸工业,2011(17):35—36.

全面地考虑问题,从而有效地提高公司的总体实力,实现整体战略目标。

本案例还将平衡计分卡和"八八战略"进行类比,进一步强调全面协调可持续发展的重要性。在案例中,始终贯穿马克思主义"一切从实际出发"的理念,详细分析了万科如何立足实际,不断调整完善平衡计分卡的应用,以适用市场变化和公司发展的需要。

【思政意义】

平衡计分卡从四个维度对企业的绩效进行了衡量与评价,避免了以往只从单一财务指标进行考核的局限性。这种考核方式兼顾了四个方面的平衡:财务指标与非财务指标的平衡,长期目标与短期目标的平衡,内部人员与外部人员的平衡,领先性指标与滞后性指标的平衡。这使得企业的决策更具前瞻性,更容易实现企业的愿景与战略。这就好比"八八战略"所提倡的"发挥八个方面的优势、推进八个方面的举措",各个方面构成一个有机整体,相互联系、相互促进、相辅相成。希望学生由此学会历史地、全面地、辩证地思考问题,立足长远谋发展,深入挖掘优势,尽快让劣势转化为优势,把先发优势变成可持续的优势。

（二）案例描述与分析

【案例描述】

万科股份有限公司于1984年成立,1988年进入房地产行业。经过三十多年的发展,万科已成为国内领先的房地产公司,在制度和流程管理上也相对成熟与完善。

万科公司是成功运用平衡计分卡的典范。早在1999年,万科公司为实现人力资源的战略牵引力,在高层的支持下,执行副总裁解冻组织人力、财力,试推行平衡计分卡。2000年,正式实践平衡计分卡。2002年,平衡计分卡的应用初具规模。2003年,平衡计分卡已在万科扎根。时至今日,万科公司在应用平衡计分卡的过程中,用文字明确总结了公司的核心价值观,主要包括:①客户是万科永远的伙伴;②阳光透明的体制;③人才是万科的资本;④持续的增长与领跑。不难看出,这四点企业文化恰好分别与平衡计分卡中的客户维度、内部运营维度、学习与成长维度相互照应,为平衡计分卡创造了良好的应用环境。

【案例分析】

1. 万科的战略地图

实施平衡计分卡的关键是制定战略地图。万科集团根据自身的战略目标,并结合企业的长短期发展需要,为四类具体的指标找到其最具意义的绩效衡量指标。在战略地图的设计过程中,万科自上而下,从内到外进行交流,征询各方意见,吸收各层次建议,经过沟通与协调,完成了所设计指标体系的平衡,从而全面反映和代表企业的战略目标,以更好地完成绩效评价。

（1）财务层面。股东利益最大化是万科的财务目标。万科提出"住宅产业化",以缩短研发周期、降低研发成本及研发导致的其他成本、提升所研发产品的品质感。万科分别从利润战略和收入增长战略两方面对财务层面的总目标进行分拆,具体表现为提高资产利用率、降低成本,增加收入机会。

(2)客户层面。"客户是我们永远的伙伴"被列为万科价值观的首要原则,这是对客户层战略目标的总结性阐释。万科强调以客户为中心、客户至上的理念,并通过主张与绩效评价挂钩方式,把这种理念贯彻到每个员工的价值观中。

(3)内部流程层面。在关键流程的选择与定位上,万科提出"抓大放小"。在剖析价值链后,万科提出了"住房产业化"的概念,并为此制定了具体的实施计划。关于产品研发周期,万科内部有种说法叫"三五二"——三个月做定位与规划设计、五个月制订实施方案、两个月完成施工图。

(4)学习成长层面。在这一层面上,万科关注的主要是"核心竞争力"。这包括运作与管理系统、职业经理人、企业文化。经过多年的积累和完善,万科已经形成了一系列业务与管理规范与流程,这套系统已经成为万科核心竞争力的重要组成部分,对公司的健康、持续、高速发展起到了决定性作用。

万科战略地图如图8—4所示。

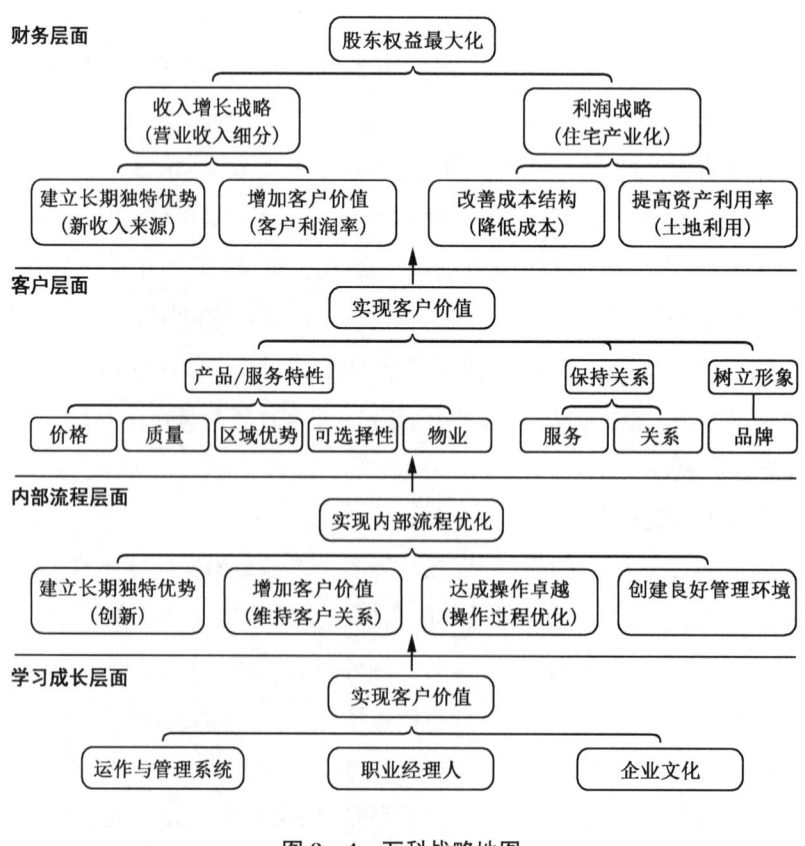

图8—4 万科战略地图

2. 平衡计分卡的具体内容

(1)财务层面。财务报表是公司经营结果的反映,但平衡计分卡的财务层面不止于此。万科通过净利润、集团资源回报率考核各一线公司的绩效,这只是其中一个方面;同时,各一线公司还需要证明,在达成上述财务指标之外,公司实现了价值的增值。这些价值的增值不以实际利润的形式存在,但能影响公司一段时期的收益。相关内容如表 8—4 所示。

表 8—4　　　　　　　　　　万科财务层面考核指标

考核目的	具体考核指标
实现项目预期利润	项目净利润
提高项目盈利能力	集团资源回报率、项目销售毛利率、项目销售额、销售均价
控制成本费用,优化成本结构	土地成本比重、单方建安成本、单方管理费用、单方销售费用
提高项目资金利用率,保证资金平衡和现金畅通	土地储备周转率、单位开发面积的资金成本、应收账款回收期、商品达到可销售状态时间、每年可销售商品房数量

(2)客户层面。客户是企业利润的根本来源,因此客户理应成为企业关注的焦点。平衡计分卡客户层面的核心是满足客户的需求,向客户提供所需的产品和服务,进而提高企业竞争力。"客户是我们永远的伙伴"是对万科平衡计分卡客户层面的总结性阐释。万科成立了万客会员俱乐部,以此增进同客户之间的关系,该俱乐部被誉为万科第五专业的客户关系中心。此外,万科公司每年定期举行万科社区业主运动会——"万运会",这一活动不仅体现了万科"全心全意全为您"的服务理念,而且提升了现有客户的满意度与忠诚度。相关内容如表 8—5 所示。

表 8—5　　　　　　　　　　万科客户层面考核指标

考核目的	具体考核指标
了解目标市场与客户	目标与区域市场占有率、产品结构合理性
提供客户满意的产品与服务	客户满意度、客户推荐购买率、客户忠诚度
提升企业形象,增加产品附加值	媒体宣传覆盖率、品牌认知度与影响力
创造良好外部关系	合作方满意度

(3)内部流程层面。确定经营优势及核心竞争力是内部流程层面的核心。房地产企业应当选出具有最大影响的业务程序(包括影响项目进度、质量、服务和开发效率的各种因素),创造自身的核心竞争力。企业应基于业务流程,在管理的各个环节设立具体的指标,形成测评体系。在这一方面,万科注重对产品、市场和客户的把握,不断地

进行创新设计,努力实现产品差异化战略,以此提升经济效益。相关内容如表 8-6 所示。

表 8-6　　　　　　　　　　　万科内部流程层面考核指标

考核目的	具体考核指标
提高项目设计水平	市场与产品的把握能力、出图时间、设计的创新
加强项目开发能力与业务拓展能力	业务区域拓展、土地储备率
明确合理的开发节奏与计划,有效降低风险	开工、开盘、入住时间、具备抵押贷款、提供融资抵押物、资金解决方案
缩短工程周期和提高工程质量,实现资源的整合	竣工时间、现场管理组织架构、工程合格率、企业资源共享度

(4) 学习与成长层面。保证企业的持续发展是学习与成长层面的核心内容。企业的成长与员工的能力素质提升和企业竞争力的增强紧密相关。从长远来看,企业唯有不断的学习与创新,才能实现长远的发展。万科的运作与管理系统、职业经理人和企业文化,共同构成了万科平衡计分卡中学习成长层面的核心内容。相关内容如表 8-7 所示。

表 8-7　　　　　　　　　　　万科学习与成长层面考核指标

考核目的	具体考核指标
提高人才储备管理	员工培训比率与周期、储备人才比率
优化人力资源配备	主要职位合格人数比率、主要岗位人才满足度
创造和谐的工作氛围,支持战略执行	员工满意度、员工岗位交叉培训度

万科应用平衡计分卡进行战略管理和绩效考核,从财务、客户、内部流程、学习与成长四个维度设计关键绩效指标,实现了企业管理的全面平衡。这种多维度考量的策略与浙江省"八八战略"提出的"发挥八个方面的优势、推进八个方面的举措"具有相似之处。

"八八战略"系统地谋划了体制机制、区位、特色产业、城乡协调发展、生态、山海资源、社会环境和人文优势的发展举措,形成了一个协同推进的战略布局。它不仅关注长期建设,也注重当前发展,既强调内部体制机制建设,又促进对外开放,实现了省域治理体系的全面提升。

万科通过平衡计分卡,也实现了企业管理的多维度、多角度的统筹考量,避免了过度依赖单一指标的片面性。这有利于企业从整体谋划发展战略,立足长远,综合考虑自身的比较优势与劣势,从而不断进行战略调整和优化,以更好地实现企业愿景。从这个角度来看,平衡计分卡是一种管理工具,它还提供了一种辩证思考问题、立足全局推进发展的方法。其运用对企业可持续发展具有显著的促进作用。

(三)案例讨论与升华

【案例讨论】

(1)根据上述万科公司平衡计分卡的指标体系,分析万科在理论框架的基础上,根据自身实际情况进行了哪些改进?

(2)结合案例说明,万科公司在设计指标体系时如何兼顾了四个方面的平衡?

(3)谈谈万科使用平衡计分卡对树立创新发展理念和践行企业社会责任有什么意义?

【案例升华】

平衡计分卡发源于国外,是国外学者长期研究实践的结果,其逻辑起点、评价体系和具体指标等主要基于国外的实际情况构建。因此,当我国企业应用这一模型时,要因地制宜,将科学的绩效考核模型与企业自身的实际情况结合起来,根据企业的特色设计绩效考核指标,并根据组织结构和服务流程进行动态调整,以最大限度地适应企业工作和考核的需要。习近平总书记在"八八战略"中强调,一切发展必须从实际出发,指出"只有干在实处,才能走在前列""抓而不紧,等于不抓;抓而不实,等于白抓"。在追求发展过程中,我们应该立足长远,全面协调地推进经济社会各个领域的可持续发展,要善于从历史、全面、辩证的角度思考问题,把握优势、努力补齐短板。因此,我们要更加自觉地增强道路自信、理论自信、制度自信、文化自信,既不走封闭僵化的老路,也不走改旗易帜的邪路,而是保持政治定力,坚持实干兴邦,始终坚持和发展中国特色社会主义。

二、本章延伸阅读

延伸阅读1 浅谈国有企业绩效评价体系发展路径[①]

改革开放30多年来,国有企业改革始终是经济体制改革的中心环节。经过30多年国企改革实践,国有企业的体制机制已发生显著变化,实现了政企分开、政资分开、所有权与经营权分开;厘清了政府与国有企业的关系,使国有企业真正成为在市场竞争中能够自主管理、自我发展、自负盈亏的经济主体。但国有资产的所有者不直接干预企业的日常生产经营活动的情况下,他们必须对企业经营行为和经营成果作出客观、准确、公平的评价。对国有企业效绩进行评价,成为国有资产的所有者(出资人)监

---

① 张利.浅析国有企业绩效评价指标体系[J].企业研究,2011(12):43—44.

管的重要手段。因此,建立科学、规范的国企绩效评价体系,已成为我国国有企业持续健康发展的关键问题。

伴随30多年国企改革的历程,国有企业绩效评价大约经历了以下几个阶段:

(一)改革开放初期的绩效评价指标(1978—1992年)

改革开放初期,按照十一届三中全会提出的改革方向,在国有企业开始试点推行扩大企业经营自主权、利润递增包干和承包经营责任制。然而,这一时期,国企绩效评价指标仍然带有计划经济的烙印。1982年,国家经委、国家计委等六部委制定了"企业16项主要经济效益指数",包括总产值增长率、产品产量完成情况、产品质量稳定提高率、产品原材料燃料动力消耗降低率等。1991年,中央工作会议提出,经济工作的重点转向调整结构和提高经济效益,避免片面追求产值和速度而忽视经济效益的现象;同时,提出在工业企业的考核上要淡化产值指标,并强化效益指标考核。1992年,提出了6项考核工业企业经济效益的指标,包括产品销售率、资金利税率、成本费用利润率、全员劳动生产率、流动资金周转率、净资产率(后改为增加值率)。通过对这一时期国企绩效评价指标的分析可以看出,评价指标从单纯重视企业产值转化为更加注重企业经济效益,但评价指标的计划经济色彩依然存在。

(二)从《企业财务通则》颁布到《企业经济效益评价指标体系(试行)》出台阶段(1993—1998年)

国有企业改革的方向是建立"产权清晰、权责明确、政企分开、管理科学"的现代企业制度。建立现代企业制度要求现代企业财务会计制度与之相匹配。1993年7月,财政部颁布实施《企业财务通则》。该通则规定,企业绩效评价指标体系由8项指标组成,即资产负债率、流动比率、速动比率、应收账款周转率、存货周转率、资本金利润率、销售利税率和成本费用利润率。《企业财务通则》的颁布,标志着我国微观财务管理走向科学化,并且首次从企业偿债能力、营运能力、获利能力三个维度对企业进行全面评价。

此外,根据建立现代企业制度的要求,财政部在反复研究和广泛论证的基础上,于1995年制定并颁布了《企业经济效益评价指标体系(试行)》。这套指标体系包括销售利润率、总资产报酬率、资本收益率、资本保值增值率、资产负债率、流动比率(或速动比率)、应收账款周转率、存货周转率、社会贡献率、社会积累率共10项指标。1997年,国家统计局等部门对1992年颁布的工业经济效益评价体系进行了调整,将原来的6项指标调整为总资产贡献率、资本保值增值率、资产负债率、流动资产周转率、成本费用利润率、全员劳动生产率和产品销售率7项指标。这一时期,伴随现代企业制度的提出,国企绩效评价指标体系逐步走向科学化和规范化。

(三)从《国有资本金效绩评价规则》颁布到《企业效绩评价操作细则(修订)》出台(1999—2005年)

伴随着国企改革的进一步深化,推动国企绩效评价由单一指标考核方法向综合绩效评价考察过渡,成为国有资产的所有者(出资人)加强监管的必然选择。为适应市场经济条件下政府职能转变的要求,尽快建立我国科学规范的国有企业绩效评价体系,1999年,财政部会同国家经贸委、人事部和国家计委等有关部门联合颁布了《国有资本金效绩评价规则》及其操作细则,这标志着我国企业绩效评价指标首次实现体系化。《国有资本金效绩评价规则》通过8项基本指标、16项修正指标和8项评议指标,分3个层次,对企业的资本效益状况、资产经营状况、偿债能力状况和发展能力状况4项内容进行了评价,初步形成了财务指标与非财务指标相结合的效绩评价指标体系。2002年,财政部会同国家经贸委、中央企业工委、劳动保障部和国家计委等部门对企业绩效评价体系作了进一步修订,并重新颁布了《企业效绩评价操作细则(修订)》。这次修订使企业绩效评价指标体系日趋完善,指标数量也由原来的32项精简为28项。这一阶段国企改革的重点是:在帮助国有大中型企业脱困的同时,进行现代企业制度试点。逐步推行公司制、股份制改革,努力使国有或国有控股企业成为适应社会主义市场经济发展的市场主体和法人实体。相应地,国家有关部门对出台的国企绩效评价指标体系进行了修正,以更好地适应国企改革进程中出现的问题。

(四)从《中央企业综合绩效评价管理暂行办法》出台至今(2006年至今)

党的十六大明确提出:国家要制定法律法规,建立中央政府和地方政府分别代表国家履行出资人职责,享有所有者权益,权利、义务和责任相统一,管资产和管人、管事相结合的国有资产管理体制。为贯彻落实十六大精神,相继组建了中央、省、市(地)三级国有资产监管机构,相继出台了《企业国有资产监督管理暂行条例》等法规规章。国有资产管理体制创新进一步加强了对国有资产的监管。

为规范中央企业综合绩效评价工作,有效发挥综合绩效评价工作的评判、引导和诊断作用,推动企业提高经营管理水平,2006年,国务院国有资产监督管理委员会颁布了《中央企业综合绩效评价管理暂行办法》及其实施细则,这标志着国有企业综合绩效评价进入了一个新的阶段。《中央企业综合绩效评价实施细则》明确指出,企业综合绩效评价应当充分体现市场经济原则和资本运营特征,以投入产出分析为核心,运用定量分析与定性分析相结合、横向对比与纵向对比互为补充的方法,综合评价企业的经营绩效和努力程度,促进企业提高市场竞争能力。同时,《中央企业综合绩效评价实施细则》明确规定,企业综合绩效指标由22个财务绩效定量评价指标和8个管理绩效定性评价指标组成。其中,财务绩效定量评价指标涉及企业盈利能力、资产质量、债务风险和经营增长4个方面,用于综合评价企业财务会计报表所反映的经营绩效状况。企业管理绩效定性评价指标包括战略管理、发展创新、经营决策、风险控制、基础管理、人力资源、行业影响、社会贡献,主要反映企业在一定经营期间所采取的各项管理措施及其管理成效。这一阶段,在国有资产管理体制创新的背景下,《中央企业综合绩效评价管理暂行办法》及其实施细则以企业财务决算报表为基础,根据出资人监管重点,设置相应的财务指标,运用客观的评价标准进行对比分析,综合反映了企业财务状况和经营成果。

然而,随着社会经济的发展和企业绩效评价理论和方法的不断变革,《中央企业综合绩效评价管理暂行办法》规定的国有企业绩效评价体系也逐渐显现出一些不足:一是在现行绩效指标中,反映国有企业社会贡献和责任的指标所占比重小,忽视了社会绩效与环境绩效对企业可持续发展能力的影响;二是没有考虑企业收益质量的影响,财务指标过重;三是大多数财务指标设置构成以杜邦财务系统为基础,不能充分反映企业资本运营的效率和价值创造;四是企业技术投入与科技创新的考核不足;五是EVA理论在中国实施有难度;六是评价结果对企业确定未来经营活动、提高绩效的作用有限,得分不能充分反映形成这种结果的原因以及改进方向。

延伸阅读2　企业盈利质量的四维评价模型及应用[①]

财务绩效评价模式经历了从最初的成本模式,逐渐演变成财务模式,再到现在的平衡模式的演变过程。在绩效评价指标不断演进的过程中,除了财务指标之外,我们开始考虑更多影响绩效的因素,例如资本成本、利益相关者、社会责任等。但是,企业财务报表作为相关利益者获取企业经营情况最直接的方式,我们一直在探索如何从财务数据中更准确地评价企业绩效。

比如,企业的盈利能力作为企业长久发展的基础,一直备受相关利益者的关注。盈利质量的好坏直接影响着盈利模式的优劣。然而,传统财务报告在其职能方面存在一定的局限性,在披露企业经营成果时,往往侧重于对企业盈利数量的分析,而披露的结果在一定程度上很难满足企业决策者进行多维度、多方面科学决策的需要。基于此,运用企业盈利质量的四维评价模型,就可以高效地利用企业财务会计报告的相关数据,为企业进行价值管理提供重要的方法。

企业盈利质量的四维评价模型以现行的利润表为基础,结合企业经营情况,将收现性分析、结构性分析、持续性分析和稳定性分析纳入企业盈利质量评价体系(见图8—5)。

下面以唯品会为例,从收现性、结构性、持续性和稳定性进行质量分析的四维评价

---

① 张雯.唯品会盈利模式分析[J].市场研究,2019(4):62—63.

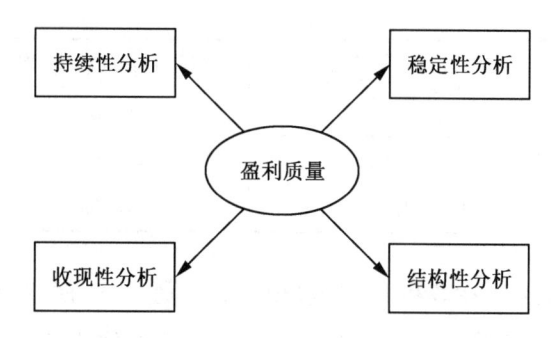

图 8-5　企业盈利质量的四维评价模型

模型展现了其有效性。

(一) 唯品会盈利质量的收现性分析

企业盈利的收现性用于衡量以权责发生制为基础计量的净利润能够为企业带来多少实际现金流量。该指标反映了企业资金链的状况，是分析企业盈利质量时需要首先考虑的因素。在传统的盈利分析中，企业创造盈利的数量与其收现性是相割裂的，企业账面利润往往不能真实反映企业现金流量，甚至一些企业利用这种差异来粉饰利润。因此，为了反映利润创造现金流量的能力，需要将利润与现金流量进行对应性比较。

唯品会与阿里巴巴盈利质量收现性对比如表 8-8 所示，通过对比可以看出两者盈利收现性的计算结果。由表 8-8 可知，2015—2017 年，唯品会的营业利润经营现金比率和总资产现金回收率低于阿里巴巴，但应收账款周转率高于阿里巴巴。综合这三个指标，总体而言，阿里巴巴盈利质量的收现性优于唯品会。出现这种现象的原因主要在于两家电子商务企业所实施的企业盈利模式不同。相较于阿里巴巴的盈利模式，唯品会采取"名品＋低价＋闪购"的盈利模式，这种模式无法充分满足所有层级的消费者需求，这影响了市场需求的稳定性和需求的质量。市场总是时刻变化的，唯品会只有在不断的变化中进行创新，快速响应顾客不断变化的需求，才能实现高效的收现性。

表 8-8　　　　　　　唯品会与阿里巴巴盈利质量收现性对比表

企　业	年　份	营业利润经营现金比率	应收账款周转率(次)	总资产现金回收率
唯品会	2015	0.92	200.63	9.56%
	2016	1.05	41.17	11.28%
	2017	0.36	19.94	2.58%

续表

企　　业	年　份	营业利润经营现金比率	应收账款周转率(次)	总资产现金回收率
阿里巴巴	2015	2.16	88.88	14.19%
	2016	1.81	56.56	14.17%
	2017	1.85	42.88	15.60%

综上所述,唯品会在盈利质量的收现性方面稍逊于阿里巴巴,但两者的差距不断缩小。唯品会应在借鉴阿里巴巴经验的基础上,不断优化盈利模式,在保持稳定的同时,不断提升企业盈利质量的收现性。

(二)唯品会盈利质量的结构性分析

盈利的结构性反映的是企业各项生产经营活动和其他活动所创造的收益在净利润总额中所占的比重。通过对这一指标的分析,我们能够清楚地了解企业在过去一段时间内的生产经营、投资理财和其他活动对企业财富增长的贡献,特别是企业的利润来源。同时,盈利的结构性还能间接地反映企业的经营方向和盈利模式。结构分析有助于管理层在生产经营中不断调整资源配置,选择能够为企业带来最大收益的项目,从而提高资源的利用效率和效益。

唯品会与阿里巴巴盈利质量结构性对比如表8—9所示。由表8—9可知,唯品会的主营业务利润比重对盈利结构性的影响程度要高于毛利率的影响。阿里巴巴则正好相反,其毛利率对盈利质量结构性的影响程度则高于主营业务利润比重。唯品会的主营业务利润所占比重比较稳定,这说明唯品会的主营业务对总体盈利水平的贡献非常大。这与唯品会实施以客户为准的盈利模式密切相关,该模式在一定程度上提高了客户的满意度,增强了市场认可度。

表8—9　　　　　　　　唯品会与阿里巴巴盈利质量结构性对比

企　　业	年　份	毛利率	主营业务利润比重
唯品会	2015	23.17%	5.03
	2016	22.30%	5.24
	2017	22.35%	6.47
阿里巴巴	2015	65.94%	0.72
	2016	61.71%	1.86
	2017	57.23%	1.65

(三)唯品会盈利质量的持续性分析

企业盈利的持续性分析测量的是企业创造的盈利是否持续增长。唯品会与阿里巴巴盈利质量持续性对比如表 8—10 所示。由表 8—10 可知,唯品会的主营业务利润增长率和经营现金增长率明显优于阿里巴巴。这说明,唯品会在盈利质量的持续性方面强于阿里巴巴。唯品会在适应市场需求变化方面优于阿里巴巴,其对市场波动的反应速度快于阿里巴巴,这得益于唯品会的盈利模式。该模式可以确保其盈利质量持续性保持稳定状态。

综上所述,唯品会盈利质量的持续性水平表现良好,应该继续保持稳定增长的趋势,并不断优化企业盈利质量的持续性水平。

表 8—10　　　　　　　　　唯品会与阿里巴巴盈利质量持续性对比表

企　业	年　份	主营业务利润增长率	经营现金增长率
唯品会	2015	0.72	2.79
	2016	0.37	0.48
	2017	0.20	−0.65
阿里巴巴	2015	0.27	0.46
	2016	0.45	0.34
	2017	0.50	0.60

(四)唯品会盈利质量的稳定性分析

企业盈利的稳定性主要是通过资产报酬率、销售净利率、净资产收益率、经济增加值、主营业务结构率与毛利率的波动状况来反映。一般来说,这些指标的波动越频繁、幅度越大,说明企业盈利越不稳定,风险就越大。

表 8—11　　　　　　　　　唯品会与阿里巴巴盈利质量稳定性对比表

企　业	主营业务利润比重变异系数	毛利率变异系数
唯品会	0.1	0.02
阿里巴巴	1.18	0.04

由表 8—11 可知,唯品会的主营业务利润比重变异系数和毛利率变异系数均低于阿里巴巴,这说明其盈利质量的稳定性高于阿里巴巴。唯品会可以在其"名品+低价+闪购"的盈利模式下,充分利用产品的多样性,将企业的不良影响降至最低。此外,唯品会实行的低成本战略,在保证消费者基本需求的基础上,使其保持盈利质量的稳定性。

总体上看,唯品会在盈利质量的收现性、结构性、持续性和稳定性四个方面都要优于阿里巴巴。因此,唯品会的盈利模式在一定程度上要优于阿里巴巴。

延伸阅读3　绩效三棱镜在 SZGD 公司的应用案例[①]

SZGD 公司作为我国半导体二极管行业的领军企业，其主要业务是为国际领先的半导体企业提供 OEM/ODM 产品，是专业的半导体二极管（不包括光电二极管）生产厂商。在企业核心价值观和公司家训的共同引领下，SZGD 公司努力构建幸福企业，并且逐渐形成了中国特色的管理模式——"家文化"。在这种管理模式下，SZGD 公司不仅获得了企业经营的显著成就，而且也积极承担社会责任，实现了企业与社会的共赢。

（一）SZGD 公司利益相关者的界定和分析

绩效三棱镜理论认为，确定利益相关者并掌握他们的需求是绩效评价的起点。在根据 SZGD 公司社会责任报告和利益相关者文献的初筛后，识别出与公司存在利益关系的 16 种利益相关者。随后，经过专家的评估与判断，最终确定了 SZGD 公司最主要的利益相关者是：股东和债权人、顾客、员工、供应商、政府和社区。然后，我们分析每一个利益相关者的满意、贡献、战略、流程和能力，如表 8-12 所示：

表 8-12　　　　　　　SZGD 公司利益相关者分析矩阵

	股东和债权人	顾　客	员　工	供应商	政府和社区
利益相关者满意	利润、分红、数据和忠诚	优质、快速、适当、便宜、便利	发展、环境、技能和报酬	信用、需求增长、回款	合法、公平、忠诚、工作、财富和负责
利益相关者贡献	资金支持、风险控制	利润、意见、信任、持续消费	员工创造、员工认知、生产率、质量、资源节约	迅速、准确、便捷、实惠	规则、支持、形象和口碑
战略	发展战略、合并和收购、成本缩减、最优资金成本、资金总额、最优资本配置	提供新产品和服务、吸引潜在的新顾客、保留现有的优质顾客、增加目标市场份额	提高工作灵活性、吸引优秀人员、保留现有的重要人员、促进文化建设	最优化采购成本、确定联盟或者合资企业合作经营、完成目标成果	对规则的遵守和对责任的关注
流程	开发产品和服务、创造需求、满足需求、设计和管理企业	开发产品和服务、建立市场联盟、创造需求、满足需求	管理人力资源	确定供应商、监督质量和服务发送、追踪总的买进成本、分享计划、约定合资规则	测试进展和成绩发展与实施措施、管理服从程序、为未来规定做准备、建立社区关系、对当地基础设施和资源的享用计划

---

① 温素彬，刘莎. 基于利益相关者价值取向的企业绩效评价模型——绩效棱镜在 SZGD 公司的应用案例[J]. 财务研究 2017(2):46—58.

续表

	股东和债权人	顾客	员工	供应商	政府和社区
能力	研发新产品、市场细分和定位、投资者的沟通、行政领导能力、品牌和产品管理、核心能力投资、财务管理	研发新产品、新产品的商品化、顾客关系管理、定价管理、销售效率、售后服务、持续改进质量	技能培训、有效的招聘、企业文化、公平	对供应商的审核和授权、需求计划管理、采购流程管理、存货管理、折扣水平、应付账款管理	执行政策法规的能力、捐助、服务社区、倡导责任文化

（二）SZGD 公司绩效棱镜评价指标体系的设计

基于客观性、系统性、可操作、动态性的原则，将 SZGD 公司绩效评价指标体系设计成三个层级：第一个层级为准则层，由五类主要利益相关者构成；第二个层级为子准则层，由不同利益相关者的满意、贡献、战略、流程和能力构成；第三个层级为指标层，由各利益相关者满意、贡献、战略、流程和能力的指标构成。相关内容如表 8—13 所示。

表 8—13　　　　　　　　　SZGD 公司利益相关者分析矩阵

	股东和债权人	顾客	员工	供应商	政府和社区
利益相关者满意	总资产利润率、销售利润率、现金流量比率	市场占有率、顾客满意度、顾客投诉率	员工收入水平、员工收入增长率、员工满意度评分	供应商保留时间、超期支付次数、账单的出错次数	社会贡献率、资源节约效率、对社区的贡献
利益相关者贡献	自有资本比率、举债经营比率、资产总额	顾客稳定性、顾客回头率、顾客建议水平	员工合理化建议、员工士气水平、员工平均月销售额	供应商产品质量、送货的准时性、购后出现问题次数	市场法规健全度、当地政府支持度、社区公众拥护度
战略	市场开发支出率、主营收入增长率	新顾客获得率、市场开拓性、销售稳定性	员工培训支出率、员工人均受训时间、员工的战略认知度	供应商关系质量、供应商地域的广阔性、供应商社会责任状况	资产纳税率、政策法规认识度
流程	新市场占领比重、财务管理制度、债务合同履约率	业务处理水平、准时交货水平、市场敏感性	培训的有效性、高级员工的稳定性	供应商合同履约率、供应商的稳定性、对供应渠道的开拓力	就业贡献率、对违规的处理、罚款与销售比
能力	企业品牌评分、管理水平评分、总资产周转率	售后服务水平、品牌意识、市场管理水平	员工劳动生产率、员工的道德水准、人资部门绩效水平	供应链管理水平、折扣率、供应链中的存货水平	公益性捐助率、守法和公众意识

股东绩效评价体系中，股东贡献和股东满意的指标来源于财务部的财务报表信息；基于实现股东满意的战略指标来源于发展部的市场开发记录和财务部的会计明细记录；基于实现股东满意的流程指标来源于发展部的市场开发记录、财务部的会计明细记录和

定性问题调查;基于实现股东满意的能力指标来源于总经理办公室的定性问题调查。

顾客绩效评价体系中,顾客满意的指标来源于发展部的销售记录、营运部的定性问题调查和顾客服务记录;顾客贡献的指标来源于营运部的销售记录和总经理办公室的建议记录;基于实现顾客满意的战略指标来源于发展部的定性问题调查;基于实现顾客满意的流程指标来源于营运部的定性问题调查、配送部的交货记录和发展部的定性问题调查;基于实现顾客满意的能力指标来源于总经理办公室和营运部的定性问题调查。

员工绩效评价体系中,员工满意的指标来源于人力资源部的定性问题调查和员工工资发放记录;员工贡献的指标来源于人力资源部的定性问题调查和建议记录;基于实现员工满意的战略指标来源于人力资源部的定性问题调查和员工培训记录;基于实现员工满意的流程指标来源于人力资源部的定性问题调查和员工解聘记录;基于实现员工满意的能力指标来源于总经理办公室与人力资源部的定性问题调查和员工考评记录。

供应商绩效评价体系中,供应商满意的指标来源于业务部的会计明细记录和采购记录;供应商贡献的指标来源于业务部的采购记录和定性问题调查;基于实现供应商满意的战略指标来源于业务部的定性问题调查和采购记录;基于实现供应商满意的流程指标来源于业务部的定性问题调查和采购记录;基于实现供应商满意的能力指标来源于营运部的定性问题调查和业务部的采购记录。

政府和社区绩效评价体系中,政府及社区满意的指标来源于财务部的会计明细记录和总经理办公室的定性问题调查;政府及社区贡献的指标来源于总经理办公室的定性问题调查;基于实现政府及社区满意的战略指标来源于财务部的会计明细记录和总经理办公室的定性问题调查;基于实现政府及社区满意的流程指标来源于财务部的会计明细记录和总经理办公室的定性问题调查;基于实现政府及社区满意的能力指标来源于财务部的会计明细记录和总经理办公室的定性问题调查。

(三)评价结果分析

由于各项指标的量纲不同,我们采用功效系数法对原始指标值进行无量纲化处理,经处理的指标取值分布在1~5。各项指标得分和评价结果如表8—14所示。

表8—14　　　　　　　　　SZGD公司综合绩效得分

	股东和债权人	顾客	员工	供应商	政府和社区	均值
利益相关者满意	3.488	2.946	4.337	3.322	3.563	3.531
利益相关者贡献	4.522	3.219	4.102	4.153	4.433	4.086
战略	1.825	3.865	4.340	3.933	4.221	3.637
流程	3.044	4.485	4.023	3.696	3.380	3.726
能力	3.432	4.445	4.213	4.175	4.089	4.071

续表

	股东和债权人	顾客	员工	供应商	政府和社区	均值
总评	3.262	3.792	4.203	3.856	3.937	3.810

从股东和债权人的绩效的角度来看,股东和债权人满意的绩效是3.488;股东和债权人贡献的绩效是4.522;基于实现股东和债权人满意的战略的绩效是1.825;基于实现股东和债权人满意的流程的绩效是3.044;基于实现股东和债权人的能力的绩效是3.432。SZGD公司利用自身能力,通过制定公司战略,实施流程,较好地实现了股东和债权人较高的满意度。在股东和债权人对公司贡献的绩效方面表现较好,但是,在股东和债权人的战略引导方面仍有待提高和改进。

从顾客的绩效的角度来看,顾客满意的绩效是2.946;顾客贡献的绩效是3.219;基于实现顾客满意的战略的绩效是3.865;基于实现顾客满意的流程的绩效是4.485;基于实现顾客满意的能力的绩效是4.445。SZGD公司在顾客绩效方面的各项绩效指标相差不大。总的来说,表现比较好。

从员工的绩效的角度来看,员工满意的绩效是4.337;员工贡献的绩效是4.102;基于实现员工满意的战略的绩效是4.340;基于实现员工满意的流程的绩效是4.023;基于实现员工满意的能力的绩效是4.213。从以上数据可以看出,SZGD公司员工绩效的五个方面均表现很好,这和公司长期建设"家文化"有密切的关系。该企业认为,企业的价值在于员工的幸福和客户的满意。建设幸福企业是该公司的愿景,其内容包括人文关怀、人文教育、绿色环保、健康促进、慈善公益、职工拓展和人文记录。企业领导要充分考虑企业员工需要什么,考虑如何才能让员工幸福,这要求公司关心员工在前、爱护员工在前,使员工有温暖的家的感觉,并倡导员工减少攀比,控制欲望,增加感恩之心。

从供应商的绩效的角度来看,供应商满意的绩效是3.322;供应商贡献的绩效是4.153;基于实现供应商满意的战略的绩效是3.933;基于实现供应商满意的流程的绩效是3.696;基于实现供应商满意的能力的绩效是4.175。综合来看,公司在供应商绩效方面也表现较好,各方面相对均衡。

从政府和社区的绩效的角度来看,政府和社区满意的绩效是3.563;政府和社区贡献的绩效是4.433;基于实现政府和社区满意的战略的绩效是4.221;基于实现政府和社区满意的流程的绩效是3.380;基于实现政府和社区满意的能力的绩效是4.089。GZGD公司中政府和社区的绩效也表现较好。这与公司长期实施社会责任战略密切相关。SZGD公司一直比较注重政府和社区对公司的需求和影响,积极地履行社会责任。

通过理论分析和实践应用,绩效棱镜评价体系能够全面地分析利益相关者的需求和贡献,并且与战略、流程、能力结合紧密,能够对企业绩效进行全面的评价,并有效地引导企业满足利益相关者需求,进而获得利益相关者支持,实现可持续发展。

复习思考题与练习题

一、复习思考题

1. 经济增加值和剩余收益有何不同?
2. 考核评价指标从传统财务指标到经济增加值的发展说明了什么?
3. 平衡计分卡的实施步骤有哪些?在实施过程中应注意哪些问题?
4. 如何看待绩效评价要兼顾财务指标和非财务指标?

二、练习题

1. 甲公司是一家国有控股上市公司,采用经济增加值作为业绩评价指标。目前,控股股东正对甲公司2021年度的经营业绩进行评价,相关资料如下:

(1)甲公司2020年末和2021年末资产负债表如表8—15所示:

表8—15　　　　甲公司2020年末和2021年末资产负债表　　　　单位:万元

项目	2021年末	2020年末	项目	2021年末	2020年末
货币资金	405	420	应付账款	1 350	1 165
应收票据	100	95	应付职工薪酬	35	30
应收账款	2 050	2 040	应交税费	100	140
其他应收款	330	325	其他应付款	140	95
存货	2 300	2 550	长期借款	2 500	2 500
固定资产	4 600	4 250	优先股	1 200	1 200
在建工程	2 240	1 350	普通股	5 000	5 000
			留存收益	1 700	900
合　计	12 025	11 030	合　计	12 025	11 030

(2)甲公司2021年度利润相关资料如表8—16所示:

表8-16　　　　　　　　　　甲公司2021年度利润表　　　　　　　　单位:万元

项　目	2021年度
管理费用	1 950
其中:研究与开发费	360
财务费用	220
其中:利息支出	200
营业外收入	400
净利润	1 155

(3)甲公司2021年的营业外收入均为非经常性收益。

(4)甲公司长期借款还有3年到期,年利率8%,优先股12万股,每股面额100元,票面股息率10%,普通股β系数1.2。

(5)无风险报酬率3%,市场组合的必要报酬率13%,公司所得税税率25%。

要求:

(1)以账面价值平均值为权数,计算甲公司的加权平均资本成本。

(2)计算2021年甲公司调整后税后净营业利润、调整后资本和经济增加值[注:除平均资本成本率按要求(1)计算的加权平均资本成本外,其余按国务院国有资产监督管理委员会的相关规定计算]。

(3)简述经济增加值作为业绩评价指标的优点和缺点。

2.鸿泰科技一直采用财务指标进行业绩考核,主要指标包括净利润、营业收入、资产负债率、现金流量、投资回报率以及经济增加值。鸿泰科技发现,该业绩考核模式无法满足网络游戏产业战略发展的需求,主要面临的挑战如下:

(1)游戏用户兴趣热点切换越来越快,如果不能及时满足用户的兴趣,用户容易流失。

(2)考虑到在平台累计的等级、已充值金额等,游戏用户更倾向于使用常用的游戏运营平台,因此游戏运营平台中的用户越多,在竞争中越有优势。

(3)随着产业技术的不断升级和创新,公司游戏研发部门需要对开发技术和表现形式等进行及时革新。

为了应对上述挑战,鸿泰科技拟采用平衡计分卡进行业绩考核,并由公司总经理赵丽牵头负责平衡计分卡指标体系的设计。由于赵丽不是这方面的专家,对平衡计分卡框架存在以下认识:

(1)平衡计分卡的四个考察维度应当彼此独立、单独设计和考核,以实现各自的目标。

（2）平衡计分卡就是要制定具体的业绩衡量指标。

（3）平衡计分卡是一个有效的战略执行系统，它使得管理人员能够把长期行为与短期行为联系在一起。

（4）平衡计分卡最终与客户满意度联系起来，因为是否被客户接受是公司发展的重要导向。

为了更加合理地设计平衡计分卡，鸿泰科技聘请咨询专家张勇为平衡计分卡的指标设计工作提供咨询服务。

要求：根据资料，逐项判断赵丽的认识是否恰当，如果存在不当之处，简要说明理由。结合平衡计分卡的四个维度，假如你是张勇，应建议增设哪些指标。

第九章　大数据与管理会计

▶ 本章概述

本章介绍了大数据的基本概念、特征、发展历程和主要应用场景,并结合管理会计学科的特点,列举了大数据在管理会计中的应用情境。通过建立大数据与管理会计的联系,本章从数据的搜集、存储和分析的角度,为学生提供对大数据在管理会计中应用的直观理解。

▶ 思政目标

通过学习本章内容,学生将对我国的"国家大数据战略"有更深入的了解,包括国家在大数据方面的政策、法律法规等。大数据是对客观存在的反映,通过大数据分析了解事物发展的规律,其分析过程充分体现了马克思主义哲学中"一切从实际出发,实事求是"的思想,也为"理论联系实际"的学习方法提供了实践基础。

▶ 育人元素

通过本章的学习,激励学生的爱国情怀,培养他们树立报国的鉴定信念。同时,强化实事求是的思维方式,以及理论联系实际的能力。

第一节　大数据的基本理论

一、大数据的概念

随着社会信息化、数字化水平的提升,大数据成为生活中一个不可或缺的概念。

大数据的概念有广义和狭义之分。狭义的大数据指的是海量的数据集合，这些数据集合无法在一定时间内用常规软件工具进行抓取、管理和处理。广义的大数据不仅包含数据的集合，还包含大数据的应用技术，它能够对大量的数据展开研究、统计及处理，并随之建立起一套完善、高效的信息资产系统，以体现数据的核心价值。

大数据的主要特征包括容量大、类型多、存取速度快、应用价值高。

知识链接

2013年，微软纽约研究院的经济学家大卫·罗斯柴尔德利用大数据成功预测了24个奥斯卡奖项中的19个，因此成为人们津津乐道的话题。第二年，罗斯柴尔德再接再厉，成功预测了第86届奥斯卡金像奖颁奖典礼24个奖项中的21个，进一步证明了现代科技的神奇魔力。

（一）容量大

容量大是大数据的基本特征之一。随着信息技术的高速发展，数据开始呈现爆发性增长。一般而言，在大数据的整合过程中，TB是最小的存储单位，更大的存储单位有PB、EB等。

知识链接

计算机中存储数据最小的基本单位是bit，按从小到大的顺序依次是：bit、Byte、KB、MB、GB、TB、PB、EB、ZB、YB、BB、NB、DB。

它们之间的进率是1 024（2的十次方），具体换算关系如下：

1 Byte = 8 bit

1 KB = 1 024 Bytes = 8 192 bit

1 MB = 1 024 KB = 1 048 576 Bytes

1 GB = 1 024 MB = 1 048 576 KB

1 TB = 1 024 GB = 1 048 576 MB

1 PB = 1 024 TB = 1 048 576 GB

1 EB = 1 024 PB = 1 048 576 TB

1 ZB = 1 024 EB = 1 048 576 PB

1 YB = 1 024 ZB = 1 048 576 EB

1 BB = 1 024 YB = 1 048 576 ZB

1 NB = 1 024 BB = 1 048 576 YB

1 DB = 1 024 NB = 1 048 576 BB

（二）类型多

在互联网时代，各种设备连成一个整体，个人既是信息的收集者也是信息的传播者。数据以各种各样的形式存在，包括结构化数据和非结构化数据。结构化数据也称作行数据，是由二维表结构逻辑表达和实现的数据，严格遵循数据格式与长度规范，主要通过关系型数据库进行存储和管理。与结构化数据相对的是不适于由数据库二维表来表现的非结构化数据，包括办公文档、XML、HTML、报表、图片、音频、视频等信息。结构化数据比非结构化数据更易于分析。

（三）存取速度快

对大数据的用户来说，数据的及时性是一个关键因素。目前，用户对于数据实时性的要求越来越高，比如智能导航仪需要实时提供最短路线，微博、微信等平台需要实时分享信息，因此，数据交换的关键是降低延迟，只有存取速度足够快，才能满足实时交互的需求。

（四）应用价值高

价值是指其对企业决策的有用性。虽然大数据的数据量庞大，价值密度低，但是，通过搜集数据、提取有价值的信息，可以获得洞察力，为决策提供信息，并为企业增加价值。

二、大数据的发展历程

回顾大数据的发展历程，大数据总体上可以划分为以下四个阶段：萌芽期、成长期、爆发期和大规模应用期。

（一）第一阶段：萌芽期（1980—2008年）

在这一阶段，大数据术语被提出，相关技术概念得到一定程度的传播，但没有取得实质性发展。与此同时，数据挖掘理论和数据库技术的逐步成熟，一批商业智能工具和知识管理技术开始被应用，如数据仓库、专家系统、知识管理系统等。1980年，未来学家托夫勒在其所著的《第三次浪潮》一书中，首次提出"大数据"一词，将其视为"第三次浪潮的华彩乐章"。2008年9月，《自然》杂志推出了"大数据"封面专栏。

（二）第二阶段：成长期（2009—2012年）

这一阶段，大数据市场迅速成长，互联网数据呈爆发式增长，大数据技术逐渐被大众熟悉和使用。2010年2月，肯尼斯·库克尔在《经济学人》上发表了长达14页的大数据专题报告《数据，无所不在的数据》。2012年，牛津大学教授维克托·迈尔·舍恩伯格的著作《大数据时代》开始在国内风靡，推动了大数据在国内的发展。

（三）第三阶段：爆发期（2013—2015年）

大数据迎来了发展的高潮，包括我国在内的世界各个国家纷纷布局大数据战略。2013年，以百度、阿里、腾讯为代表的国内互联网公司纷纷推出创新性的大数据应用。2015年9月，国务院发布《促进大数据发展行动纲要》，全面推进我国大数据发展和应用，进一步提升创业创新活力和社会治理水平。

（四）第四阶段：大规模应用期（2016年至今）

大数据应用已经渗透到各行各业，大数据的价值不断凸显，数据驱动决策和社会智能化程度大幅提高，大数据产业迎来快速发展和大规模应用实施。2019年5月发布的《2018年全球大数据发展分析报告》显示，中国大数据产业发展和技术创新能力显著提升。这一时期，学术界在大数据技术与应用方面的研究创新也不断取得突破。截至2020年，全球以"big data"为关键词的论文发表量达到64 739篇，全球共申请大数据领域的相关专利136 694项。

三、大数据的相关技术

（一）大数据的构架

大数据技术实际上是分布式技术在数据处理领域的创新性应用，其本质就是通过更多的计算机组成一个集群，提供更多的计算资源，以应对巨大数据处理压力。大数据技术讨论的焦点是，如何利用更多的计算机满足大规模的数据计算要求。

大数据的目标是将各种数据统一收集起来进行计算，以发掘其中的价值。这些数据来源广泛，既包括数据库中的数据，也包括日志数据，还包括专门采集的用户行为数据；既包括企业内部自己产生的数据，也包括从第三方采购的数据，还包括使用网络爬虫获取的各种互联网公开数据。

面对如此庞大的数据，如何有效地存储、如何利用大规模的服务器集群处理计算，正是大数据技术的核心。

（二）大数据的处理流程

大数据提供数据采集、存储、计算能力，具备数据进化治理工具和数据管理能力，通过数据分析平台实现轻数据分析模型构建、数据决策服务，具备一站式数据应用能力。

大数据的处理流程主要包括以下几个环节：大数据采集、大数据预处理、数据可视化与应用。

1. 大数据采集

大数据采集是指使用多种技术或手段将数据收集起来并存储在大数据存储系

中。根据数据的不同类型,大数据采集的方式主要包含以下四种:

(1)数据库采集:通过已有的数据库采集数据;

(2)文本数据采集;

(3)实时流式数据采集;

(4)多媒体数据采集。

2. 大数据预处理

大数据存储与治理是指用存储器把采集的数据存储起来,建立相应的数据库,并进行管理和调用。它重点解决复杂结构化、半结构化和非结构化大数据管理与处理技术,主要解决大数据的可存储、可表示、可处理、可靠性及有效传输等几个关键问题。

数据收集过程通常涉及一个或多个数据源,包括均相或非均相数据库、文件系统、服务接口等。这些数据易受噪声、丢失的数据值、数据冲突的影响,因此需要进行预处理,以提高数据质量和预测精度。

数据的预处理环节主要包括企业数据清理、数据技术集成、数据归约与数据转换等,它可以提高大数据的总体设计质量,是大数据分析过程管理质量的体现。数据清洗技术包括对数据的不一致检测、噪声数据的识别、数据过滤和修正,有利于提高大数据的一致性、准确性、真实性和可用性。数据集成是将来自不同数据源的数据整合到一个统一的数据库或数据立方体中。这一过程有助于提高数据的完整性、一致性、安全性和大数据的可用性的质量。数据归约是在不损害分析研究结果准确性的前提下,降低企业数据集规模,使之简化,包括维归约、数据归约、数据通过抽样等技术。这一发展过程管理有利于提高大数据的价值密度,即提高大数据信息存储的价值性。数据转换过程包括转换规则为基础或元数据,基于模型的学习和转化技术可以通过一个统一的数据转换来实现,这个过程有利于提高大数据的一致性和可用性。

3. 数据可视化与应用环节

数据可视化方面可以提高用户理解和使用大数据分析结果的能力,这是影响大数据的可用性和易用性的关键因素之一。数据信息可视化是指将大数据与预测分析结果以计算机图形或图像的直观方式展示给用户的过程。此外,数据可视化还可以与用户进行交互式处理。在进行大数据收集、处理等一系列操作前,对应用情境的充分调研、对管理决策需求信息的深入分析至关重要。这些步骤为存储、分析指明了方向,并且确保了大数据的可用性。

(三)大数据的应用场景

大数据的应用场景广泛,可以使零售行业实时掌握市场动态,从而迅速做出应对;可以为商家制定更加精准有效的营销策略,提供决策支持;可以帮助企业为消费者提供更加及时和个性化的服务。在医疗领域,大数据能够提高诊断的准确性和药物的有效性。在公共事业领域,大数据也开始发挥其在促进经济发展、维护社会稳定等方面的重要作用。

知识链接

大数据的应用场景包括各行各业对大数据处理和分析的应用,最核心的还是用户需求。通过梳理各个行业大数据的应用,可以展示其潜在存在的大数据应用场景。

1. 医疗大数据,让看病更高效

除了较早前就开始利用大数据的互联网公司,医疗行业是让大数据分析最先发扬光大的传统行业之一。医疗行业拥有大量的病例、病理报告、治愈方案、药物报告等数据。如果这些数据可以被整理和应用,将极大地帮助医生和病人。未来,借助大数据平台,我们可以收集不同病例和治疗方案,以及病人的基本特征,从而建立针对疾病特点的数据库。如果未来基因技术发展成熟,可以根据病人的基因序列特点进行分类,建立医疗行业的病人分类数据库。医生诊断病人时,可以参考病人的疾病特征、化验报告和检测报告,参考疾病数据库,从而快速定位疾病。在制订治疗方案时,医生可以依据病人的基因特点,调取相似基因、年龄、人种、身体情况的有效治疗方案,为病人提供更适合的治疗方案,帮助更多人及时进行治疗。同时,这些数据也有利于医药行业开发出更加有效的药物和医疗器械。

2. 生物大数据,改良基因

生物大数据技术主要是指大数据技术在基因分析上的应用。通过大数据平台,人类可以将自身和生物体基因分析的结果进行记录和存储,建立基于大数据技术的基因数据库。大数据技术将会加速基因技术的研究,帮助科学家进行模型的建立和基因组合模拟计算。基因技术是人类未来战胜疾病的重要武器,大数据技术的应用将会加快自身基因和其他生物的基因的研究进程。未来,利用生物基因技术改良农作物、培养人类器官,甚至消灭害虫。

3. 金融大数据,理财利器

大数据在金融行业应用范围较广,包括精准营销、风险管控、决策支持、效率提升、产品设计五个方面。例如,花旗银行利用IBM沃森电脑为财富管理客户推荐产品;美国银行通过分析客户点击数据集为客户提供特色服务,如定制的信用额度;招商银行通过分析客户刷卡、存取款、电子银行转账、微信评论等行为数据,每周为客户发送针对性广告信息,包括顾客可能感兴趣的产品和优惠信息。

4. 零售大数据，最懂消费者

零售行业大数据应用有两个层面：一个层面是零售行业可以了解客户消费喜好和趋势，实现商品的精准营销，降低营销成本；另一个层面是依据客户购买产品，为客户推荐其他可能感兴趣的产品，扩大销售额。此外，零售行业可以通过大数据预测未来消费趋势，优化库存管理和产品生产。零售行业的数据对于产品生产厂家是非常宝贵的，有助于资源的有效利用，降低产能过剩。厂商依据零售商的信息按实际需求进行生产，能够减少不必要的生产浪费。

5. 农牧大数据，量化生产

大数据在农业应用主要是指依据未来市场需求预测进行生产规划，降低生产风险。同时，大数据的分析还可以更精确地预测未来的天气，帮助农牧民做好自然灾害的预防工作。此外，大数据可以帮助农牧民依据消费者需求调整种植和养殖结构，提高单位种植面积的产值，同时有助于快速销售农产品，完成资金回流。牧民可以通过大数据分析来安排放牧范围，有效利用牧场。渔民可以利用大数据安排休渔期、定位捕鱼范围等。

6. 交通大数据，畅通出行

交通大数据的应用主要体现在两个方面：一方面，利用大数据传感器数据了解车辆通行密度，合理规划道路和单行线路；另一方面，利用大数据实现即时信号灯调度，提高现有道路的运行能力。科学地安排信号灯是一个复杂的系统工程，必须利用大数据计算平台才能计算出一个较为合理的方案。此外，大数据还可以提高航班管理效率、提高航空公司上座率和降低运行成本、优化客运和货运列车安排。

7. 教育大数据，因材施教

大数据不仅可以帮助改善教育教学，在重大教育决策制定和教育改革方面，大数据也大有可为。大数据还可以帮助家长和教师甄别出孩子的学习差距和有效的学习方法。例如，美国的麦格劳—希尔教育出版集团就开发出了一种预测评估工具，帮助学生评估他们已有的知识和达标测验所需程度的差距，进而指出学生有待提高的地方。这一评估工具可以让教师跟踪学生学习情况，从而找到学生的学习特点和方法。有些学生适合按部就班地学习，有些则更适合通过图式信息和整合信息的非线性学习。这些都可以通过大数据搜集和分析迅速识别出来，从而为教育教学提供坚实的依据。

不久的将来个性化学习终端将会更多地融入学习资源云平台，根据每个学生的不同兴趣爱好和特长，推送相关领域的前沿技术、资讯、资源乃至未来职业发展方向等，并贯穿每个人终身学习的全过程。

8. 体育大数据，夺冠精灵

大数据对于体育的改变可以说是全方位的。从运动员自身来讲，可穿戴设备收集的数据可以让他们更了解自己的身体状况。媒体评论员通过大数据提供的数据更好地解说比赛、分析比赛。数据已经通过大数据分析转化成了洞察力，为体育竞技中的胜利增加筹码，也为身处世界各地的体育爱好者随时随地观赏比赛提供了个性化的体验。

9. 政府调控和财政支出，大数据助力有序管理

政府利用大数据技术可以了解各地区的经济发展情况、各产业发展情况、消费支出和产品销售情况等。依据数据分析结果，政府可以科学地制定宏观政策，平衡各产业发展，避免产能过剩，有效利用自然资源和社会资源，提高社会生产效率。大数据还可以帮助政府监控自然资源的管理，如国土资源、水资源、矿产资源、能源等，大数据通过各种传感器来提高其管理的精准度。同时，大数据技术也能帮助政府进行支出管理，透明合理的财政支出将有利于提高公信力和监督财政支出。

第二节 大数据在管理会计中的应用

一、预算管理中的应用

过去财务预算主要是基于企业内部历史数据进行分析编制。然而，随着信息技术的快速发展与逐渐成熟，企业更加注重发挥财务对前端业务的事前引导作用。通过互联网、物联网等通信技术，企业能够获取多样化的信息。凭借大数据、云计算等技术，企业的数据分析能力得到了显著提升。通过对未来发展趋势的分析预测，企业可以根据公司的内部交易数据、供应商和客户的公开信息、社交网络上的舆论等公司内外部信息大数据分析，对未来发展做出判断，从而引导业务部门进行价值增值的业务活动。例如，某电信运营公司在做销售预算时，汇集分析计费系统中的所有用户资料。通过客户在网年限、合约套餐到期时限，以及各类单卡用户的使用情况，该公司测算出离网用户的概率对收入的影响，进而通过大数据分析，针对客户的不同消费习惯和需求，制定不同的收入保有方案，同时也挖掘出收入增量业务点与客户群。这种精准的分析使得企业能够预测公司的销售潜力，并据此制定准确的预算目标。

二、生产活动过程中的应用

(一)销售活动的应用

根据销售活动对基础信息进行收集并录入系统,包括客户信息、商品信息、订单信息、计划信息等,通过大数据分析平台对收集的相关数据进行筛选、分析,展现多维度的分析报告供管理者决策。主要体现在以下几个方面:第一,市场指导作用。通过各类基础数据的分析,进一步分析本行业的市场结构,评估产品竞争力,对标同行业竞争者,并预测市场前景,指导产品研发方向,从而保持市场竞争优势。第二,深挖用户信息,实现精准营销。例如,某电信运营公司通过分析用户在网信息,得到不同年龄层的用户在网时段与消费习惯报告,并针对不同用户群体开发不同的优惠套餐产品。通过各基站反馈的信息分析目标用户的密集小区与活跃时段,公司发起了锁定时间、地点、人群的精准营销活动,取得了优异的销售业绩。第三,对客户信用政策指导作用。根据客户信息与其他共享的信用信息系统进行比对,再结合客户历史订单信息,可对不同客户灵活匹配不同的销售信用政策,在降低信用风险的基础上最大化创收。第四,销售业绩评价作用。根据订单信息,可全面反映业务人员的销售能力,对销售计划的执行情况及时反馈业务评价报告,结合激励机制及时向销售人员发起嘉奖与督导,提升销售人员的信心与执行力。

(二)存货管理的应用

"大数据"在采购活动中的应用可实现采购业务与财务信息的共享与融合。通过收集采购供应商的信息数据,如原材料价格、质量、供应商供货能力、服务质量以及供应商信用等级等相关指标,并结合企业自身的管理要求,构建供应商评估模型。利用大数据分析平台对供应商进行综合评估,帮助企业做出准确的采购决策。同时,企业可利用大数据甄选结果建立常用供应商库,从而简化采购流程,提高采购效率。此外,企业还可通过大数据分析企业外部的一些重要关联信息,例如天气的变化、供给侧的行业分析等,这些均能为企业的采购决策提供重要的参考价值。在存货库存方面,大数据的应用可以根据基础信息层的数据,实时提供有关物资的库存信息。企业可针对不同的产品需求建立最低库存预警机制,及时反馈需采购的物资信息。企业还可向供应商共享存货库存预警信息,以促进供应商做好物资供应工作。这样既能帮助企业避免存货风险,又能降低存货成本。

(三)成本控制中的应用

通过物联网、互联网手段对重要设备进行监控,可以实时反映设备当前的工作状态、效率及设备质量。通过数据监测与分析，测算设备在生产过程中发生故障的概率，预测设备使用寿命，从而及时对设备或相应零部件进行维修与更换，保障生产正常运行的同时将消耗成本降到最低。例如，2005 年，美国埃森哲咨询公司与密苏里州圣路易市共同合作的一个实验项目，原公交车每行驶 30 万千米将固定更换或维修引擎。实验组给 20 辆公交车安装了无线传感器来监测车辆引擎的工作情况。这些数据用来预测公交车何时可能抛锚以及最佳的维修时机。该研究使车辆更换零件的周期从每 30 万千米延长至 40 万～50 万千米，从而节省了 60 万美元维修成本。通过生产过程基础信息层的收集，包括用料管理、生产过程管理、工时管理、固定资产管理、质量管理、成本结构等信息，结合成本预算与市场同类产品的成本分析，可以对产品生产过程进行实时管理和控制，生成成本控制及改善的分析建议报告，进一步挖掘成本利润空间。

三、风险控制中的应用

大数据的核心工作是通过大量的数据分析发现其关联因素，并实现预测。随着 ERP 系统的不断迭代和"大数据时代"对会计信息化进程的加速推动，人工智能在财务管控领域的应用将成为未来财务风险管控的发展方向。财务的风险控制可以利用大数据挖掘技术，通过数据采集、数据整理与推理来发现隐藏在数据中的有价值的信息。这些有价值的信息可以通过创建数学模型，运用关联分析、聚类分析、偏差分析等方法对数据进行加工处理。同时，将这些分析结果与预警系统进行关联，可以实现准确及时的财务风险信息反馈，从而加强内部控制管理，改善内部经营环境。

第三节 本章课程思政案例及延伸阅读

一、本章课程思政案例

（一）案例主题与思政意义

【案例主题】

本案例描述了某自营电商公司应用大数据的具体步骤，并深入分析了大数据应用对企业成本控制、资源优化、用户体验等方面的影响。通过这一分析，我们可以更好地理解大数据与管理会计结合后对企业管理的影响。通过大数据的应用，企业建立了经济和社会责任并重的发展理念,形成了推动高质量发展的动力,构建了高质量的发展体系,提升了经营管理效率和质量,进而实现了高质量的可持续发展。

【思政意义】

通过本案例的学习,学生可以深入了解大数据作为对客观存在事物的反映,其重要性在于通过运用相关技术、模型和算法,对数据进行收集、处理和分析,进而揭示事物之间的内在联系和规律性。这种分析能够为企业的经营决策和管理提供有价值的信息支持。案例中该公司应用大数据提升了经营管理水平,这表明大数据的应用为企业经营管理提供了重要支撑,是实现高质量发展的重要手段。

同时,学生需要理解我国提出的"国家大数据战略"的核心要义。这一战略,旨在促进大数据技术的创新发展,构建覆盖各行业领域的数据资源体系,以及建立相应的数据处理和分析平台。大数据战略的实施将提高我国大数据技术水平,拓展大数据在各行各业的应用场景,为国家经济建设提供强大动力,推动我国经济高质量发展。

此外,学生应当认识到大数据与管理会计深度融合的趋势及其对企业经营管理效率提升的积极作用,也让学生意识到大数据在国家治理和经济建设中的重要作用。

(二)案例描述与分析

【案例描述】

大数据已经成为各行各业的管理热点,众多企业的一线业务部门从大数据的使用中受益。然而,财务部门作为支持性部门,即便是管理会计团队,目前大多仍停留在粗线条管理、事后管理、延迟管理的层面,其对大数据应用的参与程度落后于平均水平。若能将企业所拥有的大数据信息同管理会计进行有效的结合应用,将可以为企业战略执行提供更为细化和及时的财务角度支持,并将财务部门由支持性部门的角色转变为战略执行协作部门。某自营电商公司利用其海量订单所关联的业务数据及所产生的财务结果数据,实现了将公司层面财务报表细化至单品损益层面,并分三个阶段实现了不同的管理目标和产出效果。

【案例分析】

某自营电商公司管理会计应用大数据的三个阶段[①]

1. 第一阶段:财务准则下细化损益报表至单品层面

该阶段主要目标为搭建公司整体经营成果及损益报表同单品之间的关系框架。基于公司现有的业务数据维度和数据系统,我们将足够的维度和财务结果产生动因纳入该基本框架。该阶段涉及大量的业务访谈、流程梳理、研发部门沟通等步骤。

(1)在收入成本科目中,该公司的收入与成本均基于销售订单。订单数据中包括

---

① 汪鑫. 企业管理会计应用大数据分析实例研究[J]. 商业会计,2016(6):26—28.

订单编号、单品销售价格、所属类别、销售期间等信息。此外,以销售订单编号为关联点,我们还能取得退货系统中单品层面退换货信息。这些信息将作为单品损益分析层面的主要维度,用于数据取用。基于公司订单数据系统,我们可以取得某个期间的单品层面的收入数据;基于单品本身编码,取得库存系统中该单品的当期库存成本;基于订单编号,取得订单中所使用的优惠券数据,并按照优惠券不同类别进行区分。对于非单品直接相关的优惠(如满减优惠),我们将按照订单相关单品的销售价格按比例进行分拆,从而得到单品间接销售优惠。

涉及系统:订单系统、优惠系统、库存系统。

单品收入=单品该期间销售收入-单品该期间退货支出-单品该期间直接(间接)相关优惠券

单品成本=单品该期间基于加权平均法得到的销售成本

(2)该自营电商公司的履约成本科目,主要包括仓储成本、配送成本、售后成本三类。仓储成本主要包括当期租赁仓库支出租金或自建仓库当期折旧,以及仓储人员相关人工成本。基于仓储管理系统中的数据,例如各单品当期的收货、储存、发货信息,取得当期各单品在库时长;基于单品编码,取得库存系统中单品基础体积信息。当期仓库租金或当期折旧的分摊,是基于当期在库单品在库时长及体积来进行。仓储人工成本的分摊,是基于仓储人工分工。具体而言,主要负责上架的人工成本,按照仓储系统当期各单品收货信息,按照收货数量及体积在当期上架单品中进行分摊;仓储捡货发货的人工成本,则按照仓储系统当期各单品出库信息,按照发货数量及体积在当期发货单品中进行分摊;仓储理货及管理的人工成本,则分摊方式类似租金折旧成本的分摊,按当期在库时长及体积在当期各单品中进行分摊。此外,由于各单品未必各期均会有销售,因此可能会出现部分单品分摊到仓储费用但并无当期收入成本情况。

涉及系统:库存系统、财务系统、薪酬系统。

单品仓储费用=单品当期仓库租金或当期折旧+单品仓储上架人工成本+单品仓储捡货人工成本+单品仓储理货人工成本

(3)配送成本同单品销售订单直接相关,主要包括干线运输成本和支线配送成本两类。干线运输成本与线路本身的长度主要相关,同所配送的商品重量次要相关。基于干线配送系统的数据,可以将当期该条干线运输线路成本,以及当期该干线运输线路实际运输单品行驶距离及单品标准重量作为依据,将当期该条干线运输线路成本分配至单品层面。支线配送成本包括配送车辆成本和配送人工成本等,其主要成本动因基本一致,都与配送订单数量相关。由于支线配送的复杂程度相较于干线配送更高,因此,基于成本效益原则,我们选择配送系统数据中当期配送订单的数量及重量数据作为关键分配基础,将支线配送成本进一步分配至单品层面。

涉及系统：干线配送系统、支线配送系统、薪酬系统、库存系统、财务系统。

$$单品配送成本＝单品干线运输成本＋单品支线配送成本$$

(4)售后服务成本与售后服务订单相关，通常所提供的售后服务可以与单品直接相关。基于客服系统所记录的各客服人员当期完成的服务次数以及与之相关的订单信息，将提供的售后服务按次数分摊至单品层面。回退商品损失则基于各回退单品可变现收入扣减回退单品成本后，直接记录于单品层面。

涉及系统：售后服务系统、薪酬系统、财务系统。

$$单品售后成本＝单品售后服务成本－单品回退商品损失$$

(5)市场费用在该公司损益表中为重要科目，将该项费用记录至单品层面将涉及较多假设和估计。由于市场费用的投入类型多样，且其投入多为未来收入而非当期收入，因此在基于企业会计准则将当期市场费用分配至单品层面时，将出现较多费用动因假设。市场费用可以大致区分为流量采买成本和整体品牌形象成本两类。流量采买成本的发生来源多样，包括基于点击次数、期间或者曝光次数收费等计费方式。由于流量采买成本与用户最终消费该单品有关，但联系过程复杂，因此，在分配流量采买成本时，通常将用户点击单品的结果视为该流量采买成本带来的效果，从而基于当期所有单品的页面点击分配至单品层面。此外，这里同样会出现某些单品当期有点击发生但无销售收入的情况。整体品牌形象成本主要用于媒体投放广告或举办活动等，其目的是维护和提高公司整体形象及曝光率。由于该费用的发生与公司整体经营相关，因此将当期全部单品销售收入作为单品层面的分配基础相对公正。

涉及系统：流量数据系统、财务系统、订单系统。

$$单品市场费用＝单品流量采买成本＋单品承担整体品牌形象成本$$

此外，损益表中如管理费用、研发费用等，由于订单直接相关程度较低，同样需要假定关键费用动因，并基于关键动因将各项此类费用分配至单品层面。

公司层面损益报表已分拆至单品，其应用可针对不同层面。公司管理者可以关注异常报告及战略单品业绩表现，如当公司损益出现异常波动时，是由于哪些关键单品的何种因素导致，并相应调整后续经营策略，或基于不同关键维度的分析结果，确立公司内部标准或寻找差距产生的原因；公司经营者可以监控日常关键单品业绩表现，基于 80/20 等原则，定义关键单品并监控其业绩表现变化趋势，当出现不利趋势时，适时调整经营方针；公司业务人员可以及时监控其管辖的单品情况，进行细节管理。企业管理会计团队可以基于细化数据进行深入分析，为不同层面使用者提供目的不同的分析支持，也可以将数据形成不同层面的展示报表，以便更为直观地提供给各层级使用者。

2. 第二阶段：产品生命周期下细化损益报表至单品层面

该阶段主要目标为在第一阶段的基础上，引入单品生命周期的概念，通过一定的管理调整，将第一阶段所实现的财务准则口径下的单品损益，转化为单品在其生命周期下的损益分析。与财务准则口径下的单品损益分析的主要区别在于，某些成本费用的项目并非按照财务准则的要求计入费用发生的期间，而是依据单品实现销售的期间进行分摊。该口径下的单品损益分析可以体现该单品从采购到销售全过程的损益情况，从长期来看，其结果与财务准则口径下的单品损益结果亦趋同。

要实现上述目标，需要对部分费用科目的计算逻辑进行调整。在财务准则口径下应记录于当期的费用，需按一定原则进行递延，将当期尚未实现销售的单品所应承担的费用，递延至实际实现销售的期间。下面以仓储费用为例进行说明。

仓储费用的发生与当期需存储的商品相关，而当期需存储的商品并非当期均实现销售。当商品销售节奏波动较大的时候，财务准则口径下的当期损益在短期内可能会对该单品实际短期损益造成误导。

例如：单品 A 单独租赁一仓库进行储存，每月仓储租金 10 万元。单品 A 年初有 100 万件，1 月份销售 10 万件，2 月份无销售，3 月份销售剩余 90 万件，销售均发生在月末，销售毛利为每件 1 元（无其他收益成本费用）。在财务准则口径下，单品 A 的各月损益分别体现为 0 元、−10 万元、80 万元，每件销售损益分别为 0 元、0 元及 0.89 元。从短期角度来看，如按照该数据进行管理，单品 A 的损益情况分析可能对将采取的管理手段产生误导，即认为将产品延期销售更优。然而，从产品生命周期角度来看，1 月份及 2 月份所发生的仓储租金中，有一部分所储存的商品并未在当期实现销售，其对应发生的费用将递延至后续实现销售期间。在该原则下，单品 A 各月记入当期的仓储费用分别为 1 万元、0 元、29 万元，各月损益分别体现为 9 万元、0 万元、61 万元，每件损益分别为 0.9 元、0 元及 0.68 元。对比上述两种结果可以看出，在财务准则口径下，每件销售损益看似是 3 月份最佳，而该结论可以推导出将商品留存至 3 月份销售会优于在 1 月份销售。而从产品生命周期的角度，1 月份销售的每件单品损益最高，商品通过长期储存，所负担的仓储费用随之增加，会抵消销售带来的利润。这一结论说明，加快商品的周转有利于提高收益。基于该原则，仓储费用中单品层面的当期租赁仓库成本将基于单品在当期期末储存或销售的情况进一步拆分为两个部分：记录于当期损益的部分、递延至下期的部分。

按照上述原则对各项费用成本进行递延确认后，则得到产品生命周期口径下单品层面的损益情况。该结果对一线业务人员尤为重要，在安排采购和销售节奏时可以参照该结果，如平衡考虑囤货所取得的收益是否能够抵消长期仓储带来的损失。公司管理者和经营者也可以通过监测期末尚在递延中的费用，了解已经发生但尚未得到弥补的费用情况（即未销售前发生的持有成本），也可以对关键单品的情况进行监控并调整管理手段。

3. 第三阶段：产品生命周期下单品层面损益预测

在前述两个阶段中，所得到的数据均为期间数据，且为历史期间数据。作为管理会计，除了应及时、准确地提供历史数据的分析支持外，还应在预测方面为各报告使用者提供有价值的数据支持。因此，该阶段的目标是在第二阶段的基础上，增加一些关键假设，最终预测出时点下单品后续可能实现的损益情况。通过对关键假设的调整，各层级报告使用者可以预测结果的变化和倾向，相应调整实际应对战略，达到最优结果。关键假设主要包括产品性质、采购销售节奏、潜在收益成本等。通过这些关键假设的调整，取得在该时点该假设的条件下，单品后期可能实现的损益情况。

例如某电子产品，其产品性质决定了其更新换代的速度很快，预计6个月后的销售价格将明显下降，而销量在9个月后出现明显下降。在引入该单品3个月末时，若供货商提供了优厚的采购返利支持，公司在判断是否需要在此时点进行囤货时，可以参考基于上述假设条件以及该单品在过去三个月所发生的单品损益数据，预测后续期间该单品可能实现的损益情况。

在收入成本科目中，需设定销售节奏假设、单品平均成本变化假设以及价格变化节奏假设。销售节奏假设可以基于产品所属类别性质自动设置匹配，或人工调整，以观察假设变化对结果的影响。单品平均成本变化假设主要考虑供货商所提供的潜在收益成本影响，如前例中优厚的采购返利支持。如果公司采购囤货，则可以取得该采购返利并拉低平均成本。价格变化节奏假设同样可基于产品性质自动设置匹配或人工调整。

在履约费用中，仓储成本则需要设定采购节奏假设，该假设结合销售节奏假设，可以推导出库存变化假设。基于第二阶段实现的将单品层面仓储费用拆分至当期实现损益的单品单个成本和递延确认的单品单个成本，模拟出在该采购销售节奏假设下，各期仓储费用的情况。配送成本则可基于前期实际的单件单品配送成本，得出该销售节奏假设下，各期发生的配送费用的情况。售后费用、管理费用、市场费用等也可以参照前期实际数据，结合采购销售节奏假设，推算假设期间费用数据。至此所形成的单品层面数据产出，可以在不同层级和维度上进行应用，通过把握关键单品的预计损益，结合系统配合其他假设，预估后期整体损益情况，或基于后期整体损益预算安排，对关键单品调整经营战略，最终实现损益预算目标。

从案例中我们可以看到，企业管理会计应用大数据，可以更精确地将各种成本费用分配到单品层面，实现对单品的全生命周期损益分析。这种精细化的分析为企业提供了全面的决策支持，有助于企业实现高质量发展。

具体来说,大数据应用可以帮助企业实现精细化的经营管理,例如更准确地预测销量和价格,优化采购和销售节奏,降低仓储和物流成本等。这些改进不仅提高了企业的经营效率和效益,还为企业进行长期发展战略的制定提供了有力支持。通过大数据分析,企业可以做出更科学合理的投资决策。这些都将推动企业实现高质量的持续稳定发展。

从国家层面来看,"国家大数据战略"的实施,提升了我国的大数据技术水平,使各行各业都能获得大数据应用的支撑。大数据不仅优化了生产要素配置,提高了产业效率,还支持政府更精细化地开展经济治理和公共服务。因此,大数据战略与高质量发展具有内在的一致性。

总之,大数据应用已经成为企业实现高质量发展的重要手段。国家大数据战略的实施,也将为各行业的高质量发展提供有力支撑。

(三)案例讨论与升华

【案例讨论】

1. 根据案例内容,总结分析企业管理会计师团队在应用大数据的过程中需要做出哪些努力?

2. 大数据在企业中还有哪些应用场景?

【案例升华】

在当前信息技术快速发展的时代背景下,管理会计也沿着信息化方向发展。企业应当充分利用各类信息系统收集到的海量数据,并进行挖掘分析,提炼重要的管理会计信息,为企业经营决策提供参考。

与此同时,国家开展"大数据战略",着力提升大数据产业。2015年8月,国务院印发《促进大数据发展行动纲要》,对大数据发展的方向和框架进行了顶层设计。2017年6月1日《中华人民共和国网络安全法》出台,正式以法律的形式进行个人信息保护,为大数据的蓬勃发展筑牢安全底线;同年12月,工信部印发《大数据产业发展规划(2016—2020)》,对大数据重点行业、重点领域的发展要点进行了规划。2020年4月,《关于构建更加完善的要素市场化配置体制机制的意见》发布,将"数据"与土地、劳动力、资本、技术并称为五种生产要素,提出"加快培育数据要素市场",数据成为经济社会发展的基础性、战略性资源。2021年11月,《"十四五"大数据产业发展规划》发布,我国大数据产业从规模增长向结构优化、质量提升转型。

企业应当抓住大数据产业发展的机遇,利用大数据提升自身管理决策水平和内部控制效果,为企业的转型升级奠定坚实基础。

二、本章延伸阅读

延伸阅读 1 "十四五"大数据产业发展规划[①]

数据是新时代重要的生产要素,是国家基础性战略资源。大数据是数据的集合,以容量大、类型多、速度快、精度准、价值高为主要特征,是推动经济转型发展的新动力,是提升政府治理能力的新途径,是重塑国家竞争优势的新机遇。大数据产业是以数据生成、采集、存储、加工、分析、服务为主的战略性新兴产业,是激活数据要素潜能的关键支撑,是加快经济社会发展质量变革、效率变革、动力变革的重要引擎。

"十四五"时期是我国工业经济向数字经济迈进的关键时期,对大数据产业发展提出了新的要求,产业将步入集成创新、快速发展、深度应用、结构优化的新阶段。为推动我国大数据产业高质量发展,按照《中华人民共和国国民经济和社会发展第十四个五年规划和2035年远景目标纲要》总体部署,编制本规划。

（一）发展成效

"十三五"时期,我国大数据产业快速起步。据测算,产业规模年均复合增长率超过30%,2020年超过1万亿元,发展取得显著成效,逐渐成为支撑我国经济社会发展的优势产业。

政策体系逐步完善。党中央、国务院围绕数字经济、数据要素市场、国家一体化大数据中心布局等作出一系列战略部署,建立促进大数据发展部际联席会议制度。有关部委出台了20余份大数据政策文件,各地方出台了300余项相关政策,23个省区市、14个计划单列市和副省级城市设立了大数据管理机构,央地协同、区域联动的大数据发展推进体系逐步形成。

产业基础日益巩固。数据资源极大丰富,总量位居全球前列。产业创新日渐活跃,成为全球第二大相关专利受理国,专利受理总数全球占比近20%。基础设施不断夯实,建成全球规模最大的光纤网络和4G网络,5G终端连接数超过2亿,位居世界第一。标准体系逐步完善,33项国家标准立项,24项发布。

产业链初步形成。围绕"数据资源、基础硬件、通用软件、行业应用、安全保障"的大数据产品和服务体系初步形成,全国遴选出338个大数据优秀产品和解决方案,以及400个大数据典型试点示范。行业融合逐步深入,大数据应用从互联网、金融、电信等数据资源基础较好的领域逐步向智能制造、数字社会、数字政府等领域拓展,并在疫情防控和复工复产中发挥了关键支撑作用。

[①] 工业和信息化部于2021年11月15日印发。

生态体系持续优化。区域集聚成效显著,建设了 8 个国家大数据综合试验区和 11 个大数据领域国家新型工业化产业示范基地。一批大数据龙头企业快速崛起,初步形成了大企业引领、中小企业协同、创新企业不断涌现的发展格局。产业支撑能力不断提升,咨询服务、评估测试等服务保障体系基本建立。数字营商环境持续优化,电子政务在线服务指数跃升至全球第 9 位,进入世界领先梯队。

"十三五"时期我国大数据产业取得了重要突破,但仍然存在一些制约因素。一是社会认识不到位,"用数据说话、用数据决策、用数据管理、用数据创新"的大数据思维尚未形成,企业数据管理能力偏弱。二是技术支撑不够强,基础软硬件、开源框架等关键领域与国际先进水平存在一定差距。三是市场体系不健全,数据资源产权、交易流通等基础制度和标准规范有待完善,多源数据尚未打通,数据壁垒突出,碎片化问题严重。四是安全机制不完善,数据安全产业支撑能力不足,敏感数据泄露、违法跨境数据流动等隐患依然存在。

(二)面临形势

抢抓新时代产业变革新机遇的战略选择。面对世界百年未有之大变局,各国普遍将大数据产业作为经济社会发展的重点,通过出台"数字新政"、强化机构设置、加大资金投入等方式,抢占大数据产业发展制高点。我国要抢抓数字经济发展新机遇,坚定不移实施国家大数据战略,充分发挥大数据产业的引擎作用,以大数据产业的先发优势带动千行百业整体提升,牢牢把握发展主动权。

呈现集成创新和泛在赋能的新趋势。新一轮科技革命蓬勃发展,大数据与 5G、云计算、人工智能、区块链等新技术加速融合,重塑技术架构、产品形态和服务模式,推动经济社会的全面创新。各行业各领域数字化进程不断加快,基于大数据的管理和决策模式日益成熟,为产业提质降本增效、政府治理体系和治理能力现代化广泛赋能。

构建新发展格局的现实需要。发挥数据作为新生产要素的乘数效应,以数据流引领技术流、物质流、资金流、人才流,打通生产、分配、流通、消费各环节,促进资源要素优化配置。发挥大数据产业的动力变革作用,加速国内国际、生产生活、线上线下的全面贯通,驱动管理机制、组织形态、生产方式、商业模式的深刻变革,为构建新发展格局提供支撑。

(三)总体要求

1.指导思想

以习近平新时代中国特色社会主义思想为指导,深入贯彻党的十九大和十九届二中、三中、四中、五中、六中全会精神,立足新发展阶段,完整、准确、全面贯彻新发展理念,构建新发展格局,以推动高质量发展为主题,以供给侧结构性改革为主线,以释放数据要素价值为导向,围绕夯实产业发展基础,着力推动数据资源高质量、技术创新高水平、基础设施高效能,围绕构建稳定高效产业链,着力提升产业供给能力和行业赋能效应,统筹发展和安全,培育自主可控和开放合作的产业生态,打造数字经济发展新优势,为建设制造强国、网络强国、数字中国提供有力支撑。

2.基本原则

价值引领。坚持数据价值导向和市场化机制,优化资源配置,充分发挥大数据的乘数效应,采好数据、管好数据、用好数据,激发产业链各环节潜能,以价值链引领产业链、创新链,推动产业高质量发展。

基础先行。坚持固根基、扬优势、补短板、强弱项并重,强化标准引领和技术创新,聚焦存储、计算、传输等重要环节,适度超前布局数字基础设施,推动产业基础高级化。

系统推进。坚持产业链各环节齐头并进、统筹发展,围绕数字产业化和产业数字化,系统布局,生态培育,加强技术、产品和服务协同,推动产业链现代化。

融合创新。坚持大数据与经济社会深度融合,带动全要素生产率提升和数据资源共享,促进产业转型升级,提高政府治理效能,加快数字社会建设。

安全发展。坚持安全是发展的前提,发展是安全的保障,安全和发展并重,切实保障国家数据安全,全面提升发展的持续性和稳定性,实现发展质量、规模、效益、安全相统一。

开放合作。坚持引进来和走出去,遵循产业发展规律,把握全球数字经济发展方向,不断完善利益共享、风险共担、兼顾各方的合作机制。

3.发展目标

产业保持高速增长。到2025年,大数据产业测算规模突破3万亿元,年均复合增长率保持在25%左右,创新力强、附加值高、自主可控的现代化大数据产业体系基本形成。

价值体系初步形成。数据要素价值评估体系初步建立,要素价格市场决定,数据流动自主有序,资源配置高效公平,培育一批较成熟的交易平台,市场机制基本形成。

产业基础持续夯实。关键核心技术取得突破,标准引领作用显著增强,形成一批优质大数据开源项目,存储、计算、传输等基础设施达到国际先进水平。

产业链稳定高效。数据采集、标注、存储、传输、管理、应用、安全等全生命周期产业体系统筹发展,与创新链、价值链深度融合,新模式新业态不断涌现,形成一批技术领先、应用广泛的大数据产品和服务。

产业生态良性发展。社会对大数据认知水平不断提升,企业数据管理能力显著增强,发展环境持续优化,形成具有国际影响力的数字产业集群,国际交流合作全面深化。

（四）主要任务

1. 加快培育数据要素市场

建立数据要素价值体系。 按照数据性质完善产权性质，建立数据资源产权、交易流通、跨境传输和安全等基础制度和标准规范，健全数据产权交易和行业自律机制。制定数据要素价值评估框架和评估指南，包括价值核算的基本准则、方法和评估流程等。在互联网、金融、通信、能源等数据管理基础好的领域，开展数据要素价值评估试点，总结经验，开展示范。

健全数据要素市场规则。 推动建立市场定价、政府监管的数据要素市场机制，发展数据资产评估、登记结算、交易撮合、争议仲裁等市场运营体系。培育大数据交易市场，鼓励各类所有制企业参与要素交易平台建设，探索多种形式的数据交易模式。强化市场监管，健全风险防范处置机制。建立数据要素应急配置机制，提高应急管理、疫情防控、资源调配等紧急状态下的数据要素高效协同配置能力。

提升数据要素配置作用。 加快数据要素化，开展要素市场化配置改革试点示范，发挥数据要素在联接创新、激活资金、培育人才等的倍增作用，培育数据驱动的产融合作、协同创新等新模式。推动要素数据化，引导各类主体提升数据驱动的生产要素配置能力，促进劳动力、资金、技术等要素在行业间、产业间、区域间的合理配置，提升全要素生产率。

2. 发挥大数据特性优势

加快数据"大体量"汇聚。 支持企业通过升级信息系统、部署物联感知设备等方式，推动研发、生产、经营、服务等全环节数据的采集。开展国家数据资源调查，绘制国家数据资源图谱。建立多级联动的国家工业基础大数据库和原材料、装备、消费品、电子信息等行业数据库，推动工业数据全面汇聚。

强化数据"多样性"处理。 提升数值、文本、图形图像、音频视频等多类型数据的多样化处理能力。促进多维度异构数据关联，创新数据融合模式，提升多模态数据的综合处理水平，通过数据的完整性提升认知的全面性。建设行业数据资源目录，推动跨层级、跨地域、跨系统、跨部门、跨业务数据融合和开发利用。

推动数据"时效性"流动。 建立数据资源目录和数据资源动态更新机制，适应数据动态更新的需要。率先在工业等领域建设安全可信的数据共享空间，形成供需精准对接、及时响应的数据共享机制，提升高效共享数据的能力。发展云边端协同的大数据存算模式，支撑大数据高效传输与分发，提升数据流动效率。

加强数据"高质量"治理。 围绕数据全生命周期，通过质量监控、诊断评估、清洗修复、数据维护等方式，提高数据质量，确保数据可用、好用。完善数据管理能力评估体系，实施数据安全管理认证制度，推动《数据管理能力成熟度评估模型》（以下简称 DC-MM）、数据安全管理等国家标准贯标，持续提升企事业单位数据管理水平。强化数据分类分级管理，推动数据资源规划，打造分类科学、分级准确、管理有序的数据治理体系，促进数据真实可信。

[专栏1]数据治理能力提升行动

提升企业数据管理能力。引导企业开展 DCMM 国家标准贯标，面向制造、能源、金融等重点领域征集数据管理优秀案例，做好宣传推广。鼓励有条件的地方出台政策措施，在资金补贴、人员培训、贯标试点等方面加大资金支持。

构建行业数据治理体系。鼓励开展数据治理相关技术、理论、工具及标准研究，构建涵盖规划、实施、评价、改进的数据治理体系，增强企业数据治理意识。培育数据治理咨询和解决方案服务能力，提升行业数据治理水平。

促进数据"高价值"转化。强化大数据在政府治理、社会管理等方面的应用，提升态势研判、科学决策、精准管理水平，降低外部环境不确定性，提升各类主体风险应对能力。强化大数据在制造业各环节应用，持续优化设计、制造、管理、服务全过程，推广数字样机、柔性制造、商业智能、预测性维护等新模式，推动生产方式变革。强化大数据在信息消费、金融科技等领域应用，推广精准画像、智能推介等新模式，推动商业模式创新。

3.夯实产业发展基础

完善基础设施。全面部署新一代通信网络基础设施，加大 5G 网络和千兆光网建设力度。结合行业数字化转型和城市智能化发展，加快工业互联网、车联网、智能管网、智能电网等布局，促进全域数据高效采集和传输。加快构建全国一体化大数据中心体系，推进国家工业互联网大数据中心建设，强化算力统筹智能调度，建设若干国家枢纽节点和大数据中心集群。建设高性能计算集群，合理部署超级计算中心。

加强技术创新。重点提升数据生成、采集、存储、加工、分析、安全与隐私保护等通用技术水平。补齐关键技术短板，重点强化自主基础软硬件的底层支撑能力，推动自主开源框架、组件和工具的研发，发展大数据开源社区，培育开源生态，全面提升技术攻关和市场培育能力。促进前沿领域技术融合，推动大数据与人工智能、区块链、边缘计算等新一代信息技术集成创新。

强化标准引领。协同推进国家标准、行业标准和团体标准，加快技术研发、产品服务、数据治理、交易流通、行业应用等关键标准的制修订。建立大数据领域国家级标准验证检验检测点，选择重点行业、领域、地区开展标准试验验证和试点示范，健全大数据标准符合性评测体系，加快标准应用推广。加强国内外大数据标准化组织间的交流合作，鼓励企业、高校、科研院所、行业组织等积极参与大数据国际标准制定。

[专栏2]重点标准研制及应用推广行动

加快重点标准研制。围绕大数据产业发展需求,加快数据开放接口与互操作、数据资源规划、数据治理、数据资产评估、数据服务、数字化转型、数据安全等基础通用标准以及工业大数据等重点应用领域相关国家标准、行业标准研制。

加强标准符合性评测体系建设。加大对大数据系统、数据管理、数据开放共享等重点国家标准的推广宣贯。推动培育涵盖数据产品评测、数据资源规划、数据治理实施、数据资产评估、数据服务能力等的标准符合性评测体系。

加速国际标准化进程。鼓励国内专家积极参与 ISO、IEC、ITU 等国际标准化组织工作,加快推进国际标准提案。加强国际标准适用性分析,鼓励开展优秀国际标准采标。支持相关单位参与国际标准化工作并承担相关职务,承办国际标准化活动,提升国际贡献率。

4.构建稳定高效产业链

打造高端产品链。梳理数据生成、采集、存储、加工、分析、服务、安全等关键环节大数据产品,建立大数据产品图谱。在数据生成采集环节,着重提升产品的异构数据源兼容性、大规模数据集采集与加工效率。在数据存储加工环节,着重推动高性能存算系统和边缘计算系统研发,打造专用超融合硬件解决方案。在数据分析服务环节,着重推动多模数据管理、大数据分析与治理等系统的研发和应用。

创新优质服务链。围绕数据清洗、数据标注、数据分析、数据可视化等需求,加快大数据服务向专业化、工程化、平台化发展。创新大数据服务模式和业态,发展智能服务、价值网络协作、开发运营一体化等新型服务模式。鼓励企业开放搜索、电商、社交等数据,发展第三方大数据服务产业。围绕诊断咨询、架构设计、系统集成、运行维护等综合服务需求,培育优质大数据服务供应商。

优化工业价值链。以制造业数字化转型为引领,面向研发设计、生产制造、经营管理、销售服务等全流程,培育专业化、场景化大数据解决方案。构建多层次工业互联网平台体系,丰富平台数据库、算法库和知识库,培育发展一批面向细分场景的工业App。推动工业大数据深度应用,培育数据驱动的平台化设计、网络化协同、个性化定制、智能化生产、服务化延伸、数字化管理等新模式,规范发展零工经济、共享制造、工业电子商务、供应链金融等新业态。

[专栏3]工业大数据价值提升行动

原材料行业大数据。支持钢铁、石油、管网、危险化学品、有色、建材等原材料企业综合运用设备物联、生产经营和外部环境等数据,建立分析模型,提升资源勘探、开采、加工、储存、运输等全流程智能化、精准化水平,实现工艺优化、节能减排和安全生产。

装备制造行业大数据。支持装备制造企业打通研发、采购、制造、管理、售后等全价值链数据流,发展数据驱动的产品研发、仿真优化、智能生产、预测性维护、精准管理、远程运维等新模式新业态,提升产品质量,降低生产成本,加快服务化创新升级。

消费品行业大数据。支持消费品企业打通线上线下全域数据,开发个性化推荐算法,实现产品定制化生产、渠道精细化运营,促进供需精准对接。支持企业建立覆盖全流程的质量追溯数据库,加快与国家产品质量监督平台对接,实现产品质量可追溯可管理。

电子信息行业大数据。支持电子信息制造企业加快大数据在产品销售预测与需求管理、产品生产计划与排程、供应链分析与优化、产品质量管理与分析等全流程场景中的应用,加速产品迭代创新,优化生产流程,提升产品质量,保证产业链供应链的稳定性。

延伸行业价值链。加快建设行业大数据平台,提升数据开发利用水平,推动行业数据资产化、产品化,实现数据的再创造和价值提升。打造服务政府、服务社会、服务企业的成熟应用场景,以数据创新带动管理创新和模式创新,促进金融科技、智慧医疗等蓬勃发展。持续开展大数据产业发展试点示范,推动大数据与各行业各领域融合应用,加大对优秀应用解决方案的推广力度。

[专栏4]行业大数据开发利用行动

通信大数据。加快5G网络规模化部署,推广升级千兆光纤网络。扩容骨干网互联节点,新设一批国际通信出入口。在多震地区提高公共通信设施抗震能力,强化山区"超级基站"建设,规划布局储备移动基站,提高通信公网抗毁能力。对内强化数据开发利用和安全治理能力,提升企业经营管理效率,对外赋能行业应用,支撑市场监管。

金融大数据。通过大数据精算、统计和模型构建,助力完善现代金融监管体系,补齐监管制度短板,在审慎监管前提下有序推进金融创新。优化风险识别、授信评估等模型,提升基于数据驱动的风险管理能力。

医疗大数据。完善电子健康档案和病例、电子处方等数据库,加快医疗卫生机构数据共享。推广远程医疗,推进医学影像辅助判读、临床辅助诊断等应用。提升对医疗机构和医疗行为的监管能力,助推医疗、医保、医药联动改革。

应急管理大数据。构建安全生产监测感知网络,加大自然灾害数据汇聚共享,加强灾害现场数据获取能力。建设完善灾害风险普查、监测预警等应急管理大数据库,发挥大数据在监测预警、监管执法、辅助决策、救援实战和社会动员等方面作用,推广数据监管、数据防灾、数据核灾等智能化应用模式,实现大数据与应急管理业务的深度融合,不断提升应急管理现代化水平。

农业及水利大数据。发挥大数据在农业生产、经济运行、资源环境监测、农产品产销等方面作用,推广大田作物精准播种、精准施肥施药、精准收获,推动设施园艺、畜禽水产养殖智能化应用。推动构建智慧水利体系,以流域为单元提升水情测报和智能调度能力。

公安大数据。加强身份核验等数据的合规应用。推进公安大数据智能化平台建设,统筹新一代公安信息化基础设施,强化警务数据资源治理服务,加强对跨行业、跨区域公共安全数据的关联分析,不断提升安全风险预测预警、违法犯罪精准打击、治安防控精密智能、惠民服务便捷高效的公共安全治理能力。

交通大数据。加强对运载工具和交通基础设施相关数据的采集和分析,为自动驾驶和车路协同技术发展及应用提供支撑。开展出行规划、交通流量监测分析等应用创新,推广公路智能管理、交通信号联动、公交优先通行控制。通过对交通物流等数据的共享与应用,推动铁路、公路、水利、航空等多方式联运发展。

电力大数据。基于大数据分析挖掘算法、优化策略和可视化展现等技术,强化大数据在发电、输变电、配电、用电各环节的深度应用。通过大数据助力电厂智能化升级,开展用电信息广泛采集、能效在线分析,实现源网荷储互动、多能协同互补、用能需求智能调控。

信用大数据。加强信用信息归集、共享、公开和应用。运用人工智能、自主学习等技术,构建信用大数据模型,提升信用风险智能识别、研判、分析和处理能力。健全以信用为基础的新型监管机制,以信用风险为导向,优化监管资源配置。深化信用信息在融资、授信、商务合作、公共服务等领域的应用,加强信用风险防范,持续优化民生环境。

就业大数据。运用网络招聘、移动通信、社会保险等大数据,监测劳动力市场变化趋势,及时掌握企业用工和劳动者就业、失业状况变化,更好分析研判就业形势,作出科学决策。

社保大数据。加快推进社保经办数字化转型,通过科学建模和分析手段,开展社保数据挖掘和应用工作,为参保单位和个人搭建数字全景图,支撑个性服务和精准监管。建设社保大数据管理体系,加快推进社保数据共享。健全风险防控分类管理,加强业务运行监测,构建制度化、常态化数据稽核机制。

城市安全大数据。建设城市安全风险监测预警系统,实现城市建设、交通、市政、高危行业领域等城市运行数据的有效汇聚,利用云计算和人工智能等先进技术,对城市安全风险进行监控监测和预警,提升城市安全管理水平。

5. 打造繁荣有序产业生态

培育壮大企业主体。发挥龙头企业研制主体、协同主体、使用主体和示范主体作用，持续提升自主创新、产品竞争和知识产权布局能力，利用资本市场做强做优。鼓励中小企业"专精特新"发展，不断提升创新能力和专业化水平。引导龙头企业为中小企业提供数据、算法、算力等资源，推动大中小企业融通发展和产业链上下游协同创新。支持有条件的垂直行业企业开展大数据业务剥离重组，提升专业化、规模化和市场化服务能力，加快企业发展。

[专栏5]企业主体发展能级跃升行动

激发中小企业创新活力。实施中小企业数字化赋能专项行动，推动中小企业通过数字化网络化智能化赋能提高发展质量。通过举办对接会、创业赛事等多种形式活动，促进大数据技术、人才、资本等要素供需对接。

加强重点企业跟踪服务。围绕数据资源、基础硬件、通用软件、行业应用、安全保障等大数据产业链相关环节，梳理大数据重点企业目录清单，建立"亲清"联系机制，透明沟通渠道，让企业诉求更顺畅。

优化大数据公共服务。建设大数据协同研发平台，促进政产学研用联合攻关。建设大数据应用创新推广中心等载体，促进技术成果产业化。加强公共数据训练集建设，打造大数据测试认证平台、体验中心、实训基地等，提升评测咨询、供需对接、创业孵化、人才培训等服务水平。构建大数据产业运行监测体系，强化运行分析、趋势研判、科学决策等公共管理能力。

推动产业集群化发展。推动大数据领域国家新型工业化产业示范基地高水平建设，引导各地区大数据产业特色化差异化发展，持续提升产业集群辐射带动能力。鼓励有条件的地方依托国家级新区、经济特区、自贸区等，围绕数据要素市场机制、国际交流合作等开展先行先试。发挥协会联盟桥梁纽带作用，支持举办产业论坛、行业大赛等活动，营造良好的产业发展氛围。

6. 筑牢数据安全保障防线

完善数据安全保障体系。强化大数据安全顶层设计，落实网络安全和数据安全相关法律法规和政策标准。鼓励行业、地方和企业推进数据分类分级管理、数据安全共享使用，开展数据安全能力成熟度评估、数据安全管理认证等。加强数据安全保障能力建设，引导建设数据安全态势感知平台，提升对敏感数据泄露、违法跨境数据流动等安全隐患的监测、分析与处置能力。

推动数据安全产业发展。支持重点行业开展数据安全技术手段建设，提升数据安全防护水平和应急处置能力。加强数据安全产品研发应用，推动大数据技术在数字基础设施安全防护中的应用。加强隐私计算、数据脱敏、密码等数据安全技术与产品的研发应用,提升数据安全产品供给能力,做大做强数据安全产业。

[专栏6]数据安全铸盾行动

加强数据安全管理能力。推动建立数据安全管理制度,制定相关配套管理办法和标准规范,组织开展数据分类分级管理,制定重要数据保护目录,对重要数据进行备案管理、定期评估与重点保护。

加强数据跨境安全管理。开展数据跨境传输安全管理试点,支持有条件的地区创新数据跨境流动管理机制,建立数据跨境传输备案审查、风险评估和安全审计等工作机制。鼓励有关试点地区参与数字规则国际合作,加大对跨境数据的保护力度。

(五)保障措施

1.提升数据思维

加强大数据知识普及,通过媒体宣传、论坛展会、赛事活动、体验中心等多种方式,宣传产业典型成果,提升全民大数据认知水平。加大对大数据理论知识的培训,提升全社会获取数据、分析数据、运用数据的能力,增强利用数据创新各项工作的本领。推广首席数据官制度,强化数据驱动的战略导向,建立基于大数据决策的新机制,运用数据加快组织变革和管理变革。

2.完善推进机制

统筹政府与市场的关系,推动资源配置市场化,进一步激发市场主体活力,推动有效市场和有为政府更好结合。建立健全平台经济治理体系,推动平台经济规范健康持续发展。统筹政策落实,健全国家大数据发展和应用协调机制,在政策、市场、监管、保障等方面加强部门联动。加强央地协同,针对规划落实,建立统一的大数据产业测算方法,指导地方开展定期评估和动态调整,引导地方结合实际,确保规划各项任务落实到位。

3.强化技术供给

改革技术研发项目立项和组织实施方式,强化需求导向,建立健全市场化运作、专业化管理、平台化协同的创新机制。鼓励有条件的地方深化大数据相关科技成果使用权、处置权和收益权改革,开展赋予科研人员职务科技成果所有权或长期使用权试点,健全技术成果转化激励和权益分享机制。培育发展大数据领域技术转移机构和技术经理人,提高技术转移专业服务能力。

4.加强资金支持

加强对大数据基础软硬件、关键核心技术的研发投入,补齐产业短板,提升基础能力。鼓励政府产业基金、创业投资及社会资本,按照市场化原则加大对大数据企业的投资。鼓励地方加强对大数据产业发展的支持,针对大数据产业发展试点示范项目、

DCMM 贯标等进行资金奖补。鼓励银行开展知识产权质押融资等业务,支持符合条件的大数据企业上市融资。

5. 加快人才培养

鼓励高校优化大数据学科专业设置,深化新工科建设,加大相关专业建设力度,探索基于知识图谱的新形态数字教学资源建设。鼓励职业院校与大数据企业深化校企合作,建设实训基地,推进专业升级调整,对接产业需求,培养高素质技术技能人才。鼓励企业加强在岗培训,探索远程职业培训新模式,开展大数据工程技术人员职业培训、岗位技能提升培训、创业创新培训。创新人才引进,吸引大数据人才回国就业创业。

6. 推进国际合作

充分发挥多双边国际合作机制的作用,支持国内外大数据企业在技术研发、标准制定、产品服务、知识产权等方面开展深入合作。推动大数据企业"走出去",在"一带一路"沿线国家和地区积极开拓国际市场。鼓励跨国公司、科研机构在国内设立大数据研发中心、教育培训中心。积极参与数据安全、数字货币、数字税等国际规则和数字技术标准制定。

延伸阅读 2　大数据在管理会计业务分析中的应用障碍及对策[①]

从管理会计发展阶段来看,管理会计可以分为执行性管理会计和决策性管理会计两类。执行性管理会计以泰勒的科学管理学说为基础,借助成本会计和预算进行财务控制;决策性管理会计是基于现代管理科学,结合行为科学后形成的大数据时代管理会计体系,其目的在于协助和参与管理决策。总体来说,管理会计除了反映过去、整理客观财务数据外,还要主观分析和预测数据,依据这些财务数据的校对、分析结果来判断公司的整体财务状况,让管理层能够更清楚、准确地通过数据来了解公司的现状,以便做出正确的经营决策,对公司未来进行更好的规划。

(一)大数据在管理会计业务分析中应用的障碍

尽管大数据技术为企业管理会计提供极大的优势,但在实际应用过程中,企业管理会计应用大数据进行业务分析仍然存在许多阻碍。

1. 管理会计本身被忽视

管理会计遭到忽视的原因主要来自以下三个方面:一是企业对管理会计的认识程度较低,缺乏切实的组织和领导;二是管理会计现有的相关工作浮于表面、流于形式,无法充分发挥其分析和判断力以及在战略决策中的关键作用;三是短期效益导向弱化

[①] 王殿元.大数据在管理会计业务分析中的应用障碍及对策[J].财务与会计,2020(18):82-83.

了对管理会计建设的投入。从长远角度来看，虽然建成一个有效的管理会计数据信息系统有助于企业的长期发展，但是在前期将会耗费大量的人力、物力，较大的成本投入直接削弱了企业主动建设管理会计信息系统的积极性。

2. 数据平台建设不足

数据平台建设不足主要体现在以下三个方面：一是企业整体层面缺乏统筹规划，在数据平台建设上，各部门根据自己的需要，建设独立的、分散的数据平台，然而平台之间的逻辑语言没有规范的表述框架，无法为决策提供统一的信息数据支撑。二是企业内部部门按照传统的职能分工划分，缺乏协同，各自按照自己的理解及习惯统计和使用数据，经常造成系统的对接偏误、数据互联不畅，数据转换、传输及处理应用等环节甚至存在失真等情况，降低了数据有效性。三是视角局限。企业理应从多个方面搭建企业战略性管理会计系统，应包含价值创造、决策分析和流程优化等功能，然而却只关注财务规划方面，认为预算及分析都是财务的事情，这样的视角局限大大限制了其他部门建设信息系统的参与程度，很容易导致业务数据不完整，无法为业务决策提供历史参考和未来规划支持。

3. 数据安全保障低

会计信息系统的安全性对企业而言至关重要，然而，目前我国的会计信息系统安全保障仍处于相对滞后的状态，主要体现在以下四个方面：一是安全意识较低。用户在信息系统安全方面的意识仍有待提升，例如，企业离职人员的系统权限管理不到位，有的人员离职半年后其系统账号信息依然可以使用，给信息系统安全带来很大隐患。二是身份认证机制单一。"用户名＋密码"的登录模式是现阶段我国网络登录模式的主流，但是密码容易被破译，降低了安全性。三是数据保密性不足。会计信息系统上存储着庞大的数据资源，在数据上传、下载和传输的过程中，黑客可以利用技术手段等截取和复制数据，引发数据泄露。四是相关立法不完善。近年来，政府已经意识到网络信息监管的重要性，但是明确且具体的法律文件以及相应惩罚机制仍然缺乏。

4. 硬件与软件的滞后

大数据所带来的信息量是庞大的，但企业会计信息系统存储容量有限，不利于有效挖掘和利用数据信息。此外，大数据中包含大量的非结构化数据，依靠传统的分析方法很难有效获取价值信息。相关会计专业人员的计算机操作技术基础尚浅，其经验也十分有限。信息的时效性是管理会计有效应用的基础，因此，分析技术的滞后性还会影响企业在信息转化中的效率，不利于科学决策的制定。需要注意的是，即使企业会计系统拥有足够的数据存储空间，并且会计师具备相应的分析能力，当会计师利用大数据进行业务分析时，他们也必须谨慎行事。大数据集分析有助于加深对因果关系的理解,并在公司内部进行假设检验和专业判断。然而,大数据集并不一定比小数据集更有价值,数据质量仍然很重要。过多的数据量和信息超载会带来统计分析中的混乱,因此需要减少变量的数量,使数据更易于管理。

(二)相关对策

1. 重视管理会计

企业要正确、全面地认识管理会计的功能,并且强化对管理会计的组织领导,将管理会计融入日常经营决策中,包括全面预算管理、战略管理、信息系统管理等方面,确保政策落到实处。此外,鉴于管理会计信息系统的创建需要大量的资金和人力物力,政府应给予鼓励和支持,提供相应的补助政策,以激发企业的积极性,降低企业开发成本,加快会计信息化的发展进程。

2. 建设数据平台

结合信息系统建设的战略规划,全面构建管理会计信息系统的功能,不应仅局限于财务预算规范。在企业内部打通计算机信息处理系统、业务数据系统和财务数据系统,确保企业内部数据的准确共享以及传递的便利性,减少信息在传递过程中的失真。同时,应根据企业的需求对数据信息系统进行持续优化,有效管理信息资源。具体而言,企业应确定牵头部门统筹数据平台建设,规范数据平台语言,以企业资源计划系统(ERP)为基础,搭建共享平台下的商业智能系统(BI),辅以各项业务数据系统,为业务发展提供全方面的数据及系统支持。

3. 加强数据安全性

借助大数据技术实现管理会计的一系列功能,需要确保企业会计信息系统的安全性。企业应强化身份认证管理,升级加密登录模式,配置生物识别,如人脸识别、指纹识别等安全系数更高的密钥;还需要增强数据在上传、传输和下载中的加密设置,修补信息泄露漏洞,并选择信誉良好的云计算服务商进行云端备份,防止数据丢失。相关部门应结合国内外会计信息系统建设的实际情况,加快相关立法进程,建立具有中国特色的信息法律制度,切实保障企业的合法权益,特别是在知识产权方面的权益,以有效激发企业创新的动力。

4. 提高硬件与软件水平

硬件方面的提升主要在于持续地升级储存空间。软件方面的提升在于通过自上而下的宣传、系列培训和相互交流,促使会计人员转变观念,树立大数据管理会计的意识,提高对会计数据的专业分析能力,尤其是非结构化数据的分析能力,并在数据信息之间建立关联,有效挖掘数据信息的价值。

复习思考题与练习题

一、复习思考题

1. 大数据与管理会计结合主要有哪些应用场景?
2. 管理会计利用大数据能取得怎样的效果?

二、练习题

1. 简述大数据的特点。
2. 简述大数据发展历程中的几个阶段。

参考文献

[1]潘飞.管理会计[M].4版.上海:上海财经大学出版社,2022.
[2]胡国强,秦蕾.成本管理会计学[M].成都:西南财经大学出版社,2021.
[3]孙茂竹,支晓强,戴璐.管理会计学[M].8版.北京:中国人民大学出版社,2020.
[4]温素彬.管理会计:理论·模型·案例[M].3版.北京:机械工业出版社,2019.
[5][美]亨格瑞.管理会计教程[M].10版.朱晓辉,译.北京:机械工业出版社,2012.
[6]中华人民共和国财政部.管理会计应用指引[M].上海:立信会计出版社,2018.
[7]中国会计学会管理会计与应用专业委员会.管理会计案例:第一辑[M].北京:经济科学出版社,2014.
[8]美国管理会计师协会.管理会计公告:第1辑[M].北京:人民邮电出版社,2012.
[9]美国管理会计师协会.管理会计公告:第2辑[M].北京:人民邮电出版社,2013.
[10]美国管理会计师协会.管理会计公告:第3辑[M].北京:人民邮电出版社,2013.
[11]美国管理会计师协会.管理会计公告:第4辑[M].北京:人民邮电出版社,2013.
[12]浙江省财政厅.浙江省管理会计案例集:第一辑[M].北京:中国财政经济出版社,2016.
[13]浙江省财政厅.浙江省管理会计案例集:第二辑.[M].杭州:浙江工商大学出版社,2021.